सामान्य हिन्दी एवं संक्षिप्त व्याकरण

(समस्त प्रतियोगिता परीक्षाओं के लिए उपयोगी)

डॉ. ब्रज किशोर प्रसाद सिंह

यूनीकॉर्न बुक्स

प्रकाशक
यूनीकॉर्न बुक्स
एफ-2/16, अंसारी रोड, दरियागंज, नई दिल्ली-110002
☎ 23262683, 45644782, 2325070
ई-मेल: info@unicornbooks.in • वेबसाईट: www.unicornbooks.in

शाखा : मुम्बई

23-25, जोबा वाड़ी, ठाकुरद्वार, मुंबई-400002
☎ 022-22010941, 022-22053387
ई-मेल: unicornbooksmumbai@gmail.com

ISBN 978-81-7806-176-4
सामान्य हिन्दी एवं संक्षिप्त व्याकरण

संस्करण 2024

मुद्रक : परम ऑफसेटर्स, ओखला, नई दिल्ली-110020

समर्पण

वात्सल्य की अजस्र पावन स्रोतस्विनी पूज्यपाद माताश्री स्वर्गीया श्रीमती विद्या देवी के चरणों में व्याकरण-वाटिका के सुरभित प्रसून की यह पुष्पांजलि समर्पित है।

–डॉ. ब्रज किशोर प्रसाद सिंह

विषय सूची

लेखक की ओर से..........

इस पुस्तक का नाम **'सामान्य हिन्दी एवं संक्षिप्त व्याकरण'** रखा गया है। इस समय पुस्तक व्यवसाय में व्याकरण को कल्पवृक्ष माना जा रहा है लेकिन यह शऊर (विवेक) नहीं रह पाता है कि व्याकरण और सामान्य हिन्दी की अवधारणा ही भिन्न है। इसलिए 'सामान्य हिन्दी' में व्याकरण, और व्याकरण में सामान्य हिन्दी नहीं भर दिया जाए। आजकल 'सामान्य हिन्दी' का नया चलन है, जिसमें सामान्य हिन्दी साढ़े बाईस है, बाकी सिर्फ व्याकरण ही व्याकरण है। नतीजा यह है कि वह न तो सामान्य हिन्दी है, न व्याकरण है।

इस पुस्तक में इसी लिहाज से बहुत थोड़ा सामान्य विषय है और शेष व्याकरण है, वह भी संक्षिप्त रूप में ही। हिन्दी व्याकरण फैशनपरस्ती के कारण सामान्य हिन्दी का शिकार हो रहा है। मेरी समझ से हिन्दी व्याकरण के लिए यह संक्रमण-काल है। डॉ. अशोक कुमार गुप्ता जी ने ऐसे संक्रमण-काल में नयी चीज देने की चेष्टा की है, जो हिन्दी व्याकरण के लिए नितांत शैक्षणिक और उपयोगी है।

हिन्दी व्याकरण की दुर्दशा का ज्वलंत प्रमाण है कि बाजार से कई किताबें मँगाकर आप देखें तो हिन्दी में कितने वर्ण हैं और उन्हें कितनी कोटियों में विभक्त किया गया है, आपको इसका स्पष्ट पता ही नहीं चलेगा। **'कहीं की ईंट, कहीं का रोड़ा भानुमती ने कुनबा जोड़ा'** कहावत चरितार्थ हो रही है।

मैंने व्याकरण की इस पुस्तक में अनुक्रमणिका में जितने अंश दिये हैं, उन्हें पूर्णता के साथ व्याख्यायित किया है। जहाँ जिस अध्याय को जितने स्थान की जरूरत हुई है, दी गई है। किसी बँधे-बँधाए साँचे में ढाला नहीं गया है।

यह पुस्तक समस्त पाठक वर्ग के लिए समान रूप से उपयोगी है। जितना लाभ स्कूल-कॉलेज के विद्यार्थी लेना चाहें ले सकते हैं। जितना लाभ प्रतियोगिता परीक्षाओं

के परीक्षार्थी लेना चाहें ले सकते हैं। सामान्य पाठक (जिनकी हिन्दी में रुचि है) जितना लाभान्वित होना चाहें हो सकते हैं।

'यूनीकॉर्न बुक्स' ने इस क्षेत्र में भी उत्कृष्ट पुस्तकें प्रकाशित करने की अपनी परम्परा का निर्वाह किया है और मुझे भी ऐसा संकेत दिया है। 'यूनीकॉर्न बुक्स' पुस्तक-व्यवसाय में शिक्षा, शिक्षक और शिक्षार्थी की गरिमा अक्षुण्ण रखने का निरंतर प्रयास करता रहा है। मैं 'यूनीकॉर्न बुक्स' का आभारी हूँ, जिसने संस्था के रूप में मेरी भावना की कद्र की है और हिन्दी-जगत् में 'व्याकरण' के प्रकाशन में प्रामाणिकता को मान्यता दी है। हिन्दी भाषा एवं साहित्य को मर्यादित करने की दिशा में डॉ. अशोक कुमार गुप्ता जी का मैं कायल हूँ। आशा है, पाठकों को यह पुस्तक काफी पसंद आएगी।

—डॉ. ब्रज किशोर प्रसाद सिंह

1

हिन्दी भाषा-विचार

'हिन्दी' शब्द का भाषा-वाचक बनना—भारत में सिन्धु एक नदी का नाम था, सिन्धु एक प्रांत का नाम था और सिन्धु प्रदेश के निवासी सिन्धी कहे जाते थे। हिन्दू, हिन्द और हिन्दी इनके फारसी रूप हैं। **हिन्द** से तात्पर्य पूरे देश भारत से रहता है तथा **हिन्दी** एक भाषावाचक शब्द है।

मुसलमानों के आगमन के साथ हिन्द शब्द बहु प्रचलित हो गया। वे हिन्द के रहने वालों को **हिन्दू** कहने लगे। इसी प्रकार **हिन्द** देश में रहने वाले हिन्दुओं की भाषा को उन्होंने **हिन्दी** नाम दे दिया।

देश के अर्थ में **हिन्द** शब्द फारस और अरब पहुँचा। **हिन्द** में रहने वाले मुसलमानों को **हिन्दी** कहा जाने लगा और कालान्तर में उनकी भाषा का नाम भी **हिन्दी** हो गया। यह वही भाषा थी जिसका व्यवहार हिन्दू और भारतीय मुसलमान समान रूप से करते थे। सारांश यह है कि भाषा के अर्थ में **हिन्दी** शब्द का प्रयोग मुसलमानों की देन मानना चाहिए।

चूँकि हिन्दी का मुख्य क्षेत्र आर्यावर्त है, इस आधार पर आर्य समाज के प्रवर्तक स्वामी दयानंद सरस्वती ने हिन्दी को **आर्यभाषा** नाम दे दिया।

हिन्दुई, हिन्दवी (ऐन्दुई) रेख्ता, हिन्दुस्तानी और दक्खिनी हिन्दी—हिन्दी भाषा के संदर्भ में हिन्दी के अलावा हिन्दुई, हिन्दवी, दक्खिनी या दखनी या दकनी, हिन्दुस्थानी, हिन्दुस्तानी, हिन्दोस्तानी, खड़ी बोली, रेख्ता, रेख्ती आदि नामों का भी प्रयोग होता है।

हिन्दी—आर्यावर्त का मध्य ही मध्यदेश है। संस्कृत, पालि तथा शौरसेनी प्राकृत विभिन्न युगों में मध्यदेश की भाषाएँ रहीं। कालक्रम में शौरसेनी अपभ्रंश हिन्दी के रूप में विकसित होकर मध्यदेश की बोलचाल की भाषा बन गई।

हिन्दुई, हिन्दवी अथवा ऐन्दुई—यह दिल्ली के आसपास की भाषा थी। विद्वानों का एक वर्ग इसको हिन्दुओं की भाषा मानता है और दूसरा वर्ग इसको हिन्दुओं के अलावा शिक्षित मुसलमानों की भी भाषा मानता है।

दक्खिनी, दखनी या दकनी–इसका प्रयोग दो अर्थों में होता है–(i) दक्षिणी निवासी मुसलमान तथा (ii) दक्खिनी या दकनी जबान (भाषा)। **'दक्खिनी'** हिन्दी की ही एक बोली है। इसका यह नाम देशपरक है और इसमें विदेशी (अरबी-फारसी) शब्दों की संख्या कम है। पारिवारिक दृष्टि से **दक्खिनी** उत्तर भारत की आर्य भाषाओं और विशेष रूप से हिन्दी से सम्बन्धित है। किसी भी दक्षिणी आर्य या अनार्य भाषा से इसका किसी प्रकार का सम्बन्ध नहीं है।

अलाउद्दीन खिलजी से लेकर मोहम्मद तुगलक तक दिल्ली के बादशाहों का किसी न किसी रूप में दक्षिण पर अधिकार रहा। कालांतर में वहाँ छोटे-छोटे राज्य स्थापित हो गए। इन राज्यों के संस्थापक अधिकांशत: उत्तर भारत के मुसलमान सरदार थे। दक्षिण की भाषाएँ उनके लिए अपरिचित थीं। वे उत्तर भारत की अपनी भाषा हिन्दी का ही प्रयोग करते थे। उनके दरबारों में साहित्यकार भी संरक्षण पाते थे। उनकी भाषा का सम्बन्ध दक्षिणी राज्यों के साथ हो गया था। इस कारण उनकी हिन्दी (भाषा) दक्खिनी कही जाने लगी।

उन दिनों धर्म प्रचार एवं व्यापार की भी यह भाषा बन गई थी। अत: यह वस्तुत: उत्तर भारतीयों और दक्षिण भारतीयों के विकास की भाषा थी।

मुसलमानी लेखकों ने हिन्दी का अर्थ हिन्दुओं की भाषा कहा, साथ ही दक्खिनी को हिन्दी कहा, इस प्रकार हिन्दवी, हिन्दी और दक्खिनी तीनों शब्दों का तात्पर्य समान होता था। वस्तुत: **हिन्दवी** या **दक्खिनी** खड़ी बोली के रूप में विकसित हुई और हिन्दी साहित्य की प्रधान भाषा बनी। बाद में सन् 1723 के आसपास आसफशाही के राज्य में कुछ हिन्दुओं ने भी दक्खिनी में रचनाएँ लिखीं। बाद में 20वीं शताब्दी के आते-आते दक्खिनी पर फारसी का रंग चढ़ गया और साहित्यकार उर्दू में रचनाएँ लिखने लगे।

आसफशाही के समाप्त होने के बाद वली औरंगाबादी एक बार दिल्ली गये। उनकी दिल्ली यात्रा का प्रभाव दो रूपों में दिखाई दिया–दिल्ली के साहित्यकारों ने फारसी को छोड़कर रेख्ता या हिन्दी को अपनाना शुरू कर दिया तथा दक्खिनी के साहित्यकारों ने दक्खिनी में स्वदेशी शब्दों के स्थान पर अरबी-फारसी के शब्दों का प्रयोग किया। दिल्ली से दक्षिण का सम्पर्क टूटता गया। दक्खिनी की अपनी विशेषताएँ लुप्त होती गयीं और फारसीकरण हो जाने से उसका रूप उर्दू हो गया। इस संदर्भ में यह तथ्य द्रष्टव्य है कि हैदराबाद के उच्चाधिकारी अब भी बोलचाल में दक्खिनी का ही व्यवहार करते हैं।

सारांश यह है कि दक्खिनी वस्तुत: हिन्दी या हिन्दवी ही थी। उसकी शैली भारतीय परम्परा द्वारा प्रभावित थी। वली की यात्रा के पूर्व वह सरल, स्वाभाविक

हिन्दी के एकदम निकट थी। उसके बाद उस पर विदेशी रंग चढ़ा और वह उर्दू के रूप में सामने आई, यथा, उर्दू के बाबा आदम वली साहब ने जनसाधारण की भाषा 'रेख्ता' हिन्दी को फारसीगर्भित उर्दू के रूप में प्रतिष्ठित किया।

रेख्ता-रेख्ती–प्राय: रेख्ता और उर्दू को समान अर्थ में ग्रहण किया जाता है। परन्तु यह मानना ठीक नहीं है। रेख्ता हिन्दी की एक शैली है, जिसमें अरबी-फारसी के शब्दों का सम्मिश्रण रहता हैं तथा 'उर्दू' रेख्ता की एक विशिष्ट शैली है। उर्दू की अपेक्षा रेख्ता की व्याप्ति अधिक है। भाषा के अर्थ में रेख्ता का प्रयोग भी उर्दू की अपेक्षा अधिक पुराना है। रेख्ता को रेख्ती भी कहते हैं। पुरुषों की भाषा रेख्ता और नारियों की भाषा रेख्ती है।

उर्दू–उर्दू का शब्दार्थ 'लश्कर' या 'छावनी' होता है। तात्पर्य यह है कि उर्दू सिपाहियों की भाषा का नाम है। मुसलमान सिपाही भारत में आ जाने पर अपना काम चलाने के लिए जिस भाषा वर्ग का प्रयोग करने लगे थे, उसका नाम 'उर्दू' हुआ। परन्तु राजनीतिक कारणों वश यह सिद्ध करने का प्रयास किया जाने लगा है कि उर्दू जनसाधारण की भाषा है और उसके निर्माण में साधुओं, संयासियो एवं देशभक्तों का हाथ रहा है, परन्तु ऐसा नहीं है।

हिन्दोस्तानी या हिन्दुस्तानी–सामान्य धारणा यह है कि **हिन्दुस्तानी** नाम अंग्रेजों की देन है, परन्तु वास्तविकता ऐसी नहीं है। हिन्दुस्तानी नाम बाबर के समय में प्रचलित था। बाबर के आत्मचरित का यह उद्धरण द्रष्टव्य है–"I have made him sit down before me and desired a man who understood the Hindustani language to explain to him what I said, sentence by sentence, in order to reassure him."

स्पष्ट है कि बाबर ने दौलतखाँ लोदी को विश्वास दिलाने के लिए एक दुभाषिए की सहायता से हिन्दुस्तानी भाषा में बातचीत की थी। बाद में अंग्रेज शासकों ने इसको राजनीतिक रंग दे दिया और इसको प्रचारित किया। पहले यह नाम हिन्दी का वाचक था। बाद में (19वीं शताब्दी में) यह उर्दू का वाचक बना दिया गया।

जार्ज ग्रियर्सन ने इसे वर्नाक्युलर हिन्दुस्तान के नाम से सम्बोधित किया है। वर्नाक्युलर का अर्थ होता है–गुलामों की भाषा। इस दृष्टि से 'हिन्दुस्तानी' पूरे हिन्दुस्तान की भाषा ठहरती है और इसे हिन्दी का पर्यायवाची मानना उचित है।

ग्रियर्सन के अनुसार "हिन्दुस्तानी मुख्य रूप से गंगा के ऊपरी दोआब की भाषा है। यह हिन्दुस्तान के अन्तर्प्रान्तीय व्यवहार का माध्यम है। यह फारसी और देवनागरी दोनों लिपियों में लिखी जाती है।"

सारांश रूप में हम कह सकते हैं कि जिस प्रकार उर्दू के रूप में खड़ी बोली ने मुसलमानों की माँग पूरी की, उसी प्रकार हिन्दुस्तानी के रूप में खड़ी बोली ने अंग्रेजी की माँग पूरी की। यह तो निश्चित है कि 'हिन्दुस्तानी' खड़ी बोली का वह रूप है, जिसमें अरबी फारसी के अतिरिक्त अंग्रेजी के शब्दों का भी खुलकर प्रयोग किया जाता है।

भारतीय राष्ट्रीय कांग्रेस ने भारत की राष्ट्रीय एकता को ध्यान में रखकर इसे अपने व्यवहार का माध्यम घोषित किया। महात्मा गाँधी ने हिन्दुस्तानी के व्यवहार पर विशेष बल दिया।

हिन्दी के विभिन्न अर्थ

हिन्दी शब्द का सामान्य अर्थ–हिन्दी संज्ञा भाषा को तब प्राप्त हुई, जब इस देश में मुसलमानों का आगमन हुआ और मुसलमानों ने इसे देश के लिए **हिन्द** मान बहुप्रचलित बना दिया और हिन्द में रहने वाले हिन्दू कहे जाने लगे। तदनुसार हिन्द में रहने वालों की भाषा को हिन्दी नाम दे दिया गया। फारसी ग्रन्थों में 'हिन्दी' शब्द का प्रयोग हिन्द देश का वासी और हिन्द देश की भाषा दोनों अर्थों में आता था और आज भी आता है। अतएव शब्दार्थ की दृष्टि से **हिन्दी** शब्द का प्रयोग भारत में बोली जाने वाली किसी भी आर्य अथवा अनार्य भाषा के लिए किया जा सकता है।

हिन्दी का व्यावहारिक अर्थ–व्यवहार की दृष्टि से हिन्दी उस बड़े भाग की भाषा है, जिसकी सीमा पश्चिम में जैसलमेर, उत्तर-पश्चिम में अम्बाला, उत्तर में शिमला से लेकर नेपाल के पूर्वी छोर तक के पहाड़ी प्रदेश, पूर्व में भागलपुर, दक्षिण-पूर्व में रायपुर तथा दक्षिण-पश्चिम में खण्डवा तक पहुँचती है।

हिन्दी का साहित्यिक अर्थ–उक्त भू-भाग के निवासियों के साहित्य, पत्र-पत्रिका, शिक्षा-दीक्षा, बोलचाल आदि की भाषा हिन्दी है। इस प्रकार हिन्दी उक्त भू-भाग की बोलचाल एवं साहित्य की भाषा है। इस अर्थ के अनुसार बिहारी (भोजपुरी, मगही और मैथली), राजस्थानी (मारवाड़ी मेवाती आदि), पूर्वी हिन्दी (अवधी, बघेली और छत्तीसगढ़ी) आदि सभी हिन्दी की विभाषाएँ ठहरती हैं।

हिन्दी का शास्त्रीय अर्थ–भाषा शास्त्र की दृष्टि से हिन्दी केवल उस भूखंड की भाषा को कहते हैं, जिसे प्राचीन काल में मध्य प्रदेश अथवा अन्तर्वेद कहते थे। अत: यदि आगरा को हिन्दी का केन्द्र मानें तो उत्तर में हिमालय की तराई तक, दक्षिण में नर्मदा की घाटी तक, पूर्व में कानपुर तक तथा पश्चिम में दिल्ली से आगे तक हिन्दी का क्षेत्र माना जाता है, इसके पश्चिम में पंजाबी और राजस्थानी तथा पूर्व में पूर्वी हिन्दी बोली जाती है।

पश्चिमी हिन्दी ही वस्तुतः हिन्दी का वास्तविक रूप है, इसको केन्द्रीय हिन्दी या आर्य भाषा भी कह सकते हैं, इसकी पाँच प्रधान बोलियाँ (विभाषाएँ) हैं- खड़ी बोली, ब्रज भाषा, कन्नौजी, बुन्देली और बाँगरू।

ऐतिहासिक दृष्टि से– ऐतिहासिक दृष्टि से पश्चिमी हिन्दी शौरसैनी की वंशज है और पूर्वी हिन्दी अर्द्धमागधी की। डॉ ग्रियर्सन, डॉ. सुनीति कुमार चाटुर्ज्या आदि भाषा शास्त्रियों ने हिन्दी शब्द का प्रयोग किया है और ब्रज, कन्नौजी, बुंदेली, बाँगरू तथा खड़ी बोली को हिन्दी की विभाषाएँ माना है-अवधी, छत्तीसगढ़ आदि पूर्वी बोलियों को नहीं।

❑❑❑

2

हिन्दी भाषा की उत्पत्ति और विकास

भारतीय आर्य उपशाखा-भारतीय आर्य भाषाओं को विद्वानों ने भारतीय भाषा-परिवार में सम्मिलित किया है। भारतीय परिवार के सप्तम वर्ग की आर्य शाखा की तीन उपशाखाएँ हैं-ईरानी, दक्खिनी और भारतीय आर्य। इस उपशाखा का इतिहास अत्यंत प्राचीन एवं साहित्य अत्यंत समृद्ध है। भारतीय उपशाखा की भाषाओं का विकासात्मक अध्ययन उनके प्राप्त साहित्य और शिलालेखों में उपलब्ध उनमें सम्बन्धित सामग्री के आधार पर किया जाता है। अध्ययन की सुविधा के विचार से विद्वानों ने भारतीय भाषाओं के इतिहास को निम्नलिखित तीन कालों में विभक्त किया है।

(क) प्राचीन काल (200 वर्ष ई.पू. से लेकर 500 वर्ष ई.)

(ख) मध्य काल (500 वर्ष ई.पू. से लेकर 1000 वर्ष ई.)

(ग) आधुनिक काल (1000 वर्ष ई.पू. से लेकर अब तक)

(क) प्राचीन काल (200 वर्ष ई.पू. से लेकर 500 वर्ष ई.)-आर्यों ने प्रकृति से बहुत संघर्ष किया और यहाँ की प्रधान सस्कृति को जन्म दिया। इस संघर्ष एवं संस्कृति स्थापन में आयों की भाषा 'वैदिक' का जन्म हुआ और उनके प्रथम ग्रंथ ऋग्वेद का निर्माण हुआ। ऋग्वेद की ऋचाओं की रचना भिन्न-भिन्न जनपदों में ऋषियों के द्वारा की गई। ऋग्वेद की पहचान को देखकर यह पता लगाना कठिन है कि तत्कालीन जनभाषा का क्या रूप था। ऋग्वेद के ग्रंथों में आरम्भ से अंत तक सर्वत्र एकसी भाषा का प्रयोग नहीं मिलता है। ऋग्वेद के पश्चात् यजुर्वेद तथा सामवेद रचे गए जो यज्ञों की आवश्यकता की पूर्ति करते थे। वेदों की भाषा को विद्वानों ने 'फ्रायस' नाम दिया। जिस प्रकार आधुनिक काल में हिन्दी की रचनाओं में प्राचीनता का भाव झलकने लगता है, उसी प्रकार वैदिक भाषा में रचे गए ग्रंथों में भी भाषा स्थान-गत भेद दिखाई देता है। वैदिक भाषा में लिखा गया समस्त साहित्य इस बात का साक्षी है कि वह प्रगतिशील भाषा थी।

ऋचाओं की भाषा को स्थिरता तथा एकरूपता देने के लिए व्याकरण तैयार किये गये। पाणिनि (ई.पू.अ 500 वर्ष) सर्वाधिक महत्वपूर्ण वैय्याकरण हुए। उन्होंने इस साहित्यिक भाषा को एकरूपता एवं स्थिरता देने के लिए 'अष्टाध्यायी' नामक बृहद व्याकरण की रचना की। प्राचीनकाल की भारतीय आर्य भाषा का द्वितीय चरण पाणिनि के व्याकरण से आरम्भ होता है। उन्होंने वैदिक भाषा के व्याकरण को कठोर नियमों से जकड़कर उसके रूप में इतना अधिक संस्कार किया कि उसका नाम ही सस्कृत पड़ गया और वह भाषा विद्वान् ब्राह्मणों तक सीमित हो गई। पतंजलि के समय इस बात के स्पष्ट प्रमाण मिलते हैं कि वे केवल विद्वान् ब्राह्मण ही इस भाषा को शुद्ध रूप से बोल सकते थे। जनता इनको समझ तो लेती थी, परंतु बोल नहीं पाती थी। जनता जिस सामान्य अथवा लौकिक भाषा को बोलती थी, वह 'प्राकृत' भाषा कहलायी। इस भाषा में भी साहित्यिक रचना हुई। बौद्व धर्म के ग्रंथ इसी जन-भाषा प्राकृत के साहित्यिक रूपों में लिखे गए और संस्कृत का प्रचलन कुछ मंद पड़ गया।

मौर्य और गुप्त काल में संस्कृत का जोर बढ़ा। इस भाषा में वाल्मीकि रामायण, महाभारत, रघुवंश, मेघदूत, शिशुपाल वध, नैषध चरित आदि महाकाव्यों तथा कालिदास, भवभूति, भामह आदि के नाटकों की रचना हुई और इनके कारण संस्कृत भाषा को विश्व साहित्य में गौरवपूर्ण स्थान प्राप्त हुआ।

मौर्य साम्राज्य के पतन के पश्चात् राजपूत-काल तक राजदरबारों में संस्कृत का सम्मान होता रहा। यद्यपि संस्कृत जनभाषा अथवा बोलचाल की भाषा नहीं है तथापि वह अभी भी मृतभाषा नहीं है। आज भी इस भाषा में साहित्यिक रचनाएँ होती हैं, समाचार -पत्र छपते हैं तथा संस्कृत के ज्ञान के अभाव में भारतीय भाषाओं का अध्ययन अपूर्ण ही रह जाता है। यह हिन्दू संस्कृति की मेरुदंड मानी जाती है। विवाहादिक समस्त संस्कारों के अवसर पर पढ़े जाने वाले मंत्रों की भाषा संस्कृत ही होती है।

(ख) (मध्य काल 500 वर्ष ई.पू. से लेकर 1000 वर्ष ई.)- मध्य काल की भाषाओं के तीन चरण माने गये हैं- (1) प्रथम चरण (500 वर्ष ई. पू. से ईसा सन् तक), (2) द्वितीय चरण (ईसवी सन् अर्थात् ईसा के जन्म से 500 ई. तक) तथा (3) तृतीय चरण (ई0 सन् 500 से लेकर 1000 ई. सन् तक)

(1) प्रथम चरण (500 वर्ष ई. पू. से लेकर ईसा के जन्म तक)- इसको हम पालि भाषा के विकास का युग कह सकते हैं।

साहित्यिक भाषा संस्कृत और बोलचाल की भाषा में पर्याप्त अंतर उपस्थित हो जाने पर भगवान बुद्ध और महावीर स्वामी ने अपने उपदेश लोक भाषा में देने प्रारम्भ कर दिये। इनके उपदेश मगध और कोसल की जनपदीय भाषाओं में संग्रहीत किए

गये। बौद्ध धर्म के प्रचार के साथ भगवान बुद्ध के उपदेश दूरस्थ जनपदों तक पहुँचे। अतः एक सामान्य भाषा का जन्म हुआ, जिसे 'पालि' कहा गया। मौर्य साम्राज्य के विस्तार के साथ पालि भाषा का और भी विकास हुआ और वह राजकीय भाषा बन गयी। इसमें साहित्य के अतिरिक्त कोश और व्याकरण भी लिखे गए। बौद्धों का प्रसिद्ध ग्रंथ 'धम्पपद' भी इसी भाषा 'पालि' में लिखा गया। बौद्ध धर्म के साथ ही पालि सिंघलद्वीप में भी पहुँची। वर्तमान सिंहली भाषा उसी से निकली है। अशोक के शिलालेख भी 'पालि' से मिलती-जुलती 'अशांकी-प्राकृत' में लिखे गये। कालपी, जूनागढ़, मनमरो आदि स्थानों पर प्राप्त होने वाले अशोक के शिलालेख इस बात के प्रमाण हैं कि पालि उस समय उत्तर-भारत की सामान्य भाषा हो गयी थी। इसमें वैदिक भाषा की कई प्रवृत्तियाँ संस्कृत की अपेक्षा अधिक सुरक्षित हैं। पालि मध्यकालीन भारतीय आर्य भाषाओं की प्रथम अवस्था समझी जाती है।

(2) द्वितीय चरण (ईसा के जन्म अवस्था ईसवी सन् से लेकर ई. सन् 500 तक)- जिस समय पालि उत्तर भारत की सामान्य भाषा बन रही थी, उसी समय साधारण जनता की भाषा में स्वाभाविक रूप से शीघ्र परिवर्तन हो रहा था। जनता की भाषा 'प्राकृत' कहलायी और जनपदों के आधार पर इनके विभेदों का नामकरण हुआ। यद्यपि आर्यो ने अनेक 'प्राकृतों' का उल्लेख किया है, तथापि इनमें प्रमुख पाँच प्राकृत हैं। यथा-

(क) ***मागधी प्राकृत***-यह मगध (बिहार प्रदेश) तथा इसमें पूर्वी प्रदेशों की भाषा थी।

(ख) ***शौरसेनी प्राकृत***- यह वर्तमान पूर्वी बंगाल, पूर्वी राजस्थान, हरियाणा तथा कानपुर से लेकर पश्चिम उत्तर की भाषा थी। तात्पर्य यह है कि यहाँ आजकल पश्चिमी हिन्दी तथा उसकी बोलियों का क्षेत्र है, वहाँ शौरसैनी प्राकृत का क्षेत्र था।

(ग) ***अर्ध मागधी प्राकृत***-यह कोसल जनपद की भाषा थी।

(घ) ***महाराष्ट्री प्राकृत***-यह वर्तमान पश्चिमी राजस्थान, गुजरात और महाराष्ट्र में बोली जाती थी। कालांतर में गुजरात तथा पश्चिमी राजस्थान की भाषा पर शौरसेनी प्राकृत का प्रभाव पड़ गया था।

(ड़) ***पैशाची प्राकृत***-पैशाची प्राकृत वस्तुतः दरद प्राकृत का ही नाम है। परन्तु इसने लहंदा (पश्चिमी पंजाबी) और सिंधी भाषा ने बहुत प्रभावित किया है तथा पूर्वी पंजाबी में भी दरद भाषा की प्रवृत्तियाँ पाई जाती हैं।

इन प्राकृतों में साहित्यिक विज्ञान की दृष्टि से शौरसेनी का स्थान प्रमुख है, अश्वघोष के तीन रूपक शौरसेनी प्राकृत में लिखे गये। गीतिकाव्य की दृष्टि से

महाराष्ट्री प्राकृत सर्वप्रथम है। मागधी में काव्य का अभाव रहा, परन्तु नाटकों की रचना हुई।

(3) तृतीय चरण (सन् 500 ई. से लेकर 1000 ई. तक)-आर्य भाषाओं के मध्यकाल के तृतीय चरण को अपभ्रंश कहते हैं।

जनता की भाषा में स्वाभाविक रूप में परिवर्तन होते रहे। विभिन्न प्राकृतों से जिन भाषाओं का विकास हुआ, उन भाषाओं को अपभ्रंश कहा गया है। प्राकृतों के अनुसार अपभ्रंशों के भी भेद हो गए यथा शौरसैनी प्राकृत से शौरसेनी अपभ्रंश, मागधी अपभ्रंश, मागधी प्राकृत से मागधी अपभ्रंश, महाराष्ट्री अपभ्रंश, अर्द्धमागधी अपभ्रंश तथा पैशाची प्राकृत से पैशाची अपभ्रंश।

पहले अपभ्रंश को भ्रष्ट अथवा ग्रामीणों की भाषा कहा जाता था, परन्तु बाद में भारतीय आर्य भाषाओं में इनका महत्वपूर्ण स्थान हो गया। अपभ्रंश में विपुल साहित्य की रचना हुई और इनका पर्याप्त विकास हुआ। स्वयम्भू तथा पुष्पदंत जैसे श्रेष्ठ कवियों ने अपभ्रंश में काव्य रचना करके इस भाषा को गौरव प्रदान किया।

अपभ्रंश भाषा के आचार्यों ने सस्कृत भाषा के व्याकरण-विस्तार पर प्रतिबंध लगाया, जिसमें भाषा की जटिलता कम हो गयी। क्रियाओं के कृदंत रूपों की वृद्धि, वाक्य विन्यास में सरलता आयी तथा शब्दों का स्थान एवं क्रम महत्वपूर्ण हो गया। जनपद भेद के अनुसार अपभ्रंशों के अन्य अनेक भेद हो गए। जैसे गुजरात में नागर अपभ्रंश, सिंध में ब्राचड़ अपभ्रंश तथा दोनों के बीच में उपनागर अपभ्रंश का विकास हुआ। पश्चिमी बंगाल में कैकेय अपभ्रंश प्रचलित हुई।

सारांश यह है कि मध्यकाल में भारतीय आर्य भाषाओं का पर्याप्त विकास हुआ तथा जनजीवन एवं साहित्य के साथ समान रूप से उनका सम्बन्ध बना रहा।

(ग) आधुनिक काल (ई. सन् 1000 से अब तक)- इसे हम आधुनिक भाषाओं का काल कह सकते हैं। आठवीं-नवीं शताब्दी से आधुनिक भारतीय भाषाओं का उदय हो गया था और वे बोलचाल में आने लगी थीं। इस काल में इन विभिन्न भाषाओं की उत्पत्ति अपभ्रंशों में मानी जाती है। यथा-

शौरसेनी अपभ्रंश-इससे पश्चिमी हिन्दी, राजस्थानी, पंजाबी तथा गुजराती का विकास हुआ। पंजाबी बोलियों की उत्पत्ति कैकेय अपभ्रंश से मानी जाती है। परंतु उस पर शौरसेनी अपभ्रंश का व्यापक प्रभाव पड़ा और वह शौरसेनी के परिवार में सम्मिलित हो गयी है।

मागधी अपभ्रंश - इसमें बिहारी, बंगला, असमिया और उड़िया भाषाएँ सम्बन्धित हैं।

अर्द्धमागधी अपभ्रंश-इससे पूर्वी हिन्दी का उदय हुआ।

महाराष्ट्री अपभ्रंश-इससे मराठी उत्पन्न हुई।

पैशाची अपभ्रंश-पैशाची ईरानी और आर्य भाषाओं के बीच की भाषा है। इसकी एक शाखा 'खस' अपभ्रंश से पहाड़ी बोलियाँ निकली हैं।

हिन्दी का शब्द समूह-विभिन्न जातियों के सम्पर्क के फलस्वरूप किसी भी भाषा में अनेक शब्दों का समावेश सर्वथा स्वाभाविक है। अतः किसी भी सभ्य भाषा के सम्पर्क के सम्बन्ध में यह नहीं कहा जा सकता कि वह आज भी अपने आदि स्वरूप को अक्षुण्ण बनाए हुए है। डॉ. धीरेन्द्र वर्मा के शब्दों में "भाषा में सम्बन्ध में विशुद्ध शब्द द्वारा केवल इतना ही तात्पर्य हो सकता है कि किसी विशेष काल में अथवा देश में उसका वह विशेष रूप प्रचलित था या नहीं। बस उन्हीं अवस्थाओं में वह भाषा विशुद्ध कहला सकती है। दूसरे देश काल के अनुसार उसी भाषा का रूप बदल जाएगा और तब इस परिवर्तित रूप को ही विशुद्ध की उपाधि मिल सकेगी।" कहने का तात्पर्य यह है कि शब्दसमूह की दृष्टि से प्रत्येक भाषा एक प्रकार की खिचड़ी भाषा होती है।

अन्य भाषाओं के समान हिन्दी भाषा के शब्द समूह में भी अनेक देशी, विदेशी, जीवित और मृत भाषाओं के शब्दों का समाहार पाया जाता है।

हिन्दी एक संरचनात्मक भाषा है। इसमें संस्कृत, बोलियाँ, विभिन्न देशी एवं विदेशी भाषाओं के शब्द पर्यात भाषाओं में मिलते हैं, यथा-

संस्कृत के शब्द- अन्य भारतीय भाषाओं के शब्द। अनार्य भाषाओं के शब्द। हिन्दी प्रदेश की बोलियाँ एवं उपभाषाओं के शब्द। विदेशी भाषाओं से आये हुए शब्द तथा दो भाषाओं के योग से बने शब्द।

संस्कृत भाषा के शब्द-हिन्दी वस्तुतः संस्कृत की बेटी है। इसमें संस्कृत के शब्दों की संख्या सर्वाधिक रही है। अब तो नवीन आवश्कताओं के फलस्वरूप उनकी संख्या में बराबर वृद्धि होती जा रही है।

हिन्दी में संस्कृत के शब्द प्रायः तीन रूपों में पाये जाते हैं-

(1) **तत्सम शब्द**-ये वे शब्द हैं, जो संस्कृत से हिन्दी में ज्यों के त्यों, अविकृत रूप में आये हैं। हिन्दी में शब्दावली के लगभग 45 प्रतिशत शब्द इसी प्रकार के हैं। उदाहरणतः काव्य, परिप्रेक्ष्य, आयाम, विदित, यात्रा, शोध, ग्रंथ आदि।

(2) **अर्द्ध तत्सम शब्द**-जो संस्कृत शब्द विकृत रूप में प्रयुक्त होते हैं, जैसे कृष्ण का किशन, विष्णु का विशन, काकिल का कोइल आदि।

(3) **तद्भव शब्द**- अर्थात् इससे (संस्कृत) से उत्पन्न। ये शब्द प्राकृत से होकर हिन्दी में आये हैं। काम का सुहाग क्रमशः कार्य और सौभाग्य के तद्भव रूप हैं। इसी प्रकार कन्हैया और कान्हा 'कृष्ण' शब्द के तद्भव रूप हैं। अन्य उदाहरण इस प्रकार हैं।

संस्कृत	प्राकृत	तदभव
अद्य	अज्ज	आज
अग्नि	अगिन	आग
पुष्प	पुष्प	फूल
कार्य	कज्ज	काज
हस्त	हत्थ	हाथ

हिन्दी के शब्द समूह में सर्वाधिक संख्या तद्भव शब्दों की है, परंतु परिनिष्ठत भाषा में इनका प्रयोग कम होता जा रहा है।

(2) **भारतीय आर्य भाषाओं के शब्द**-हिन्दी में इन भारतीय भाषाओं के अनेक शब्द ग्रहण कर लिये गये हैं, यथा-

(1) गुजराती-हड़ताल, गरबा (2) बंगला - गल्प, रसगुल्ला

(3) मराठी - चालू, बाजू (4) पंजाबी - सरदार, तंदूर

(3) **भारतीय अनार्य भाषाओं के शब्द** - समय के साथ अनार्य भाषाओं के शब्द भी हिन्दी में प्रयुक्त होने लगे हैं। ये शब्द वस्तुतः आर्य भाषाओं के तद्भव शब्दों के ही समान हैं। डॉ धीरेन्द्र वर्मा का कथन है कि "प्राकृत व्याकरण जिन प्राकृत शब्दों को संस्कृत शब्द समूह में नहीं पाते थे, उन्हें अनार्य भाषाओं से प्राप्त हुए मान लेते थे। इन व्याकरणों ने बहुत से बिगड़े हुए तद्भव शब्दों को भी देशी अथवा अनार्य भाषाओं के शब्द मान रखा था।" परन्तु यह कथन मान्य नहीं हो सका है। डॉ. उदयनारायण तिवारी का यह कथन अधिक युक्तियुक्त प्रतीत होता है कि "आधुनिक भाषाशास्त्रियों ने लगभग साढ़े चार सौ संस्कृत के ऐसे शब्दों को ढूँढ निकाला, जिनका अनार्य स्रोत है।"

अनार्य भाषाओं से आगत शब्दों के उदाहरण इस प्रकार हैं-

तमिल भाषा के शब्द - वीस, अमावसी, उपवास।

तेलुगू भाषा के शब्द - आली, आलि।

मलयालम भाषा के शब्द - भंगी, साधू, चिल्लर आदि।

इस संदर्भ में दो बातें द्रष्टव्य हैं- (1) अनार्य (द्रविड़) भाषाओं के आने वाले कई शब्द हिन्दी में प्राय हीन अर्थ में प्रयुक्त होते हैं, जैसे द्रविड़ भाषा में 'पिल्लै' का अर्थ पुत्र होता है। 'पिल्लै' हिन्दी में पिल्ला होकर कुत्ते के बच्चे के अर्थ में प्रयुक्त होता है। (2) मूर्द्धन्य वर्णों से युक्त शब्द प्राय: द्रविड़ भाषाओं की देन हैं, या तो वे शब्द सीधे द्रविड़ (अनार्य) भाषाओं से आए हैं अथवा उनके ऊपर द्रविड़ भाषाओं का गहरा प्रभाव है।

हिन्दी के शब्द-समूह में कतिपय शब्द कोल भाषाओं के भी पाए जाते हैं। बीस की संख्या का वाचक शब्द कोड़ी सम्भवत: मुण्डा भाषा से हिन्दी में आया है।

(4) **हिन्दी में बोलियों के शब्द**-हिन्दी प्रदेश में बोली जाने वाली बोलियों एवं उपभाषाओं के अनेक शब्द हिन्दी की शब्दावली में आ गए हैं और वे घुलमिल कर एकाकार हो गए हैं। इस वर्ग के अन्तर्गत ब्रज भाषा, बुंदेली, अवधी, भोजपुरी, मैथिली और मगही के नाम उल्लेखनीय हैं।

(5) **विदेशी भाषाओं के शब्द**- डॉ. भोलानाथ तिवारी ने हिन्दी में प्रयुक्त होने वाले विदेशी शब्दों के सोलह उपवर्ग बताए हैं। परन्तु हमें यह समझ लेना चाहिए कि सर्वाधिक शब्द चार विदेशी भाषाओं से लिये गये हैं- अरबी, फारसी, तुर्की और अंग्रेजी।

मुसलमानों एवं अंग्रेजों ने भारत पर अनेक वर्षों तक शासन किया। अतएव शासन सम्बन्धी अनेक शब्द उनकी भाषा में आये हैं। एक बात और, मुसलमान और अंग्रेज दोनों शासक रहे। अत: इनके प्रभाव के फलस्वरूप प्राय: एक ही वर्ग का शब्द -समूह हिन्दी में आया है। इस समूह के शब्दों को दो वर्गों में रखा जा सकता है-(क) विदेशी संस्थाओं (कचहरी, धर्म, फौज आदि से सम्बन्धित शब्द और (ख) विदेशियों के साथ जाने वाली विभिन्न वस्तुओं (नये पहनावे, यंत्र, भोजन की चीजों) के नाम। यूरोपीय शब्दों में सर्वाधिक शब्द अंग्रेजी के हैं। मुसलमानी शब्दों में सर्वाधिक शब्द फारसी के हैं, क्योंकि मुसलमानी शासन में सदैव ही फारसी को दरबारी एवं साहित्यिक भाषा के रूप में अपनाया गया। तुर्की, अरबी और मुसलमानी भाषाओं के शब्द भी प्राय: फारसी के ही माध्यम से हिन्दी में आये हैं। ये शब्द हिन्दी में घुलमिल गए हैं, उदाहरणत: -

फारसी के शब्द - कागज, जरूरत, जिंदगी आदि।

अरबी के शब्द - अमीर, महल, हलुवा, हलवाई आदि।

तुर्की के शब्द - आका, कैंची, काबू, डलियाँ, चाकू आदि।

ऐसा प्रतीत होता है कि मानों ये तद्भव शब्द ही हों।

कुछ शब्द पश्तों के भी हिन्दी में आए हैं जैसे-पठान, रोहिल्ला (रोह-पहाड़) आदि।

यूरोपीय भाषाओं के शब्द-यूरोपीय भाषाओं में सर्वाधिक प्रभाव अंग्रेजी का पड़ा है। अंग्रेजी के शब्द हिन्दी में बहुत गहरे पैठ गए हैं- यहाँ तक कि अशिक्षित ग्रामवासी भी अंग्रेजी के अनेक शब्दों का प्रयोग करते हुए देखे जाते हैं- यद्यपि इनमें अनेक शब्द काफी विकृत रूप में प्रयोग किये जाते हैं, यथा -अंजन (ऐंजिन), सिंगल (सिग्नल), अफसर (आफिसर), टिकस (टिकट), अर्दली (औंर्डली), ठेठर (थियेटर), इम्प्रेस (एक्सप्रेस) आदि।

अंग्रेजी में कुछ ऐसे शब्द हैं, जिनका प्रयोग केवल नगर निवासी करते हैं और इनका प्रयोग तत्सम अथवा अर्द्धतत्सम रूप में होता है, यथा- डाक्टर, स्टेशन, थर्ड डिवीजन, नर्स, टैलीफोन, मिक्सचर, फ्रिज, टेबिल, लैम्प आदि।

अन्य यूरोपीय भाषाओं के शब्द

पुर्तगाली भाषा के शब्द- अन्नानास, आलपीन, अचार, कमीज, कमरा, पीपा, लबादा, संतरा आदि।

फ्रांसीसी (फ्रेंच) भाषा के शब्द- अंग्रेज, कूपन, कार्तूस आदि।

डच भाषा के शब्द- तुरुप (ताश के खेल में प्रयुक्त शब्द) बम (गाड़ी का)।

स्पेनी भाषा के शब्द- सिगरेट, सिगार, कार्क, अलयका आदि।

(6) दोनों भाषाओं के प्रयोग से बने शब्द - इन्हें हम संयुक्त शब्द कह सकते हैं। इनमें कई प्रकार के शब्द हैं - (क) दो भारतीय भाषाओं में बने हुए शब्द (ख) दो विदेशी भाषाओं में बने हुए शब्द तथा (ग) एक देशी और एक विदेशी भाषाओं में बने हुए शब्द, यथा-

डाकखाना (डाक-हिन्दी, खाना-फारसी)

राजमहल (राज-संस्कृत, महल-अरबी)

शेयर बाजार (शेयर-अंग्रेजी, मंत्री-संस्कृत)

अर्जीनवीस (अर्जी-अरबी, नवीस-फारसी)।

उपर्युक्त विवेचन का निष्कर्ष यह है कि भारतीय और अ-भारतीय अनेक भाषा के शब्दों को धारण करने वाली हिन्दी भाषा एक समृद्ध एवं प्रगतिशील भाषा है।

❑❑❑

3

भाषा एवं व्याकरण

भाषा

मनुष्य एक विवेकशील और विचारवान जीव है। वह पढ़ कर और सुनकर विविध विचारों को ग्रहण करता है तथा बोलकर और लिखकर अपने भावों को प्रेषित करता है। 'भाषा' अपने विचारों और भावों को प्रकट करने तथा दूसरे के विचारों और भावों को ग्रहण करने का सबसे सशक्त साधन है। हमारे मन में सदा विविध प्रकार के विचार उठा करते हैं। इन विचारों को हम भाषा के माध्यम से ही व्यक्त करते हैं। अत: "जिनके द्वारा मनुष्य अपने विचारों को लिखकर और बोलकर व्यक्त करता है, उसे **भाषा** कहते है।" दूसरे शब्दों में हम कह सकते हैं कि "शब्दों द्वारा मन के विचारों के आदान-प्रदान के साधन को **भाषा** कहते हैं।"

इस तरह भाषा हमारी अभिव्यक्ति का माध्यम है।

व्याकरण

प्रत्येक भाषा की समुचित व्यवस्था के लिए व्याकरण की आवश्यकता होती है। भाषा के शुद्ध ज्ञान एवं शुद्ध प्रयोग के लिए उस भाषा के व्याकरण का ज्ञान प्राप्त करना अत्यावश्यक है। **व्याकरण** भाषा के लिए कानून की पुस्तक है जो भाषा का नियमन करता है। व्याकरण का विषय भाषा के शब्दों और वाक्यों के शुद्ध रूपों का विवेचन करना है। अत: हम कह सकते है –"**व्याकरण** उस शास्त्र को कहते हैं जिसके पढ़ने से मनुष्य किसी भाषा को शुद्ध-शुद्ध लिखना और बोलना सीखता है।"

इस तरह इस परिभाषा से स्पष्ट है कि व्याकरण एक शास्त्र है और वह भाषा के स्वरूप सम्बन्धी नियमों का ज्ञान कराता है। भाषा की शुद्धता और एकरूपता के लिए व्याकरण का ज्ञान आवश्यक है।

व्याकरण के खण्ड -

किसी भी भाषा में भावों की अभिव्यक्ति वाक्यों से होती है। **वाक्य** शब्दों के मेल से बनते हैं और **'शब्द'** वर्णो के मेल से बनते हैं। इस तरह **वाक्य, शब्द और वर्ण** भाषा के मूलाधार हैं। **व्याकरण** भाषा के इन्हीं तीनों आधारों का नियमन करता है। अत: व्याकरण के तीन खण्ड होते हैं -

1. वर्ण-विचार -

इसमें वर्णो के आकार, भेद एवं उच्चारण के विषय में ज्ञान दिया जाता है।

2. शब्द-विचार -

इसमें शब्दों के भेद, रीति और विराम-चिह्न का वर्णन होता है।

3. वाक्य-विचार -

इसमें वाक्यों के भेद, रीति और विराम-चिह्न का वर्णन होता है।

मौखिक और लिखित भाषा

भाषा

मौखिक | लिखित | सांकेतिक

मौखिक भाषा के लिए मुख के विभिन्न भागों की आवश्यकता होती है। इन भागों को उच्चारण-स्थान कहते हैं। इनके सहयोग से विभिन्न ध्वनियाँ निकलती हैं। यदि ध्वनियाँ अर्थपूर्ण हों तो वे मौखिक भाषा का निर्माण करती हैं। निरर्थक ध्वनियाँ भाषा की श्रेणी में नहीं आती हैं। जैसे यदि मुख से कलम या कमल ध्वनि का उच्चारण किया जाय तो वह मौखिक भाषा कहलाएगी, क्योंकि इसका कुछ न कुछ अर्थ होता है। इसके विपरीत यदि मकल या लकण शब्द बोला जाय तो यह अर्थहीन ध्वनि कहलाएगी।

मौखिक भाषा द्वारा आमने-सामने बैठे व्यक्ति से अनुभवों का आदान-प्रदान किया जाता है लेकिन व्यक्तियों से सम्पर्क बनाए रखने के लिए या अपने अनुभवों को अपेक्षाकृत अधिक दिनों तक सुरक्षित रखने के लिए हमें इन्हें मूर्त रूप देना पड़ता है। इसके लिए लिखित भाषा की आवश्यकता होती है। लिखित भाषा के लिए ध्वनियों को सांकेतिक रूप देना पड़ता है। ध्वनियों के लिए जो संकेत या चिह्न निर्धारित किए गये हैं, उन्हें 'लिपि' कहते हैं।

स्पष्ट है कि मौखिक भाषा मुख द्वारा उच्चारित होती है और कान द्वारा सुनी जाती है। इसके विपरीत लिखित भाषा के लिए ध्वनियों के सांकेतिक रूप को हाथ से लिखा या यंत्र द्वारा छापा जाता है। सांकेतिक भाषा का प्रयोग गूँगे लोग करते हैं या पढ़े-लिखे लोग भी गोपनीयता बरतने के लिए सांकेतिक भाषा का प्रयोग करते हैं। ट्रैफिक पुलिस का इशारा सांकेतिक भाषा का अच्छा उदाहरण है।

नेता भाषण करता है।	लड़का पत्र लिखता है।	ट्रैफिक पुलिस का सिपाही इशारा करता है ।
(मौखिक भाषा)	(लिखित भाषा)	(सांकेतिक भाषा)

भाषा और बोली

घरेलू बोल-चाल की भाषा को 'बोली' कहते हैं, क्योंकि इसका कोई व्याकरण नहीं होता है। प्रायः प्रत्येक बीस-पचीस कोस पर इसका रूप बदल जाता है। इसके विपरीत, भाषा का अपना व्याकरण होता है। इसमें साहित्य की रचना की जाती है। इसका रूप प्रत्येक स्थान पर समान होता है।

जैसे :-

आपका क्या नाम है ?	(साहित्य की भाषा = भाषा)
आहाँ के की नाम छै ?	(क्षेत्रीय भाषा = बोली)
तोर का नाम है ?	(क्षेत्रीय भाषा = बोली)
राउर का नाम भइल ?	(क्षेत्रीय भाषा = बोली)

स्पष्ट है कि साहित्य की भाषा में सदा एकरूपता रहती है। लेकिन क्षेत्रीय भाषा में इसका अभाव पाया जाता है।

हिन्दी क्षेत्र और बोलियाँ

भारत में विभिन्न भाषाएँ बोली जाती हैं। इनमें प्रमुख हैं - हिन्दी, मैथिली, भोजपुरी, मगही, असमिया, उड़िया, तमिल, तेलुगू, कन्नड़, मलयालम, गुजराती, मराठी, पंजाबी, सिन्धी, कश्मीरी, उर्दू, मणिपुरी, कोंकणी, नेपाली, संस्कृत आदि।

हिन्दी शब्द की उत्पत्ति फारसी भाषा से हुई है। प्राचीन काल में इस शब्द का प्रयोग सिन्ध प्रदेश या सिन्धु नदी के लिए होता था। चूँकि फारसी भाषा में 'स' का उच्चारण 'ह' के समान होता है, अतः सिन्धु के बदले हिन्दु तथा सिन्धी के बदले हिन्दी का प्रयोग होने लगा।

हिन्दी का प्रयोग व्रज भाषा, अवधी, मैथिली, मगही, राजस्थानी, खड़ी बोली आदि के लिए होता है। लेकिन आधुनिक काल की हिन्दी मुख्यतः खड़ी बोली पर आधारित है।

हिन्दी की बोलियों को अध्ययन की दृष्टि से पाँच भागों में बाँटा जा सकता है:-

(क) पूर्वी हिन्दी (ख) पश्चिमी हिन्दी (ग) राजस्थानी हिन्दी (घ) बिहारी हिन्दी (ङ) पहाड़ी हिन्दी

(1) पूर्वी हिन्दी -

इसमें प्रमुख बोलियाँ हैं- अवधी, बघेली, छत्तीसगढ़ी। अवधी भाषा में तुलसीकृत 'रामचरित मानस' और मलिक मोहम्मद जायसी द्वारा रचित 'पद्मावत' प्रसिद्ध काव्य है।

(2) पश्चिमी हिन्दी -

इसमें प्रमुख बोलियाँ हैं - व्रजभाषा, खड़ी बोली, हरियाणवी, बुंदेली और कन्नौजी। व्रजभाषा में सूरदास और नंददास की कृष्णभक्ति से सराबोर उत्कृष्ट काव्य रचनाएँ हैं। खड़ी बोली विशेषकर दिल्ली, मेरठ, गाजियाबाद और सहारनपुर तथा इसके आस-पास के क्षेत्रों में बोली जाती है।

(3) राजस्थानी हिन्दी -

राजस्थान प्रदेश में प्रयुक्त बोलियों के समूह को राजस्थानी हिन्दी कहते हैं। इसमें प्रमुख बोलियाँ हैं - मारवाड़ी, मेवाती इत्यादि।

(4) बिहारी हिन्दी -

बिहार तथा झारखण्ड प्रदेशों में प्रयुक्त बोलियों के समूह को बिहारी हिन्दी कहते हैं। इनमें प्रमुख हैं - मैथिली, भोजपुरी, मगही, और वज्जिका। मैथिली के आदिकवि विद्यापति की प्रसिद्ध 'पदावली' मैथिली भाषा में ही है।

(5) पहाड़ी हिन्दी -

हिमाचल की बोली मंडियावली, गढ़वाल की बोली (गढ़वाली) और कुमाऊँ पहाड़ी की बोली (कुमाऊँनी) पहाड़ी हिन्दी कहलाती है।

'हिन्दी' संपर्क-भाषा और राजभाषा :

हिन्दी संपूर्ण भारतवासियों के बीच संपर्क-भाषा के रूप में अपनी ख्याति अर्जित कर चुकी है। आप हिन्दुस्तान के किसी भी कोने में चले जाएँ, इस भाषा से आपका काम चल सकता है।

हिन्दी को भारत की राजभाषा का दर्जा प्राप्त है। साथ ही यह भारत के अधिकांश राज्यों की राजभाषा भी है। जैसे बिहार, झारखण्ड, उत्तरप्रदेश, मध्यप्रदेश, छत्तीसगढ़, राजस्थान, हरियाणा, हिमाचल प्रदेश, दिल्ली तथा केन्द्रशासित प्रदेश अंडमान निकोबार।

त्रिभाषा सूत्र के अनुसार हिन्दी को देश के सभी विद्यालयों में कहीं प्रथम, कहीं द्वितीय और कहीं तृतीय भाषा के रूप में पढ़ाया जाता है। यह भाषा भारतीय सीमा तक ही सीमित नहीं है, वरन् नेपाल, भूटान, म्याँमार, श्रीलंका, मॉरीशस, त्रिनिदाद, मलाया, फिजी, सूरीनाम, दक्षिण और पूर्वी अफ्रीका तक थोड़ी बहुत फैली हुई है। रूस, चीन, जापान, अमेरिका, जर्मनी, फ्रांस आदि विकसित देशों के कुछ महाविद्यालयों में इसकी पढ़ाई होती है।

भाषा और व्याकरण

भाषा और व्याकरण में अन्योन्याश्रय सम्बन्ध है। भाषा के बिना व्याकरण या व्याकरण के बिना भाषा की कल्पना नहीं की जा सकती है। भाषा यदि शरीर है तो व्याकरण इसकी आत्मा है।

सबसे पहले बोली की उत्पत्ति होती है। जब इसमें साहित्य की रचना होने लगती है, तब यह भाषा का रूप ले लेती है। फिर अंत में व्याकरण की उत्पत्ति होती है। दूसरे शब्दों में हम कह सकते हैं कि भाषा आगे-आगे चलती है और इसके पीछे-पीछे व्याकरण। भाषा में एकरूपता लाने के लिए इसे कुछ नियमों में बाँधा जाता है। यही नियम **व्याकरण** होता है। दूसरे शब्दों में, भाषा की क्या लिपि हो, वर्णो को किस प्रकार संयोजित किया जाए, शब्दों एवं वाक्यों की रचना में किन-किन बातों का ख्याल रखा जाए, इन्हीं बातों की व्याख्या और व्यवस्था करना व्याकरण का काम है। अत: व्याकरण की परिभाषा इस प्रकार दी जा सकती है।

''व्याकरण एक ऐसा शास्त्र है जिसके द्वारा शुद्ध-शुद्ध बोलना और लिखना सिखलाया जाता है।''

अध्ययन की सुविधा के लिए हिन्दी व्याकरण को पाँच भागों में बाँटा गया है-

(क) वर्ण-विचार (ख) शब्द-विचार (ग) वाक्य-विचार
(घ) चिह्न-विचार (ङ) छन्द-विचार

(1) वर्ण-विचार -

इसमें वर्ण, ध्वनि, लिपि आदि की परिभाषा, भेद, रूपांतर, प्रयोग, अर्थ, आदि का अध्ययन किया जाता है।

(2) शब्द-विचार -

इसमें शब्द की परिभाषा, भेद, उत्पत्ति, रचना, रूपांतर, प्रयोग, अर्थ आदि का अध्ययन किया जाता है।

(3) वाक्य-विचार -

इसमें वाक्य की परिभाषा, भेद, रचना, रूपांतर, शुद्धता, आदि का अध्ययन किया जाता है।

(4) चिह्न-विचार -

इसके अन्तर्गत वाक्यों में प्रयोग किये जाने वाले विभिन्न चिह्नों का अध्ययन किया जाता है।

(5) छन्द-विचार -

इस अध्याय में छंद की परिभाषा, स्वरूप, भेद, आदि का अध्ययन किया जाता है।

❑❑❑

4

वर्ण-विचार

वर्ण

वर्ण उस मूल ध्वनि को कहते हैं, जिसके खंड या टुकड़े नहीं हो सकते। जैसे- अ, आ, इ, ई, ओ, औ, क्, छ्, ट्, ठ्, त्, थ्, र्, ल् आदि।
अब कुछ शब्द या ध्वनियाँ लें और इनमें निहित मूल ध्वनि को समझें।

जैसे- खा लो।

उपर्युक्त वाक्य में दो शब्द या ध्वनियाँ है। अब इसका खंड करें-

ध्वनि	*मूल ध्वनि*
खा	ख् + आ
लो	ल् + ओ

स्पष्ट है कि अब (ख्+आ) तथा (ल्+ओ) का और खंड नहीं हो सकता, इसलिए इन्हें वर्ण या मूल ध्वनि कहते हैं।

वर्णमाला

वर्णो के क्रमबद्ध समूह को **वर्णमाला** कहते हैं। हिन्दी वर्णमाला में 52 वर्ण या ध्वनियाँ प्रयुक्त होती हैं-

अ, आ, इ, ई, उ, ऊ, ऋ, ए, ऐ, ओ, औ - (स्वर-11)
अं (अनुस्वार) अः (विसर्ग) - (अयोगवाह-2)

क, ख, ग, घ, ङ	च, छ, ज, झ, ञ
ट, ठ, ड, ढ ण	त, थ, द, ध, न
प, फ, ब, भ, म	(स्पर्श व्यंजन-25)
य, र, ल, व	(अंतस्थ व्यंजन-4)
श, ष, स, ह	(उष्म व्यंजन-4)
क्ष, त्र, ज्ञ,	(संयुक्त व्यंजन-3)
ड़, ढ़	(हिन्दी के अपने व्यंजन)

इस प्रकार हिन्दी के स्थायी स्वर और व्यंजन कुल मिलाकर 44 हैं।

नोट :- व्यंजन वर्णो में उच्चारण की सुविधा के लिए 'अ' स्वर मिलाकर लिखा गया है। इनके शुद्ध रूप क, ख, ग, घ, ङ होते हैं।

वर्ण के भेद

वर्ण के दो भेद हैं -

(क) स्वर वर्ण (ख) व्यंजन वर्ण

स्वर वर्ण

स्वर उन वर्णो या ध्वनियों को कहते हैं, जिनका उच्चारण स्वत: होता है जैसे - अ, आ, इ, ई, उ, ऊ, ऋ, ए, ऐ, ओ, औ। इनकी संख्या 11 है। ये व्यंजन वर्णो के उच्चारण में ही सहायक होते हैं।

जैसे - क् + अ = क ख् + अ = ख

नोट:-(1) अं (ं) तथा अ: (:) हिन्दी वर्णमाला में अं और अ: को स्वरों के साथ लिखने की परंपरा है, लेकिन अं (अनुस्वार) और अ: (विसर्ग) स्वर नहीं हैं और व्यंजन भी नहीं हैं। इनहें अयोगवाह कहा जाता है।

(2) ऑ (ॅ) इसे अर्द्धचन्द्र कहते हैं। इसका उच्चारण स्वर की तरह होता है, लेकिन यह अंग्रेजी की स्वर ध्वनि है। इसे आगत स्वर ध्वनि भी कहते हैं। इसका प्रयोग प्राय: अंग्रेजी शब्दों में होता है।

जैसे - कॉलेज, ऑफिस, ऑफसेट, नॉलेज, स्टॉल आदि।

स्वर वर्ण के भेद

स्वर वर्ण के भेद मुख्यत: दो आधार पर किये जाते हैं -

(1) उच्चारण में लगने वाले समय और (2) जाति के आधार पर

(1) उच्चारण में लगने वाले समय के आधार पर स्वर के तीन भेद हैं -

(क) ह्रस्व स्वर (ख) दीर्घ स्वर (ग) प्लुत स्वर

(1) ह्रस्व स्वर -

अ, इ, उ एवं ऋ ह्रस्व स्वर हैं। इन्हें मूल स्वर भी कहते हैं। ये एकमात्रिक होते हैं तथा इनके उच्चारण में दीर्घ स्वर की अपेक्षा आधा समय लगता है।

(2) दीर्घ स्वर -

आ, ई, ऊ, ए, ऐ, ओ एवं औ दीर्घ स्वर हैं। इनके उच्चारण में ह्रस्व की अपेक्षा दुगुना समय लगता है। चूँकि इनमें दो मात्राओं का समय लगता है। अत: इन्हें द्विमात्रिक

स्वर भी कहते हैं। दूसरी बात इनमें दो स्वरों की संधि रहती है।

जैसे :- आ = अ + अ, ई = इ + इ, ऊ = उ + उ

ए = (अ + इ, अ + ई, आ + इ, आ + ई)

ऐ = (अ + ए, आ + ए, अ + ऐ, आ + ऐ)

ओ = (अ + उ, आ + उ, अ + ऊ, आ + ऊ)

औ = (अ + ओ, आ + ओ, अ + औ, आ + औ)

नोट :- इन्हीं दीर्घ स्वरों में ए, ऐ, ओ, औ संयुक्त स्वर हैं। ह्रस्व स्वर और दीर्घ स्वर में लगने वाले समय को शब्दों के उच्चारण से समझा जा सकता है।

ह्रस्व उच्चारण = अड़ / बल / इड़ा / दिन / उष्म / सुत

दीर्घ उच्चारण = आड़ / बाल / ईड़ा / दीन / ऊष्म / सूत

(3) प्लुत स्वर -

जिस स्वर के उच्चारण में दीर्घ स्वर से भी ज्यादा समय लगता है, उसे प्लुत स्वर कहते हैं। किसी को देर तक पुकारने या नाटक के संवाद में इसका प्रयोग देखा जा सकता है। इसके लिए (3) का अंक लगाया जाता है। जैसे – ओ3म्।

(2) जाति के आधार पर स्वर वर्ण के दो भेद हैं -

(क) सजातीय स्वर (ख) विजातीय स्वर

क. सजातीय स्वर -

अ, आ, इ, ई, उ, ऊ आदि जोड़े आपस में सजातीय स्वर कहे जाते हैं। क्योंकि ये एक ही उच्चारण से या उच्चारण प्रयत्न से उच्चरित होते हैं। इसमें सिर्फ मात्रा का अंतर होता है।

ख. विजातीय स्वर -

अ–इ, अ–ई, अ–उ आदि जोड़े असल में विजातीय स्वर हैं, क्योंकि ये दो उच्चारण ढंग से उच्चारित होते हैं।

स्वर–मात्रा एवं स्वर–व्यंजन संयोग

" स्वर के संकेत–चिह्न को **मात्रा** कहते हैं।" स्वर के दस संकेत चिह्न हैं, लेकिन 'अ' का कोई संकेत चिह्न या मात्रा नहीं होती है। 'अ' स्वर जब किसी व्यंजन से मिलता है, तो उसका हल चिह्न (्) लुप्त हो जाता है।

जैसे – क् + अ = क, ख् + अ = ख

स्वर व्यंजन संयोग को नीचे की तालिका से समझें :-

स्वर = अ, आ, इ, ई, उ, ऊ, ऋ, ए, ऐ, ओ, औ

मात्रा = –, ा, ि, ी, ु, ू, ृ, े, ै, ो, ौ

व्यंजन = क्, क्, क्, क्, क्, क्, क्, क्, क्, क्, क्

संयोग = क, का, कि, की, कु, कू, कृ, के, कै, को, कौ

अब इन्हें समझें :-

आम = आ + म् + अ | नुपुर = न् + उ + प् + उ + र् + अ

दान = द् + आ + न् + अ् | खेवैया = ख + ए + व + ऐ + य् + आ

रीति = र + ई + त् - इ | कृषि = क् + र् + ऋ + ष् + इ

कुछ विशेष निर्देश :-

(1) मात्राएँ व्यंजनों के पहले या बाद में, ऊपर या नीचे लगती हैं लेकिन 'र' व्यंजन के साथ उ (ु) या ऊ (ू) की मात्रा लगती है, तो यह ठीक बीच में लगती है। जैसे - र + उ (ु) = रु

रुकना, रुकावट, रुख, रुचि, रुझान, रुधिर, रुपया, रुस्तम।

र + ऊ (ू) = रू

रूई, रूखा, रूढ़, रूढ़ि, रूप, रूपक, रूपकार, रूपमय, रूपवती, रूम, आदि।

(2) किसी भी स्वर के साथ किसी दूसरे स्वर की मात्रा या उसकी (स्वर) अपनी मात्रा नहीं लगती है, जैसे - अैसा, ऐसा, अुस आदि लिखना गलत है।

(3) 'श्' और श्र के साथ ऋ (ृ) की मात्रा लगती है तो इनका रूप होता है-

श् + ऋ =शृंगाल, शृंखला, शृंग, शृंगार आदि।

ह् + ऋ = हृदय, हृषीकेश, हृष्टपुष्ट आदि।

बारहखड़ी

किसी व्यंजन के साथ स्वरों की मात्राएँ (ऋ को छोड़ कर) अनुस्वार और विसर्ग के साथ लिखने को बारहखड़ी कहते हैं। जैसे-

क का कि की कु कू के कै को कौ कं कः।

ख खा खि खी खु खू खे खै खो खौ खं खः।

इसी प्रकार व्यंजनों की बारहखड़ी लिखी जाती है।

व्यंजन वर्ण

स्वर वर्ण की सहायता से जिस वर्ण का उच्चारण होता है, उसे **व्यंजन वर्ण** कहते हैं। जैसे - क, ख, ग आदि का उच्चारण स्वर की सहायता से होता है। अतः ये व्यंजन वर्ण हैं। क से ह तक कुल 33 व्यंजन हैं।

व्यंजन वर्ण के भेद

सभी व्यंजनों को मुख्यतः तीन भागों में बाँटा गया है -

(क) स्पर्श व्यंजन (ख) अंतःस्थ व्यंजन (ग) ऊष्म व्यंजन

(क) ***स्पर्श व्यंजन*** – जो व्यंजन कंठ, तालु, मूर्द्धा, ओठ, दाँत आदि के स्पर्श से बोले जाते हैं, उन्हें **स्पर्श व्यंजन** कहते हैं। इनकी संख्या 25 है। इन्हें वर्गीय व्यंजन भी कहते हैं, क्योंकि ये पाँच भागों में बँटे हुए हैं। प्रत्येक वर्ग का नामकरण इनके प्रथम वर्ण के आधार पर किया गया है। जैसे–

क वर्ग (क, ख, ग, घ, ङ)	इनका	उच्चारण	कंठ	से होता है।
च वर्ग (च, छ, ज, झ, ञ)	''	''	तालु	'' ''
ट वर्ग (ट, ठ, ड, ढ ण)	''	''	मूर्द्धा	'' ''
त वर्ग (त, थ, द, ध, न)	''	''	दन्त	'' ''
प वर्ग (प, फ, ब, भ, म)	''	''	ओष्ठ	'' ''

(ख) ***अन्तःस्थ व्यंजन*** – य, र, ल और व अंतःस्थ व्यंजन हैं। इनकी संख्या 4 है। ये स्वर और व्यंजन के बीच स्थित हैं। इनका उच्चारण जीभ, तालु, ओठों के परस्पर सटने से होता है, लेकिन कहीं भी पूर्ण स्पर्श नहीं होता। कुछ वैयाकरण य और व को अर्द्धस्वर भी कहते हैं।

(ग) ***उष्म व्यंजन*** – श, ष, स तथा ह उष्म व्यंजन हैं। इनका उच्चारण रगड़ या घर्षण से उत्पन्न उष्म (गर्म) वायु से होता है। इसलिए इन्हें उष्म व्यंजन कहते हैं। इनकी संख्या 4 है। इनके अलावा कुछ और व्यंजन ध्वनियाँ हैं –

जैसे – (क) संयुक्त व्यंजन या संयुक्ताक्षर (ख) द्विगुण व्यंजन

संयुक्त व्यंजन

क्ष, त्र, ज्ञ मूल व्यंजन नहीं हैं। इनकी रचना दो व्यंजनों के मेल से हुई है। इसलिए इन्हें संयुक्त व्यंजन कहते हैं। जैसे –

क् + ष = क्ष   ज् + ञ = ज्ञ

त् + र = त्र   श् + र = श्र

द्विगुण व्यंजन

ड़ और ढ़ ये हिन्दी के अपने व्यंजन हैं। इनका प्रयोग संख्या में नहीं होता है। ये ड और ढ के नीचे बिन्दु देने से बनते हैं। इन्हे द्विगुण व्यंजन कहते हैं। प्रायः इनका प्रयोग अक्षरों के बीच या शब्द के अंत में होता है। जैसे–

पढ़ना, ओढ़ना, लड़का, सड़क आदि (अक्षरों के बीच में)

बाढ़, आषाढ़, कड़ी, हथकड़ी आदि (शब्द का अंतिम अक्षर)

नोट–

किसी मूल शब्द का पहला अक्षर यदि ढ हो तो यह ढ प्रायः बिन्दु रहित आता है। जैसे – ढकनी, ढाल, ढाँचा, ढाई, ढक्कन आदि।

अब इन दोनों शब्दों को देखें- पढ़ाई, उढ़कना आदि।

ड़ या ढ़ किसी अक्षर के साथ शुद्ध रूप या हल रूप में संयुक्त नहीं होता है।

वर्णों का उच्चारण स्थान

किसी भी वर्ण के उच्चारण के लिए मुख के विभिन्न भागों का सहारा लेना पड़ता है। मुख के जिस भाग से वर्ण का उच्चारण किया जाता है, वह भाग उस वर्ण का उच्चारण स्थान कहलाता है। ये मुख्यतः छः हैं।

(क) कंठ (ख) तालु (ग) मूर्द्धा

(घ) दंत (ङ) ओष्ठ (च) नासिका

उच्चारण स्थान के आधार पर वर्णो के निम्नांकित भेद हैं -

(1) **कंठ्य** :-

जिनका उच्चारण कंठ से हो, कंठ्य वर्ण हैं। जैसे अ, आ, कवर्ग, विसर्ग तथा ह।

(2) **तालव्य** :-

जिनका उच्चारण तालु से हो, तालव्य वर्ण हैं। जैसे इ, ई, चवर्ग, य तथा श।

(3) **मूर्द्धन्य** :-

जिनका उच्चारण स्थान मूद्र्धा हो मूर्द्धन्य वर्ण हैं। जैसे - ऋ, ट वर्ग, र और ष

(4) **दंत्य** :-

जिनका उच्चारण दाँत के स्पर्श से हो, दंत्य वर्ण हैं। जैसे - तवर्ग ल और स।

(5) **ओष्ठ्य** :-

जिनका उच्चारण होठ से हो, वे ओष्ठ्य वर्ण हैं। जैसे - उ, ऊ और प वर्ग।

(6) **अनुनासिक** :-

जो मुख और नाक से उच्चारित हों, अनुनासिक वर्ण हैं। जैसे पंचमाक्षर, ङ, य, ण, न, म और अनुस्वार चन्द्रबिन्दु।

(7) **कंठ तालव्य** :-

जो कंठ और तालु से उच्चारित हों, कंठ तालव्य वर्ण हैं।
जैसे - ए तथा ऐ।

(8) **कंठोष्ठ्य** :-

जो कंठ और ओठ से उच्चारित हों, कंठोष्ठ्य वर्ण हैं।
जैसे - ओ तथा औ।

(9) **दंतोष्ठ्य** :-

जो दाँत और ओठ से उच्चारित हों, दंतोष्ठ्य वर्ण हैं।
जैसे - व।

उपर्युक्त बातों को निम्नलिखित तालिका से समझें :-

उच्चारण-स्थान	**वर्गों के नाम**	**उच्चरित वर्ण**
कंठ	कंठ्य वर्ण	अ, आ, कवर्ग और विसर्ग
तालु	तालव्य वर्ण	इ, ई चवर्ग, य और श
मूर्द्धा	मूर्द्धन्य वर्ण	ऋ, टवर्ग र और ष
दंत	दंत्य वर्ण	तवर्ग ल और स
ओष्ठ	ओष्ठ्य वर्ण	उ, ऊ और पवर्ग
मुखनासिका	अनुनासिक वर्ण	पंचमाक्षर अनुस्वार, चंद्रबिन्दु
कंठ और तालु	कंठ-तालव्य वर्ण	ए और ऐ
कंठ और ओष्ठ	कंठोष्ठ्य वर्ण	ओ तथा औ
दंत और ओष्ठ	दंतोष्ठ्य वर्ण	व

प्रयत्न के आधार पर व्यंजनों के भेद

व्यंजनों के उच्चारण के समय स्वरतंत्री में श्वास कंपन, श्वासवायु की मात्रा तथा मुख के विभिन्न अवयवों द्वारा श्वास के अवरोध की प्रक्रिया को 'प्रयत्न' कहते हैं। दूसरे शब्दों में ध्वनियों के उच्चारण में श्वास वायु चिह्न और अन्य अवयव मिलकर जो प्रयास करते हैं, उसे 'प्रयत्न' कहते हैं।

स्वरतंत्री में श्वास-कंपन के आधार पर व्यंजनों के भेद

स्वरतंत्री में श्वास कंपन के आधार पर व्यंजन वर्गों के दो भेद हैं :-

(क) घोष या सघोष (ख) अघोष

(1) घोष या सघोष :-

जिन व्यंजनों के उच्चारण में श्वास के कारण कंपन होता है, उन्हें घोष या सघोष कहते हैं। जैसे – सभी वगों के तीसरे, चौथे, पाँचवें व्यंजन (ग, घ ङ, ज, झ, ञ, ड, ढ़, ण, द, ध, न, ब, भ, म) और य, र, ल, व, ह। सभी स्वर सघोष होते हैं।

(2) अघोष :-

जिन व्यंजन वर्गो के उच्चारण में सिर्फ श्वास का प्रयोग होता है और स्वर तंत्री में कंपन नहीं होता है उन्हें अघोष कहते हैं। जैसे – सभी वर्गो के पहले और दूसरे व्यंजन (क, ख, च, छ, ट, ठ, त, थ, प, फ) तथा श, ष, स।

श्वास-वायु की मात्रा के आधार पर व्यंजन-भेद

श्वास वायु की मात्रा के आधार पर व्यंजन वर्गों के दो भेद हैं :-

(क) अल्प प्राण (ख) महाप्राण

(क) अल्पप्राण :-

जिन व्यंजन ध्वनियों के उच्चारण में श्वास-वायु कम मात्रा में बाहर निकलती है, उन्हें अल्प व्यंजन कहते हैं। जैसे -

प्रत्येक वर्ग के पहले, तीसरे, पाँचवें वर्ग (क, ग, ङ, च, ज, ञ, ट, ड, ण, त, द, न, प, ब, म) तथा य, र, ल, व।

(ख) महाप्राण :-

जिन व्यंजन ध्वनियों के उच्चारण में श्वास वायु अधिक मात्रा में बाहर निकलती है, उन्हें महाप्राण व्यंजन कहते हैं। जैसे -

प्रत्येक वर्ग के दूसरे तथा चौथे वर्ग - (ख, घ, छ, झ, ठ, ढ़, थ, ध, फ, भ) तथा श, ष, स, ह।

व्यंजन गुच्छ एवं द्वित्व

व्यंजन गुच्छ :-

यदि किसी शब्द में दो-तीन व्यंजन लगातार हों और उनके बीच कोई स्वर न हो, तो उस व्यंजन समूह को व्यंजन-गुच्छ कहते हैं। जैसे -

अच्छा, क्यारी, क्लेश, स्फूर्ति, स्पष्ट, स्वप्न, मत्स्य, उज्ज्वल आदि।

उदाहरण - अच्छा = अ + च् + छ् + आ

मत्स्य = म + त् + स् + य् + अ

द्वित्व :-

यदि दो समान व्यंजनों के बीच कोई स्वर न हो तो वह व्यंजन-गुच्छ द्वित्व कहलाता है। जैसे -

अड्डा (अड्डा), **पट्टी** (पट्टी), **बच्ची** (बच्ची), **कुत्ता** (कुत्ता)

उपर्युक्त शब्दों में मोटे अक्षर दो-दो बार आये हैं। इन्हें ही द्वित्व कहते हैं।

जैसे - (ख्ख), (च्च), आदि

अशुद्ध - मख्खन, मछ्छर, चिठ्ठी आदि।

शुद्ध - मक्खन, मच्छर, चिट्ठी आदि।

किसी भी शब्द के शुरू में द्वित्व का प्रयोग नहीं होता है।

अनुस्वार-पंचमाक्षर तथा विसर्ग

ङ्, ञ्, ण्, न्, म् - ये अनुनासिक व्यंजन हैं। इन्हें पंचमाक्षर भी कहते हैं। ये जब अपने वर्ग के व्यंजन से हल् रूप में जुड़ते हैं, तब लेखन सुविधा हेतु इन्हें अनुस्वार में बदल

देते हैं। जैसे -

कवर्ग के साथ (ङ्) अङ्क। अङ्.क - अंक

चवर्ग के साथ = पञ्च - पंच, पञ्छी - पंछी

टवर्ग के साथ = घण्टा - घंटा, कण्ठ - कंठ, दण्ड - दंड

तवर्ग के साथ = तन्त्र - तंत्र,

पवर्ग के साथ = कम्प - कंप, अम्बा - अंबा, दम्भ - दंभ

नोट -

(1) अनुस्वार का प्रयोग ज्यादा प्रचलित एवं मान्य है। किसी-किसी व्यंजन के साथ पंचमाक्षर संयुक्त करना हो तो वर्ग का हमेशा ख्याल रखें। एक वर्ग के साथ दूसरे वर्ग के पंचमाक्षर को संयुक्त न करें। जैसे -

अञ्क, डन्डा आदि लिखना गलत है।

(2) लेकिन किसी शब्द में दो भिन्न पंचमाक्षर या किसी पंचमाक्षर का द्वित्व हो, तो अनुस्वार का प्रयोग न करें। उसमें पंचमाक्षर का प्रयोग करें। जैसे-

जन्म, निम्न, मृण्मय (भिन्न पंचमाक्षर)

उन्नति, सम्मति, अक्षुण्ण आदि (द्वित्व पंचमाक्षर)

(3) जिन शब्दों के पहले सम् उपसर्ग लगता है, वहाँ म् के स्थान पर अनुस्वार का प्रयोग करें। जैसे -

सम् + यम = संयम   सम + रक्षण = संरक्षण

सम + लाप = संलाप   सम् + वाद = संवाद

सम् + शय = संयम   सम् + सार = संसार

विसर्ग (:) - अनुस्वार की तरह विसर्ग को भी अयोगवाह कहा जाता है। इसका उच्चारण ह जैसा है।

जैसे - अत:, स्वत:, प्रात:, पय:पान, मुख्यत: आदि।

अनुतान

जब कोई व्यक्ति कुछ बोलता है, तो वह योंही धारा-प्रवाह बोलता नहीं जाता है, बल्कि किसी शब्द या वाक्य को बोलते समय अपने भावों (सुख, दु:ख, आश्चर्य, आदि) के अनुसार शब्द-ध्वनि को ऊपर-नीचे उतारता-चढ़ाता है। इसी उतार - चढ़ाव या आरोह-अवरोह अथवा ऊँची-नीची स्वरलहरी को सुर या सुर का अनुतान कहते हैं। जैसे -

अच्छा शब्द को विभिन्न अनुतानों में इस तरह बोला जा सकता है।

अच्छा। - सामान्य कथन (अनुतान समान है)

अच्छा? - प्रश्नवाचक (अनुतान जोरदार है)

अच्छा ! - आश्चर्य (अनुतान अंत में लम्बा है)

इसी प्रकार वाक्य में भी भावानुसार अनुतान का प्रभाव देखा जाता है। जैसे -
वह जा रहा है। (अनुतान सभी अक्षरों में समान है)
वह जा रहा है ? (अनुतान बीच में उठता है और अंत में गिरता है)
वह जा रहा है ! (अनुतान अंत में उठकर लंबा हो जाता है)

बलाघात

बल + आघात से बना है-**बलाघात।** शब्द उच्चारण के समय किसी वर्ण पर बल देना, बलाघात या स्वराघात कहलाता है।

इसके मुख्यत: दो भेद हैं :-

(1) वर्ण या अक्षर बलाघात (2) शब्द बलाघात

(1) वर्ण या अक्षर बलाघात :- किसी खास वर्ग या अक्षर पर पड़ने वाले बलाघात को वर्ण या अक्षर-बलाघात कहते हैं। जैसे -

(क)चला (वह स्कूल से चला) - च पर विशेष बल है।
(ख)चला (तू गाड़ी चला) - ला पर विशेष बल है।

(2) शब्द -बलाघात :- वाक्य में प्रयुक्त किसी खास शब्द पर विशेष बल देना शब्द - बलाघात कहलाता है। जैसे -

(क) तुम नहीं पढ़ोगे ? (किसी भी शब्द पर विशेष बल नहीं)
(ख) तुम नहीं पढ़ोगे ? (नहीं शब्द पर विशेष बल)

वर्ण, ध्वनि, लिपि और अक्षर में अंतर

वर्ण और ध्वनि - कभी-कभी वर्ण के लिए **ध्वनि** या ध्वनियों के लिए **वर्ण** शब्द का प्रयोग होता है, फिर भी दोनों में निम्नलिखित अंतर है।

(1) मुख के विभिन्न भागों या उच्चारण स्थान से जो वर्ण या वर्गों के समूह उच्चारित होते हैं और कान द्वारा सुने जाते हैं। लेकिन वर्ण किसी संकेत द्वारा हाथ से लिखे या यंत्र द्वारा छापे जाते हैं।

(2) मौखिक भाषा की सबसे छोटी इकाई **ध्वनि** है और लिखित भाषा की सबसे छोटी इकाई **वर्ण** है।

(3) कभी-कभी **ध्वनि** समान होते हुए भी उसके अर्थ और लिपि में अंतर होता है। जैसे- हिन्दी की **आई** ध्वनि और अंग्रेजी की **(I)** ध्वनि में ध्वनिगत समानता है, लेकिन अर्थ और लिपि में अंतर है।

लिपि -

भाषा के मुख्यत: दो रूप हैं - मौखिक और लिखित।

मौखिक भाषा में ध्वनियाँ मुख द्वारा उच्चारित होती है। यदि उन उच्चारित

ध्वनियों को किसी चिह्न या संकेत द्वारा मूर्त रूप दिया जाए तो वह लिखित भाषा 'लिपि' कहलाएगी।

भाषा -

ध्वनियों को लिखकर प्रकट करने हेतु निश्चित किये गये संकेतों या चिह्नों को **लिपि** कहते हैं। हिन्दी जिस लिपि में लिखी जाती है, उसे देवनागरी कहते हैं। इसमें संस्कृत, मराठी, और नेपाली भाषाएँ लिखी जाती है। पंजाबी भाषा गुरुमुखी में तथा अंग्रेजी भाषा रोमन लिपि में लिखी जाती है। उर्दू और कश्मीरी की लिपि फारसी कहलाती है। जैसे-

भारत महान देश है। (हिन्दी)

India is a great country (अंग्रेजी)

वर्ण और अक्षर -

कुछ वैय्याकरण के अनुसार जिसका 'क्षर' न हो वह अक्षर है। जैसे - अ, आ, क, ख आदि। अर्थात वर्ण ही **अक्षर** है। कुछ वैय्याकरण के अनुसार स्वर या स्वर सहित व्यंजन **अक्षर** हैं। जैसे -

अ, आ, क, ख, खे, नी, आदि।

उनके अनुसार लड़का शब्द में तीन अक्षर ल + ड़ + का है।

लेकिन इसमें वर्गों की संख्या छह है। ल् + अ + ड़् + अ + क् + आ है।

❑❑❑

5

वर्तनी

वर्तनी शब्द वर्तन से बना है, अर्थात् अनुवर्तन करना या पीछे चलना। इसे अक्षरी हिज्जे, स्पेलिंग या बँगला में 'बनान' भी कहते हैं। वर्तनी सम्बन्धी अशुद्धियों के मुख्य तीन कारण हैं –

(क) किसी शब्द का अशुद्ध उच्चारण करना या सुनना।

(ख) अशुद्ध वर्तनी वाले शब्दों को बार-बार दोहराना।

(ग) मत-भिन्नता के कारण विभिन्न समस्याएँ जैसे –

(1) यदि हम **श** का उच्चारण सही तरह करते हैं या सुनते हैं, तो निश्चित रूप से **अशोक** शब्द को लिखते समय **असोक** नहीं लिखेंगे। यह समस्या या अशुद्धि गलत उच्चारण करने या सुनने के कारण है।

(2) शिक्षा – मनोविज्ञान की दृष्टि से जिस शब्द से जो वर्तनी बार-बार दिखाई देती है, दर्शक या पाठक के मानस पटल पर वही अंकित हो जाती है। अतः बच्चों के समक्ष अशुद्ध वर्तनी वाले शब्दों को न रखें।

(3) कोई गये-गयी लिखता है, तो कोई गए, गई। पक्का शब्द को कोई पक्‍का लिखता है, तो कोई पक्का। इस प्रकार की समस्याएँ हैं। ये समस्याएँ मत भिन्नता के कारण हैं।

वर्तनी से सम्बद्ध विभिन्न समस्याओं एवं उनके निदान की चर्चा करने के लिए निम्नलिखित पहलुओं पर विचार करना होगा –

(1) व्यंजनों का संयुक्त रूप

(2) विभक्ति चिह्न

(3) उपसर्ग और प्रत्यय वाले शब्द

(4) श्री/जी का प्रयोग

(5) संयुक्त क्रिया, सहायक क्रिया एवं अव्यय।

(6) संयोजक चिह्न

(7) देशज और विदेशज शब्द

(8) अनुस्वार और चंद्रबिन्दु

(9) ई या ये का प्रयोग

(10) की/कि - लिखने की दुविधा

(1) व्यंजनों का संयुक्त रूप :-

(क) खड़ी पाई वाले व्यंजनों (ख, ग, घ, च, ज, ण, त, प, ध, न य आदि) का संयुक्त रूप खड़ी पाई को हटा कर बनाएँ। जैसे-ख्याल, अच्छा, पुष्प, ज्वर, पत्थर आदि।

(ख) जिनमें खड़ी पाई (क, फ) बीच में है, उन्हें इस प्रकार लिखें- मक्का, चक्की, दफ्तर, रक्त, आदि।

(ग) जिनमें खड़ी पाई (ड, ट, ठ, ड, ढ़, द, ह) नहीं है। उनके नीचे हल दें। जैसे - नाट्य, कंठ्य, अड्डा, विद्यालय,

(घ) 'र' की स्थिति कुछ अलग है, यदि 'र' (स्वर रहित अर्थात आधार) पहले हो और बाद में कोई व्यंजन हो, तो र उस व्यंजन के ऊपर दिया जाता है। इसे रेफ कहते है। जैसे -

धर्म (ध + र + म), शीर्षक (शी + र + ष + क)

यदि व्यंजन के बाद कोई मात्रा हो तो रेफ मात्रा के ऊपर लगता है। जैसे - वर्मा, कर्मी, धर्मेन्द्र आदि।

(i) यदि 'आधा व्यंजन (स्वर रहित) के बाद पूरा र (स्वर रहित) हो, तो पाई वाले व्यंजन में '्र' की तरह दिखलाया जाता है। जैसे -

व्रत (व् + र + त), क्रम, व्रज, सम्राट् आदि।

लेकिन श और त के साथ इसका संयोग इस प्राकर होता है -

त् + र = त्र - त्रस्त, त्रिवेणी, अस्त्र आदि।

श् + र = श्र - श्रवण, श्रेणी, श्री आदि।

(ii) बिना पाई वाले (ट्, ठ्, ड्, ह् आदि) व्यंजन के साथ पूरा र इस प्रकार जुड़ता है-

ट्रक (ट् + र + क), राष्ट्र, ड्रामा, ड्राम आदि।

लेकिन 'ह' के साथ पूरा र इस प्रकार जुड़ता है -

ह्रस्व (ह् + र + स्व), ह्रास, ह्रस्वता आदि।

(2) विभक्ति चिह्न :-

(क) विभक्ति चिह्न का प्रयोग संज्ञा से अलग लेकिन सर्वनाम के साथ करें। जैसे- राम ने, युद्ध में, रथ पर, सीता के लिए, उसने, उसमें मुझपर आपके, आपकी, आपका।

(ख) अगर दो विभक्तियों का प्रयोग करना हो, तो पहली विभक्ति को सर्वनाम के साथ और दूसरी को अलग लिखें।

जैसे - उनमें से, मेरे लिए, इसके लिए, आपके द्वारा।

(ग) अगर सर्वनाम के रूप बड़े हों, तो विभक्ति (विभक्तियों) को अलग लिखें।

जैसे- आप लोगों के, आप लोगों के द्वारा, उन लोगों में, उन लोगों में से।

(घ) यदि सर्वनाम और विभक्ति के बीच **ही, भी, तक** आदि अव्यय हों, तो विभक्ति को अलग लिखें।

जैसे - मुझ तक को, मेरे लिए, आप ही के लिए।

(3) उपसर्ग और प्रत्यय वाले शब्द - ऐसे शब्दों को एक साथ लिखें जैसे -

उपसर्ग वाले शब्द - अधपका, प्रतिध्वनि, खुशहाल, इत्यादि।

प्रत्यय वाले शब्द - पढ़कर, पढ़वाकर, दूधवाला, लकड़हारा।

(4) श्री / जी का प्रयोग - आदरसूचक, श्री एवं जी को शब्द के साथ लिखें। जैसे -

श्री - श्रीराम, श्रीगणेश, श्रीयुत्, धनश्री रामश्री आदि।

जी - भाईजी, बहनजी, माताजी, रामजी, कृष्णजी आदि।

(5) संयुक्त क्रिया, सहायक क्रिया एवं अव्यय - इन्हें अलग-अलग लिखें। जैसे-

(क) हँस पड़ा, आ गया, खेल रहा है, पढ़ता आ रहा था।

(ख) अव्यय शब्द - यहाँतक, वहाँतक, रातभर, दिनभर आदि।

(6) संयोजक चिह्न - यह चिह्न दो शब्दों को जोड़ता है। इसका प्रयोग निम्नलिखित परिस्थितियों में करें। जैसे -

(क) जब दोनों पद प्रधान हैं। - भाई-बहन, सीता-राम,

(ख) विलोम शब्दों में - अच्छा-बुरा, स्वर्ग-नरक, लाभ-हानि आदि

(ग) एक शब्द सार्थक और दूसरा निरर्थक हो - उल्टा-पुलटा, रोटी-वोटी, झूठ-मूठ, चाय-वाय, पानी-वानी आदि।

(घ) पुनरुक्ति या द्विरुक्ति में - गाँव-गाँव, शहर-शहर, अपना-अपना

(च) दो विशेषणों में - दो-चार, दस-बीस, चौथा-पाँचवा आदि।

(छ) सा से, सी, जैसे, जैसी, आदि में - चाँद-सा मुखड़ा, कम से कम।

(ज) जब दो शब्दों के बीच सम्बन्ध कारक के चिह्न (का, के, की) लुप्त हों। जैसे- राम-लीला, लीला-भूमि, मानव-जीवन, जीवन-दर्शन, शब्द-भेद, ज्ञान-सागर, संत-मत, लेखन-कला आदि।

लेखन-कला (लेखन की कला)

शब्द-भेद (शब्द के भेद, शब्द का भेद)

नोट :- पदों, दुकानों, संस्थाओं, समितियों आदि के नाम बिना संयोजक चिह्न

के लिखें। जैसे – उपकुलपति, भूतपूर्व सैनिक, पाटलिपुत्र, किताबघर, सोवियत संघ, नागरी, प्रचारणी सभा आदि।

(7) देशज शब्द –

(अ) तत्सम शब्द –

(क) हिन्दी में सारे तत्सम शब्द प्रयुक्त होते हैं, उनमें कुछ शब्दों के अंत में हल आता है। जैसे – महान्, विद्वान्, जगत्, विद्युत् आदि।
यदि हल के बिना इन शब्दों को लिखा जाए तो इन शब्दों की उत्पत्ति समझ में नहीं आएगी। साथ ही संधि और छंद में भी कठिनाई उत्पन्न हो जाएगी। अतः हल हटाना उचित नहीं है।

(ख) द्वित्व का प्रयोग यथासंभव होना चाहिए।
जैसे – आवर्त्तन, परिवर्त्तन, तत्त्व, महत्त्व, कर्त्ता आदि।

(ग) कुछ तत्सम शब्दों में विसर्ग (:) का प्रयोग होता है।
जैसे – अतः, स्वतः, प्रातः, मूलतः, अंशतः, आदि। इनमें विसर्ग का प्रयोग अवश्य करें।

(8) विदेशज शब्द –

(क) अरबी–फारसी और अंग्रेजी के कुछ शब्दों के नीचे बिन्दु, ध्वनि–विशेष के लिए दिया जाता है। हालाँकि वाक्य–प्रयोग से ही उनका अर्थ स्पष्ट हो जाता है। अतः बिन्दु देने की जरूरत नहीं। उन्हें बिन्दु रहित लिखें। राज, खैर, गरीब, कागज, कब्र, इज, जीरो, फास्ट, फेल आदि। हाँ यदि शब्दों के बीच फर्क दिखलाना हो तो बिन्दु का प्रयोग किया जा सकता है।
जैसे – खान–ख़ान, गज–गज़, राज–राज़ आदि।

(ख) अंग्रेजी के कुछ शब्दों के उच्चारण में औ जैसी ध्वनि निकलती है। इनमें ध्वनि–विशेष के लिए अर्द्धचन्द्र (˘) का प्रयोग करें।
जैसे – ऑफिस, ऑफिसर, कॉलेज, नॉलेज, स्टॉफ, स्पॉट आदि।

(9) अनुस्वार और चंद्र बिन्दु –

(क) यदि पंचमाक्षर व्यंजन के साथ संयुक्त हो, तो अनुस्वार का प्रयोग करें।
जैसे- अंक, मंजन, मंडल, बिंदु, खंभा आदि।

(ख) चंद्र बिंदु वाले शब्दों में, चन्द्र बिन्दु के बदले अनुस्वार का प्रयोग न करें। इससे अर्थ में बहुत अंतर आ जाता है। जैसे – हंस–हँस, अंगना–अँगना, आदि में बहुत अंतर है।
नोट :- सिर्फ शिरोरेखा पर चंद्र बिन्दु न देकर उसके बदले बिन्दु दें।
जैसे – चलें, में, मैं, हैं, सिंगार आदि।

(ग) बहुवचन के इन रूपों - साड़ियाँ, तिथियाँ, मिठाइयाँ, कठिनाइयाँ, भाषाएँ, संज्ञाएँ आदि में चंद्र बिन्दु दें बिंदु नहीं।

(घ) अनुस्वार युक्त तत्सम शब्दों का तद्भव रूप प्रायः चंद्रबिंदु के साथ आता है।

जैसे - अंकुर-अँकरा, अंचल-आँचल, अंधकार-अँधेरा, अंक-आँक, चंद्र-चाँद, झंप-झाँप, टंकन-टाँकना, दंत-दाँत, पंक-पाँक, पंच-पाँच, बंधन-बाँधना, बिंदु-बूँद, मंद-माँद, रंग-राँगा आदि।

(10) ए/ये तथा ई/यी का प्रयोग -

शब्दों के अंत में ए/ये अथवा ई/यी लिखा जाए, इसमें बहुत मतांतर है। कोई गए/गई लिखता है, तो कोई गये-गयी। इसी प्रकार कोई नए-नये लिखता है तो कोई नये-नयी। अगर कुछ नियमों का पालन किया जाय तो इनके लिखने में एकरूपता आ सकती है। इन बातों का ध्यान रखना चाहिए -

(क) संज्ञा में ई का प्रयोग करें, लेकिन क्रिया या विशेषण में **य, ये** रूप रखें। जैसे -

संज्ञा- भाई, भौजाई, खटाई, मिठाई, लम्बाई, चौड़ाई, लिखाई, पढ़ाई, लड़ाई, खाई आदि।

क्रिया/विशेषण - लिया-लिये-ली, गया-गये, गयी, खाया-खाये-खायी, नया-नये-नयी आदि।

उदाहरण :-

मैंने रोटी खायी है।	(खायी-क्रिया)
यह गहरी खाई है।	(खाई-संज्ञा)
इन्होंने मुझे हिन्दी पढ़ाई।	(पढ़ाई-क्रिया)
उनकी पढ़ाई क्यों रुकी ?	(पढ़ाई-संज्ञा)
यह नया/नयी है।	(नया/नयी विशेषण)

(ख) अव्यय, विभक्ति, क्रिया से बने विशेषण, विधि क्रिया और भविष्यत् काल की क्रिया में ए / ऐ का प्रयोग करें। जैसे - लिए, इसलिए, के लिए, चाहिए, दीजिए, आए बिना, गए बिना, आएँ, जाँए/जाइए, आइएगा, आएँगे, जाएँगी आदि।

उदाहरण :-

आपने पाँच रुपये लिये।	(लिये-क्रिया)
आपके लिए मैं खड़ा हूँ।	(लिए-अव्यय)
वे पटना से कब आये ?	(आये-क्रिया)
वह आए बिना चला गया।	(आये बिना-क्रिया से बना विशेषण)
वे कल राँची आएँगी।	(आएँगी-भविष्यत्काल की क्रिया)

(11) कि/की के लिखने में दुविधा -

कि एवं **की** में बहुत अंतर है। 'कि' योजक है जबकि 'की' सम्बन्धकारक की विभक्ति अथवा करना (क्रिया) का भूतकालिक रूप। वाक्य लिखने के क्रम में विद्यार्थियों को बड़ी दुविधा हो होती है कि - **कि** लिखें या **की**। अतः इनके प्रयोग को समझें :-

(i) सम्बन्धकारक के रूप में (की) -

(क) उसकी कलम अच्छी है। (ख) गाय की पूँछ लंबी है।

(ग) आपकी किताब नयी है। (घ) कलम की स्याही लाओ।

(ङ) उनकी माता जी आयीं।

(ii) क्रिया के रूप में (की) -

(क) उसने मेरी शिकायत की।

(ख) आप ने उसकी पिटाई की।

(iii) योजक के रूप में (कि) -

(क) उसने कहा कि मैं पढ़ने जाऊँगा।

(ख) यही कारण है कि वह पढ़ना नहीं चाहता।

(ग) वह हमेशा कहता था कि आप मेरी मदद करें।

(घ) कि इस दवा में यह गुण है।

(ङ) कि उसने मुझे धोखा दिया।

नोट :- इन अव्यय शब्दों को इस प्रकार लिखें :-

चूँकि, जबकि, जोकि, क्योंकि, ताकि, हालाँकि, इसलिए, कि आदि।

ऊपर वर्तनी के नियम बतलाये गये हैं, फिर भी वर्तनी सम्बन्धी अशुद्धियों को दूर करने के लिए कठिन शब्दों की सूची दी जा रही है, जिसके अभ्यास से शुद्ध-शुद्ध लिखा जा सकता है।

शब्द - सूची

स्वर :-

अंकगणित, अंकित, अंकुरण, अंगूर, अंतरिक्ष, अंतर्दृष्टि, अंतर्योगी, अंतर्राष्ट्रीय, अंत्याक्षरी, अर्धविश्वास, अकड़ना, अकर्मण्य, अखिलेश, अतिरिक्त, अतिवृष्टि, अतिशयोक्ति, अतुलित, अदूरदर्शी, अद्वितीय, अनियमित, अनुकूल, अनुत्तीर्ण, अनुपस्थित, अव्यय, अन्वेषण, अपरिचित, अविवाहित, अशिष्ट, अहल्या, आकाशवाणी, आचार्य, आणविक, आपत्ति, आभूषण, आयुर्वेद, आयुष्मान्, आयोजित, आविष्कर्त्ता, आशीष, आशीर्वाद, आश्वासन, आषाढ़, इंदिरा, इंदु, इंद्रजित, इंद्रिय, इक्कीस, इतिहास, इमली, इलाइची, ईंट, ईंधन, ईख, ईर्ष्या, ईश्वर, इत्र, ईसाई, उक्ति उच्चारण, उज्ज्वल, उत्कृष्ट, उत्तीर्ण, उदित, उद्‌गम, उद्देश्य, उन्मूलन, उपयुक्त, उपलब्धि, उर्दू, उर्वशी, उल्लू, ऊख, ऋणी, ऋषि, एड़ी, ऐच्छिक, ऐरावत, ओठ, औरत।

कवर्ग :-

कंठस्थ, कण, कदापि, कपिलवस्तु, कमसिन, करुणा, करोड़पति, कलियुग, कल्याण, कश्मीर, कष्ट, कस्तूरी, काजू, कादंबिनी, कायस्थ, कालिमा, किरानी, किवाड़, किशमिश, कीचड़, कीमत, कीर्ति, कुँआ, कुली, कुलीन, कुल्हाड़ी, कूदना, कृतज्ञ, कृत्रिम, कृषि, कृष्ण, कैकेयी, कोल्ड, कोहिनूर, कौशल्या, क्षमा, खरबूजा, खिचड़ी, खिलाड़ी, खुशबू, खेतिहर, खोपड़ी, ख्याति, गगनचुंबी, गट्ठर, गड़ेरिया, गणतंत्र, गिनती, गिरगिट, गिरवी, गिलहरी, गुदगुदी, गोशाला, ग्रन्थि, ग्रीष्म, ग्वालिन, घड़ियाल, घर्षण, घुड़दौड़, घूस, घोषणा।

चवर्ग :-

चंद्रग्रहण, चंद्रिका, चक्रव्यूह, चक्षु, चतुर्भुज, चालीस, चिकित्सक, चिट्ठी, चिड़िया, चिड़ीमार, चिरजीवी, चौमंजिल, छात्रवृति, छिपकली, छुआछूत, जन्मकुंडली, जन्मतिथि, जितेंद्रिय, जीविका, जुगनू, जुड़वाँ, ज्यामिति, ज्येष्ठ, ज्योतिषी, झींगुर, झील, झुनझुनी, झोपड़ा।

टवर्ग :-

टिकुली, टिप्पणी, टाइपराइटर, टिफिन, टिमटिमाता, टेनिस, टेलिविजन, ठकुराइन, डाकू, डिबिया, डब्बा, ड्योढ़ी।

तवर्ग :-

तकलीफ, तपस्विनी, तपस्वी, तबीयत, तराजू, तांत्रिक, तूफान, त्रिशूल, तितली, तिमंजिला, तिरहुतिया, तुलसीदास, तूतिया, थोबड़ा, दंडी, दधीचि, दरिद्र, दरियादिल, दर्पण, दही, दशमी, दसवाँ, दिलीप, दीपावली, दुर्योधन, दुल्हन, धूम्रपान, धूर्त, धृतराष्ट्र, धोबिन, योनि, ध्वनि, नकद, नक्षत्र, निंदित, नबाव, नाबालिग, नामुमकिन, नारियल, नाश्ता, नास्तिक, निंदनीय, निपुण, निःसंकोच, निःसंदेह, निमंत्रण, नियंत्रित, नियुक्ति, निराशा, निर्जीव, निश्चित, निष्कर्म, निहित, निष्क्रिय, नींबू, नेकनीयत।

पवर्ग :-

पंक्ति, पंछी, पंजिका, पक्षिराज, पक्षी, पट्टी, पवित्र, पतिव्रता, पत्रिका, पत्ती, परशुराम, परिणाम, परिपूर्ण, परीक्षा, पश्चिम, पारदर्शिता, पारदर्शी, पिंजरा, पितृगृह, पिस्तौल, पुरोहित, पुलकित, पुलिंदा, पुलिस, पुष्ट, पुष्पवाटिका, पूँछ, पूँजी, पूछताछ, पूजनीय, पूर्णविराम, पूर्णाहुति, पूर्णिमा, पृथ्वी, पूर्ति, पेशाब, पैतृक, पोषण, प्रकृति, प्रतिज्ञा, प्रकाशित, प्रतियोगिता, प्रतियोगी, प्रतीक्षा, प्रत्यक्षीकरण, प्रह्लाद, प्रफुल्लित, प्रवेशिका, प्रशंसित, प्राणिशास्त्र, प्राणी, फिजूल, फिटकिरी, फल, फुलवारी, फूलगोभी, बंदूक, बदलू, बदरीनारायण, बनमानुष, बलवान, बलिष्ठ, बल्कि, बवासीर, बहुमूल्य, बहुव्रीहि, बहू, वाटिका, बगीचा, बाणासुर, वासंतिक, बिंदी, बिकाऊ, बिक्री, बिगाड़ना, बिछुड़ना, बिरादरी, ब्रह्मचारी, ब्रह्मर्षि, भगीरथ, मरण, भरद्वाज, भर्त्सना,

भविष्यत्, भागीरथी, भाग्यवान्, भिनभिनाना, भीड़-भाड़, भीषण, भीष्म, भूतपूर्व, भूमिका, भूमिहार, भूलभूलैया, भेड़िया, भ्रमण, मंजिल, मंजूर, मंत्री, मंदाकिनी, मजदूर, मदिरा, मयूर, मरुभूमि, मस्तिष्क, महाराणा, महफिल, मारवाड़ी, मिथिला, मिश्रित, मुकुंद, मुक्ति, मुठभेड़, मुद्रण, मुसाफिर, मैथिली, म्यूजियम।

अंतःस्थ :-

यजुर्वेद, यदुवंशी, यशोधरा, यहूदी, युक्ति, यूनानी, यौगिक, रचयिता, रणभूमि, रवि, रवीन्द्र, रामायण, रावण, राष्ट्रीय, रिक्शा, रिमझिम, रीति, रुचि, रूई, रेगिस्तान, रेशम, वनस्थली, वनस्पति, वरुण, वर्गीकरण, वर्जित, वर्णित, विपरीत, विभिन्न, विभीषण, विरुद्ध, विलक्षण, विलासी, विशिष्ट, विशेषण, विश्लेषण, विस्मरण, विस्मृति, विहीन, वीणापाणि, वैजयंती, व्यवस्था।

उष्म :-

शकरकंद, शक्तिमान, शताब्दी, शत्रुघ्न, शनिवार, शरीर, शहतूत, शहनाई, शारीरिक, शहजादा, शिक्षित, शिलान्यास, शिविर, शीर्षक, शीशी, शुक्रिया, शुतुरमुर्ग, शुभचिंतक, शुभाकांक्षी, शून्य,शृंखला, शृंगार, श्मशान, श्रीमान्, श्रेष्ठ, ससुर, संकीर्ण, संकुचित, संक्रांति, संक्षेपण, संन्यासी, संपत्ति, संपूर्ण, समाधि, सरस्वती, सरोजिनी, सर्वज्ञा, सर्वस्व, स्वांगीण, सर्वोपरि, सहानुभूति, साप्ताहिक, सार्वजनिक, सावित्री, सर्वज्ञ, सिंचित, सिंदूर, सिंहासन, सिकड़ी, सिटकनी, सिद्धार्थ, सिपाही, सींग, सीढ़ी, शीशमहल, सुंदरता, सूचित, सूची, सूचीपत्र, सूर्यमुखी, स्तुति, स्तूप, स्थानांतरण, स्पर्द्धा, हथौड़ा, हरियाली, हरिणी, हरिश्चन्द्र, हस्तिनापुर, हाकिम, हिन्दुस्तान, हिन्दू, हितैषी, हिनहिनाना, हिरण्यकशिपु, हुजूर, होठ, होशियार।

चंद्र बिंदुवाले कुछ शब्द :-

अँकड़ी, अँगना, अँकुड़ा, अँग्रेजी, अँगराई, अँगूठा, अँगूठी, अँगोछा, अँधेरा, आँकड़ा, आँकना, आँख, आँगन, आँचल, आँत, आँधी, आँवला, आँसू, ऊँघना, ऊँचा, ऊँट, कँकड़ीला, खाँसी, खूँटा, गँवार, गाँजा, गाँठ, गूँगा, गूँज, घुँघनी, घँघरा, घूँघट, घूँसा, चाँद, चाँदी, चाँव चूँकि, छाँटा, जँगला, जाँघ, जाँता, जूँ, झाँसा, झाँकना, टाँक, टाँगना, टाँय-टाँय, ठाँय-ठाँय, ठूँसना, डाँट, ढँकना, ढाँचा, पूँजी, फूँकना, बँगला, बाँझ, बाँधना, बाँसुरी, बाँह, बूँद, भँवर, भाँग, मँहुआ, माँ, सँपेरा, माँग, मुँह, मूँग, मूँछ, रँगना, रँगरेज, टाँगा, लँगड़ा, लँगड़ी, लाँघना, सँपेरा, साँचा, साँस, सूँघना, साँढ़ सूँढ़, हँसना, हाँफना, हुँकार हूँठ आदि।

ष्ट/ष्ठ-युक्त शब्दों की संक्षिप्त सूची :-

अँत्येष्ठि, अतिवृष्टि, भ्रष्ट, अभीष्ट, अष्टम, अष्टमी, उत्कृष्ट, कष्ट, चेष्टा, दुष्ट, दृष्टि, धृष्ट, निकृष्ट, पुष्ट, पुष्प, विशिष्ट, शिष्टाचार, सृष्टि, हृष्टपुष्ट आदि।

ष्ठ – अंबष्ठ, अनुष्ठान, ओष्ठ, कनिष्ठ, कुष्ठ, गोष्ठी, ज्येष्ठ, निष्ठुर, पृष्ठ, प्रतिष्ठा, बलिष्ठ, श्रेष्ठ आदि।

शब्दों में एक से सौ तक की संख्या सूची :-

एक, दो, तीन, चार, पाँच, छह, सात, आठ, नौ, दस, ग्यारह, बारह, तेरह, चौदह, पन्द्रह, सोलह, सत्रह, अठारह, उन्नीस, बीस, इक्कीस, बाइस, तेइस, चौबीस, पच्चीस, छब्बीस, सत्ताइस, अठाइस, उन्तीस, तीस, इक्तीस, बत्तीस, तैंतीस, चौंतीस, पैंतीस, छत्तीस, सैंतीस, अड़तीस, उनचालीस, चालीस, इकतालीस, बयालीस, तैंतालीस, चौवालीस, पैंतालीस, छियालीस, सैंतालीस, अड़तालीस, उनचास, पचास, एकावन, बावन, तिरपन, चौवन, पचपन, छप्पन, सन्तावन, अठावन, उनसठ, साठ, इकसठ, बासठ, तिरसठ, चौंसठ, पैंसठ, छियासठ, सड़सठ, अड़सठ, उनहत्तर, सत्तर, इकहत्तर, बहत्तर, तिहत्तर, चौहत्तर, पचहत्तर, छिहत्तर, सतहत्तर, अठहत्तर, उनासी, अस्सी, इक्यासी, बेयासी, तिरासी, चौरासी, पचासी, छियासी, सतासी, अठासी, नवासी, नब्बे, इक्यानवे, बानवे, तिरानवे, चौरानबे, पंचानबे, छियानबे, संतानबे, अंठानबे, निन्यानबे, सौ।

संधि-समास एवं प्रत्यय सम्बन्धी कुछ शब्द :-

सदुपदेश, अत्युक्ति, अनधिकारी, भास्कर, विच्छेद, सदुपदेश, उज्ज्वल, उपर्युक्त, दुष्कर, पितृण, वयोवृद्ध, अहोरात्र, महायज्ञ, योगिराज, विद्यार्थिगण, पूज्य, पूजनीय, ऐतिहासिक, मंत्रिमंडल, द्विवार्षिक, मान्य, माननीय, प्रादेशिक, प्रमाणिक, पैतृक, सार्वजनिक, साप्ताहिक, समुद्री, सांसारिक।

वर्तनी सम्बन्धी अशुद्धियाँ

अशुद्ध	शुद्ध	अशुद्ध	शुद्ध
महान	महान्	श्रीमान	श्रीमान्
श्रीमति	श्रीमती	पश्चात	पश्चात्
पंचम्	पंचम	भगवान	भगवान्
उलटा	उल्टा	प्रसंशा	प्रशंसा
सीधा-साधा	सीधा-सादा	जनाब	ज़नाब
गुप्ता	गुप्त	अनुग्रहीत	अनुगृहीत
आवेष	आवेश	इसाई	ईसाई
ईर्षा	ईर्ष्या	अत्योक्ति	अत्युक्ति
ऐनक	ऐनक	अध्यन	अध्ययन
नर्क	नरक	रक्खा	रखा
सौजन्यता	सौजन्य	आरोग्यता	आरोग्य

अशुद्ध	शुद्ध	अशुद्ध	शुद्ध
पूज्यनीय	पूज्य/पूजनीय	तत्व	तत्त्व
उज्वल	उज्ज्वल	विन्दु	बिन्दु
ध्रूम	धूम्र	महत्व	महत्त्व
निरोग	नीरोग	अजीब	अज़ीब
अनाधिकारी	अनधिकारी	कैलाश	कैलास
इकठ्ठा	इकट्ठा	आर्दश	आदर्श
ऐैतिहासिक	ऐतिहासिक	सन्यासी	संन्यासी
जाउंगा	जाऊँगा	ज्येष्ट	ज्येष्ठ
तड़ित	तड़ित्	तत्कालिक	तात्कालिक
तैय्यार	तैयार	चिन्ह	चिह्न
चारदीवारी	चहारदीवारी	गर्द्धभ	गर्दभ
त्रिमासिक	त्रैमासिक	पृष्ट	पृष्ठ
पत्रकारी	पत्रकारिता	ब्राम्हण	ब्राह्मण
बृज	ब्रज	भक्ती	भक्ति
भष्म	भस्म	भिष्म	भीष्म
विधिवत	विधिवत्	शृंगार	शृंगार
सन्मान	सम्मान	जगबन्धु	जगद्बन्धु
जगत	जगत्	तिलांजली	तिलांजलि
तलाब	तालाब	ज्योत्सना	ज्योत्स्ना
चर्मोत्कर्ष	चरमोत्कर्ष	गिरस्ती	गृहस्थी
जाग्रत	जागृत	पहुंच	पहुँच
प्रतिछाया	प्रतिच्छाया	वाल्मिकी	वाल्मीकि
बांस	बाँस	बंगला	बँगला
भाग्यमान	भाग्यवान	वीना	बीणा
शताब्दि	शताब्दी	श्रीयुक्त	श्रीयुत
सदृश्य	सदृश	मंत्रीवर	मंत्रिवर
प्रेमचन्द्र	प्रेमचन्द	रेणू	रेणु
कवियित्री	कवयित्री	यशलाभ	यशोलाभ
मूर्छा	मूर्च्छा	महात्म	माहात्म्य
शुद्धीकरण	शुद्धिकरण	विहंगिनी	विहंगी

अशुद्ध	शुद्ध	अशुद्ध	शुद्ध
वक्तागण	वक्तृगण	श्वेतांगिनी	श्वेतांगी
महाराजा	महाराज	समाजिक	सामाजिक
साधूवाद	साधुवाद	गुरू	गुरु
हिन्दु	हिन्दू	स्वास्थ	स्वास्थ्य
रसायण	रसायन	रामायन	रामायण
राजागन	राजगण	रचेता	रचयिता
मंत्रीमण्डल	मंत्रिमण्डल	माताहीन	मातृहीन
महानतम	महत्तम	विश्वासनीय	विश्वसनीय
वयवृद्ध	वयोवृद्ध	विधिवत	विधिवत्
ललायित	लालायित	लक्षमण	लक्ष्मण
कार्यकर्म	कार्यक्रम	उलंघन	उल्लंघन
सैना	सेना	स्थायीत्व	स्थायित्व
प्रफुल्लित	प्रफुल्ल	पक्षीगण	पक्षिगण
दूकान	दुकान	दिवारात्रि	दिवारात्र
कुआँ	कुँआ	नुपुर	नूपुर
उशृंखल	उच्छृंखल	एकत्रित	एकत्र
कौशिल्या	कौशल्या	क्यूंकि	क्योंकि
अनाथिनी	अनाथा	अर्ध	अर्द्ध
अन्ताक्षरी	अन्त्याक्षरी	आशिर्वाद	आशीर्वाद
जोगी	योगी	पयोपान	पय:पान
व्यंग	व्यंग्य	कोशीश	कोशिश
पौरुषत्व	पौरुष	पहिला	पहला
द्वैवार्षिक	द्विवार्षिक	धुआँ	धुँआ
निर्दयी	निर्दय	जुलुस	जुलूस
उपलक्ष	उपलक्ष्य	ऊषा	उषा
केकई	कैकेयी	गत्यावरोध	गत्यवरोध
अहिल्या	अहल्या	असाढ़	आषाढ़
अहोरात्रि	अहोरात्र	जमुना	यमुना
लब्धप्रतिष्ठित	लब्धप्रतिष्ठ	सुगन्धि	सुगन्ध

❑❑❑

6

विराम-चिह्न

विराम का अर्थ होता है- **'ठहराव'**। लिखते या बोलते समय यदि विराम न हो, तो पाठक या श्रोता को समझने में कठिनाई होती है। एक ही वाक्य के कई अर्थ निकल सकते हैं। वह भ्रमित हो सकता है।

जैसे - उसे रोको, मत जाने दो। (रोकने की बात)

उसे रोको मत, जाने दो। (जाने की बात)

उपर्युक्त वाक्यों के अर्थ में जो अंतर दीख रहा है, वह सिर्फ विराम चिह्नों के प्रयोग के कारण। इसी प्रकार अन्य विराम चिह्नों के प्रयोग से भी भाव में अंतर आता है, अत: विभिन्न विराम चिह्नों और उनके प्रयोग को समझना चाहिए। यहाँ कुछ विराम चिह्नों और उनके प्रयोग की चर्चा की जा रही है।

(1) अल्प विराम .... (,)
(2) अर्द्ध विराम .... (;)
(3) पूर्ण विराम .... (।)
(4) उप विराम .... (:)
(5) प्रश्नवाचक चिह्न .... (?)
(6) विस्मयादिबोधक चिह्न .... (!)
(7) संयोजक-चिह्न .... (-)
(8) निर्देश-चिह्न .... (--)
(9) लाघव-चिह्न .... (⁰)
(10) त्रुटि-चिह्न .... (‸)

(1) अल्प विराम (,) :-

अल्प विराम का अर्थ होता है - थोड़ा ठहराव, थोड़ी देर के लिए रुकना। इसका प्रयोग निम्नलिखित स्थितियों में होता है -

(i) यदि वाक्य के बीच में - पर, परन्तु, किन्तु, लेकिन, तो, भी, मगर, इसलिए, अत:, क्योंकि, जिससे, इससे, वरन्, बल्कि, तथापि, आदि

अव्यय हों, तो उनके पहले। जैसे – बोलो, मगर धीरे से। वह आया, लेकिन चला गया।

(ii) यदि एक ही प्रकार के शब्द या वाक्यांश आएँ।
जैसे – राम, श्याम, मोहन और सोहन दोस्त हैं।
वाक्यांशों में – वह आता है, पढ़ता है और चला जाता है।

(iii) वाक्य में – यह, उसे, तब, अब, या तो, आदि लुप्त हों
जैसे – मैं जो कहता हूँ, ध्यान से सुनो। ('उसे' शब्द लुप्त है)
कब वह गया, कह नहीं सकता। ('यह' शब्द लुप्त है)

(iv) यदि वाक्य का आरंभ – हाँ, नहीं, बस, अच्छा, सचमुच, वस्तुतः छिः आदि से हो। जैसे – हाँ, मैं जानता हूँ। नहीं, यह तो गलत है। सचमुच, वह इतना बुद्धिमान है। छिः, यह क्या कर दिया?

नोट :- अंतिम वाक्य में विस्मयादि बोधक चिह्न भी आ सकता है, जैसे–छिः ! यह क्या कर दिया।

(v) संबोधन के बाद अल्पविराम चिह्न का प्रयोग करें। जैसे –
अरे मित्र, तुम कहाँ गये थे ?
देशवासियों, मेरे हाथ मजबूत करो।

नोट– संबोधन कारक में संज्ञा का बहुवचन रूप रहने पर भी अनुस्वार (ं) का प्रयोग न करें।
जैसे – प्यारी बहनों, देवियों और सज्जनों, हे बालकों, – शुद्ध।
प्यारी बहनो, देवियो और सज्जनो, हे बालको– अशुद्ध

(vi) यदि किसी शब्द को तीन बार दोहराना हो तो जैसे –
नहीं, नहीं, मैं तुम्हारी बात नहीं मान सकता।
वह दूर से, बहुत दूर से, आया था।

(vii) तिथि में भी अल्पविराम चिह्न का प्रयोग होता है। जैसे –
15 अगस्त, 1947 को हमारा देश आजाद हुआ।
वह 14 जुलाई, 2001 को आया था।

(viii) पत्र में संबोधन या स्वनिर्देश के बाद इसका प्रयोग होता है।

जैसे –	प्रिय सुरेश,	आपका लाडला,
	खुश रहो।	महेश

(2) अर्द्धविराम (;) :-

अल्पविराम से अधिक और पूर्ण विराम से कम ठहराव के लिए इस चिह्न का प्रयोग होता है। इसके निम्नलिखित प्रयोग हैं –

(i) जहाँ मुख्य वाक्य और समानाधिकरण का सम्बन्ध बहुत अधिक न हो। ऐसे वाक्यों के बीच सम्बन्ध न होते हुए भी कुछ न कुछ सम्बन्ध अवश्य

रहता है। जैसे -

नदी के किनारे टहल रहा था ; मंद-मंद हवा बह रही थी ; हमलोग बातों में मशगूल थे कि सहसा एक चीख सुनायी पड़ी।

(ii) यदि मुख्य वाक्य के परिणाम की व्याख्या अन्य वाक्यों से करनी हो जैसे-

बड़े ऑफिसर के आते ही ऑफिस का परिदृश्य बदल गया; बिल्कुल शांति छा गयी; लोगों की जुबान बदल गयी; लोग अपने-अपने काम में लग गये।

(iii) जब वाक्य और उप वाक्य में बहुत अधिक संबद्धता न हो।

जैसे - अब क्या करूँ; वह रुक कर चला गया।

किसे समझाऊँ; वह समझनेवाला नहीं, सिर्फ अपने मन की करता है।

(3) पूर्ण विराम (।) :-

पूर्ण विराम का अर्थ होता है - पूरा ठहराव। इसका प्रयोग दो स्थितियों में होता है-

(i) वाक्य की समाप्ति पर इस चिह्न का प्रयोग होता है। जैसे -

वह पढ़ रहा है। राधा नाचेगी।

कभी-कभी किसी घटना का नाटकीय रूप या सजीव वर्णन करने के लिए इस चिह्न का प्रयोग होता है। जैसे -

स्टेडियम में हजारों की भीड़। अंतिम गेंद। अंतिम बल्लेबाज। चार रनों की जरूरत। अगरकर का प्रवेश। और यह रहा छक्का। हिन्दुस्तान की विजय।

(4) उप विराम (:) :-

इस चिह्न का प्रयोग प्राय: पुस्तक निबंध आदि के शीर्षक में होता है।, जैसे-

(क) कश्मीर : ए ट्रेजडी ऑफ एरर्स - (पुस्तक का नाम)

(ख) विज्ञान : अभिशाप या वरदान - (निबंध का शीर्षक)

(5) प्रश्नवाचक चिह्न (?) :-

इस चिह्न का प्रयोग प्रश्न पूछने, जिज्ञासा या संदेह की स्थिति में होता है। जैसे-

(i) प्रश्न के रूप में :-

क्या आप पढ़ते हैं? या आप क्या पढ़ते हैं?

(ii) जिज्ञासा, उत्सुकता या संदेह की स्थिति में :-

आप उमेशजी के पुत्र हैं ? गीता अच्छी लड़की है, है न?

(iii) व्यंग्य के रूप में :-

सिपाही -(चोर से) - तू साधू है, है न ?

चोरी तुमने नहीं, मैंने की है ?

(6) विस्मयादि बोधक चिह्न (!) :-

इस चिह्न का प्रयोग निम्नलिखित स्थितियों में होता है।

(i) हर्ष, विषाद, घृणा, करुणा, आश्चर्य, भय, शोक आदि तीव्र मानसिक भावों को व्यक्त करने में। जैसे -

वाह ! अच्छा किया - (हर्ष)

आह ! वह गिर पड़ा - (शोक)

बाप रे ! इतना भयानक शेर - (आश्चर्य और भय)

छिः छिः ऐसा नीच काम - (घृणा)

(ii) देवी, देवता, ईश्वर के संबोधन में जैसे -

हे ईश्वर ! उसका कल्याण करो। देवी ! मुझे शक्ति दो।

(7) संयोजक-चिह्न (-) :-

इस चिह्न का प्रयोग संस्कृत में नहीं होता। हिन्दी और अंग्रेजी शब्दों में इसका प्रयोग होता है। जब दो शब्दों को जोड़ना हो तब इस चिह्न का प्रयोग करें।

(8) निर्देश चिह्न (--) :-

इसका प्रयोग निम्नलिखित स्थितियों में होता है।।

(i) किसी बात पर बल देने के लिए। जैसे -

राम के दो पुत्र थे - लव और कुश।

नेहरू ने कहा - आराम हराम है।

(ii) लेखक, पुस्तक और उद्धरण के नाम के पहले। जैसे -

पोथी पढ़ि -पढ़ि जुग मुआ, पंडित भया न कोय - कबीर

(iii) किसी संवाद के वक्त कथन के पहले। जैसे -

डॉक्टर - तुम्हें क्या हुआ।

रोगी - जी शरीर में बहुत दर्द है।

(9) लाघव-चिह्न (०) :-

जब किसी शब्द को पूरा न लिखकर संक्षेप में लिखना हो, तब इस चिह्न का प्रयोग होता है। जैसे -

डॉक्टर सिंह	-	डॉ. सिंह
जिला	-	जि.

शैक्षणिक उपाधियों एवं पदों के लिखनें में प्रायः इस चिह्न का प्रयोग होता है। जैसे - आई. ए., बी. ए., डी. एम., एस. पी. आदि।

(10) त्रुटि-चिह्न (‸) :-

लिखते समय यदि कोई शब्द या वाक्य छूट जाये तो उस छूटे हुए शब्द या वाक्य को ऊपर लिखकर नीचे इस त्रुटि चिह्न का प्रयोग किया जाता है। जैसे - मैं दूध‸रोटी खाना पसंद करता हूँ।

❑❑❑

7

शब्द विचार

शब्द :-

वर्णों या ध्वनियों के सार्थक मेल को **शब्द** कहते हैं। यदि सार्थक मेल न हो, तो निरर्थक बनते हैं और उनका हिन्दी व्याकरण में कोई मतलब नहीं होता। जैसे -

सार्थक मेल	**सार्थक शब्द**
क+म+ल	कमल (एक प्रकार का फूल)
क+ल+म	कलम (लिखने की वस्तु)
निरर्थक मेल	**निरर्थक शब्द**
ल+क+म	लकम
म+क+ल	मकल

शब्द और पद

जब कोई शब्द किसी वाक्य में प्रयुक्त होता है, तब वही शब्द **पद** कहलाता है। जैसे-

राम, आम - संज्ञा शब्द
खाता है - क्रिया शब्द
राम आम खाता है।

(राम कर्त्ता पद, आम कर्मपद, खाता है क्रिया पद)

स्पष्ट है कि कोई शब्द तबतक शब्द है, जबतक वह वाक्य में प्रयुक्त नहीं हुआ है। ज्यों ही वह किसी वाक्य में प्रयुक्त हुआ, त्योंही 'पद' हो गया। व्याकरण की भाषा में वाक्य में प्रयुक्त शब्द **'पद'** कहलाते हैं।

शब्दों के भेद

शब्दों के भेद चार आधार पर किये जाते हैं-

(1) अर्थ के आधार पर
(2) रचना या व्युत्पत्ति के आधार पर
(3) उत्पति के आधार पर
(4) रूपांतर के आधार पर

(1) अर्थ के आधार पर :-

अर्थ के आधार पर शब्दों के दो भेद हैं-

(क) सार्थक शब्द (ख) निरर्थक शब्द

(क) *सार्थक शब्द* :-

सार्थक वे शब्द हैं, जिनका कोई निश्चित अर्थ होता है। जैसे - रोटी, उलटा, खाना, पानी, हल्ला, चाय आदि।

(ख) *निरर्थक शब्द* :-

निरर्थक वे शब्द हैं, जिनका कोई अर्थ नहीं होता है। जैसे - व ोरी, पुलरा, वाना, वाती, गुल्ला, बाय आदि।

(2) रचना या व्युत्पत्ति के आधार पर :-

व्युत्पत्ति / बनावट / रचना के आधार पर शब्दों के तीन भेद हैं -

(क) रूढ़ शब्द (ख) यौगिक शब्द (ग) योगरूढ़ शब्द

(क) *रूढ़ शब्द* :-

जिन शब्दों के खंड किये जाने पर कोई अर्थ न निकले, उन्हें रूढ़ कहते हैं। जैसे - राजा, कन्या, सागर, आकाश, विद्या आदि।

रूढ़ शब्द	**खंड करने पर निरर्थक शब्द**
राज	रा+ज
कन्या	क+न्या
विद्या	वि+द्या कोई अर्थ नहीं
सागर	सा+गर

स्पष्ट है कि रूढ़ शब्द का खंड करने पर उसका कोई अर्थ नहीं निकलता।

(ख) *यौगिक शब्द* :-

शब्दों के मेल से बने वैसे शब्द जिनका प्रत्येक खंड सार्थक हो, यौगिक कहलाते हैं। जैसे -विद्यालय, पाठशाला, हिमालय, राजकन्या आदि।

यौगिक शब्द	**खंड करने पर सार्थक शब्द**	
राजकन्या	राज+कन्या	(राज=राजा, कन्या=लड़की)
हिमालय	हिम+आलय	(हिम=बर्फ, आलय=घर)

स्पष्ट है कि यौगिक शब्द जिन शब्दों के मेल से बनते हैं, अगर इनका खंड किया जाय तो कुछ न कुछ अर्थ अवश्य निकलता है।

(ग) *योगरूढ़ शब्द* :-

योगरूढ़ ऐसे यौगिक शब्द हैं, जो अपने सामान्य या साधारण अर्थ को छोड़कर विशेष अर्थ ग्रहण करते हैं। जैसे - लम्बोदर (गणेशजी), पंकज (कमल), गिरिधारी (श्रीकृष्ण) वीणापाणि (सरस्वती), हलधर (बलराम) आदि।

योगरूढ़ शब्द	साधारण अर्थ	विशेष अर्थ
पंकज (पंक+ज)	कीचड़ में जन्मा	कमल
लम्बोदर (लम्बा+उदर)	लम्बे पेट वाले	गणेश

ध्यान दें -कीचड़ में सीप, घोंघा, सैवाल आदि जन्म लेते हैं लेकिन उन्हें पंकज नहीं कहा जाता है। यह यौगिक शब्द (पंकज) सिर्फ कमल के लिए रूढ़ हो गया है। उसी प्रकार लम्बा पेट वाला कुछ भी हो सकता है। ऊँट, हाथी, या कोई मुनष्य, लेकिन यह शब्द (लम्बोदर) भी सिर्फ 'गणेशजी' के लिए रूढ़ हो गया है। इसलिए ऐसे यौगिक शब्दों को योगरूढ़ कहा जाता है।

(3) उत्पत्ति के आधार पर :-

उत्पत्ति के आधार पर शब्दों के मुख्यतः चार भेद हैं -

(क) तत्सम (ख) तद्भव (ग) देशज (घ) विदेशज

(क) तत्सम :-

संस्कृत के वे मूल शब्द जो ज्यों के त्यों हिन्दी में प्रयुक्त होते हैं, तत्सम कहलाते हैं। जैसे - अंक, अंकुर, आज्ञा, ऊर्जा, ऋषि, औषधि, कमल, कल्पना, क्षमा, गंगा, गीत, चतुर, दर्शन, धर्म, धूप, नगर, पथ, पाठ, पुस्तक, फल, भय, रंक, लय, संगीत, हंस आदि।

(ख) तद्भव :-

हिन्दी में प्रयुक्त संस्कृत के बिगड़े रूप को तद्भव कहते हैं। जैसे

तत्सम	तद्भव	तत्सम	तद्भव
अंक	आंक	चन्द्र	चाँद
अग्नि	आग	जिह्वा	जीभ
अष्ट	आठ	दधि	दही
उर्ण	उन	दुग्ध	दूध
ओष्ठ	होठ	पंख	पाँख
अघोर	औघड़	बिंदु	बूँद
कंपन	काँपना	भ्रमर	भँवर
कर्पूर	कपूर	रात्रि	रात
कज्जल	काजल	लौह	लोहा
काष्ठ	काठ	हस्त	हाथ
खर्जूर	खजूर	नग्न	नंगा

(ग) देशज :-

अपने ही देश की बोल चाल से आए शब्द देशज कहलाते हैं। जैसे- कुन्दन, खच्चर, खरहरा, टाली, ठेठ, ढाबा, तगारी, तिलौरी, मीना, भुजिया, रेवड़ी, समोसा, सोंठ, शेरवानी, दाढ़ी, कबड्डी, साड़ी, लोटा आदि।

(घ) विदेशज :-

विदेशी भाषा से आए शब्द विदेशज कहलाते हैं। जैसे -

(1) अँग्रेजी शब्द- अक्टोबर, अपील, अलकोहल, गर्वनर, ऑक्सीजन, गाउन, चर्च, चोकलेट, जजमेंट, जरसी, टाइफाइड, ट्यूब, रेफ्रिजरेटर, लव, हाउस, हारमोनियम आदि।

(2) अरबी - अक्ल, अजनबी, अजब, अजीब, अदालत, असूल, इकरार, एतबार, एतराज, एहसान, ऐब, ऐयार, औरत, कसाई, गजब, गजल, गरीब, गलत, गायब, गुलाम, गैर, जिद, जिला, नुकसान, फरार, फर्ज, फायदा, फिक्र, फौज, फौरन, मदरसा, मुलायम, मुहावरा, रिवाज, लिफाफा, हाल आदि।

(3) फारसी - अंगूर, अंदर, अंदाज, अचार, अनार, अफसोस, कुरती, कोशिश, खरगोश, खराबी, खरीद, खादी, जमींदार, जरूरत, जवान, जानवर, जिंदगी, जिद्दी, जुदा, जेब, जोरा, फर्जी, फीता, बंदा, बच्चा, बदन, बदनाम, बरबाद, मुसलमान, मेहमान आदि।

(4) पुर्तगाली - अनानास (अनन्नास), अलमारियों (अलमारी), आचार मस्तूल आदि।

(5) तुर्की - रूई, काबू, कुरता, कुली, कूच, चकमक, चोंगा, जुर्राव, तगमा, तोशक, नाशपाती, बाबा, बुलाक, बेगम, सौगात आदि।

(4) रूपांतर के आधार पर :-

रूपांतर के आधार पर शब्दों के दो भेद हैं :-

(क) विकारी शब्द (ख) अविकारी शब्द

(क) विकारी शब्द :-

जो शब्द लिंग, वचन, पुरुष और कारक के अनुसार अपने रूप नहीं बदलते हैं उन्हें विकारी शब्द कहते हैं। और जो अपने रूप बदलते हैं, उन्हें अविकारी शब्द या अव्यय कहते हैं। ऐसे शब्द भेद हैं -

(क) क्रिया विशेषण (ख) सम्बन्ध बोधक

(ग) समुच्चय बोधक (घ) विस्मयादि बोधक

❑❑❑

8

पर्यायवाची शब्द

किसी शब्द के समान अर्थ वाले अन्य शब्दों को **पर्यायवाची** शब्द कहते हैं। जैसे- आँख के बदले नेत्र, नयन, लोचन, इत्यादि शब्द पर्यायवाची शब्द कहे जाते हैं। हिन्दी में अधिकांश शब्द ऐसे हैं, जिनके बदले बहुत से शब्द प्रयुक्त होते हैं। ऐसे शब्दों की सूची नीचे प्रस्तुत है :-

(1) अनुपम – अद्वितीय, अद्भुत, अनूठा, अपूर्व इत्यादि।

(2) अमृत – अमिय, पीयूष, सुधा इत्यादि।

(3) आँख – नेत्र, लोचन, चक्षु, दृग, नयन, विलोचन इत्यादि।

(4) आकाश – गगन, अम्बर, अनंत, नभ, व्योम, विष्णुपद इत्यादि।

(5) आग – अग्नि, पावक, हुताशन, अनल, दहन, शिखि इत्यादि।

(6) आम – आम्र, रसाल, अतिसौरभ, सहकार इत्यादि।

(7) अंधकार – तम, तिमिर, तिमिस्रा, ध्वांत इत्यादि।

(8) इन्द्र – देवराज, पुरंदर, महेन्द्र, वज्रपाणि, कौशिक, सुरपति, शचीपति इत्यादि।

(9) कपड़ा – अम्बर, चीर, पट, वस्त्र, वसन इत्यादि।

(10) कपूर – कर्पूर, घनसार, चंद्र, सिताभ।

(11) कमल – पद्म, अरविन्द, पंकज, पुष्कर, राजीव, सरसिज, अम्बुज।

(12) कामदेव – अनंग, पंचशर, प्रद्युम्न, मदन, रतिनाथ, काम, पुष्प,धन्वा।

(13) किरण – अर्चि, गो, प्रभा, मयूख, मरीचि, रश्मि।

(14) कुत्ता – कुक्कुर, कुकुर, श्वान।

(15) कोयल – कोकिल, परभृत, पिक, वनप्रिय।

(16) क्रोध – अमर्ष, कोप, रोष, भीम।

(17) गंगा – अलकनंदा, जाह्नवी, भागीरथी, सुरसरि, मंदाकिनी, विष्णुपदी, सुरनदी।

(18) गणेश – गणपति, एकदंत, गजानन, लम्बोदर, विनायक, गजवदन।

(19) गदहा – गर्दभ, बेसर, वैशाखनन्दन, शीतलावाहन, खर।

(20) गाय – गौ, गौरी, धेनु, सुरभि, भद्रा।

(21) घोड़ा – घोटक, गंधर्व, तुरंग, हय, हरि, अश्व।

(22) चन्द्रमा – राशि, सोम, विधु, मयंक, चाँद, तमोहर, द्विजपति, इंदु, कलानिधि।

(23) इच्छा – अभिलाषा, आकांक्षा, कामना, चाह, मनोरथ, स्पृहा।

(24) चिड़िया – खग, द्विज, अंडज, नभचर, पक्षी, पतंग, परिंदा, विहग, शकुनि।

(25) चोर – कुंभिल, खनक, दस्यु, रजनीचर, मोषक।

(26) जंगल – वन, कानन, विपिन, अरण्य।

(27) तालाब – सरोबर, जलाशय, तड़ाग, पद्माकर, पुष्कर, सर, पुष्करिणी।

(28) दानव – राक्षस, असुर, दनुज, दैत्य, सुरारि।

(29) दुर्गा – चंडिका, कल्याणी, कालिका, महागौरी, वागीश्वरी, अजा, अभया।

(30) देवता – सुर, देव, आदित्य, अमर, अमर्त्य।

(31) धनुष – कोदण्ड, कमान, चाप, धनु, शरासन।

(32) नदी – तटिनी, तरंगिनी, निर्झरणी, सरिता, दुकूलिनी।

(33) नौकर – किंकर, सेवक, भृत्य, दास, चाकर, अनुचर।

(34) पत्थर – पाहन, प्रस्तर, अश्म, पाषाण, शिला, उपल।

(35) पति – आर्य, स्वामी, वल्लभ, भर्तार, ईश, प्राणेश।

(36) पत्नी – गृहिणी, दारा, जाया, भार्या, वधू, सहधर्मिणी।

(37) पहाड़ – गिरि, पर्वत, नग, भूधर, अचल, शैल, अद्रि।

(38) बेटा – पुत्र, आत्मज, तनय, नंदन, सुत।

(39) बेटी – पुत्री, आत्मजा, तनया, नंदिनी, दुहिता, सुता।

(40) पृथ्वी – भू, धरा, वसुधा, वसुंधरा, अवनि, मही, भूमि, इला, धरती, उर्वी।

(41) फूल – पुष्प, पुहुप, प्रसून, सुमन, मंजरी, कुसुम, सारंग।

(42) बादल – घन, घटा, जलद, तोयद, वारिद, अम्बुद, मेघ, वारिधर, पयोधर, वारिवाहन।

(43) ब्रह्मा – चतुरानन, पितामह, विधाता, विधि, स्वयंभू, लोकेश।

(44) बिजली – विद्युत, चपला, धनवल्ली, क्षणप्रभा, दामिनी, चंचला।

(45) भौंरा – भ्रमर, मधुप, मधुकर, भृंग, अलि।

(46) मोर – कलापी, केकी, शिखंडी, शिखी, शिवसुतवाहन।

(47) ब्राह्मण – द्विज, द्विजन्मा, भूदेव, गुरु, विप्र, अग्रजन्मा।

(48) विष्णु – अच्युत, गरुड़ध्वज, चक्रपाणि, चतुर्भुज, नारायण, पीतांबर, पुरुषोत्तम, लक्ष्मीपति, केशव, उपेन्द।

(49) संसार – भव, विश्व, दुनिया, भुवन, लोक, जगत्।

(50) समुद्र – सागर, उदधि, पयोधि, नदीश, अंबुधि, जलनिधि, तोयनिधि, वारिधि, सिंध, गंगाधर।

(51) सरस्वती – वागीश, वाग्देवी, भारती, महाश्वेता, वागीश्वरी, वाणी, वीणापाणि, विद्यादेवी, शारदा।

(52) साँप – अहि, नाग, भुजंग, उरण, विषधर।

(53) हाथी – गज, हस्ती, दंती, सारंग, कुँजर, गयंद, मातंग।

(54) हनुमान – हनुमत, पवनपुत्र, पवनकुमार, अंजनिसुत, केसरीनन्दन, बजरंगी, बजरंगबली, कपीश्वर, कपीश।

(55) स्वर्ग – त्रिदिव, द्यौ, देवलोक, नाक, सुरलोक, शक्रभुवन।

(56) हवा – पवन, अनिल, मारुत, वात, वायु, समीर।

(57) वृक्ष – पेड़, तरु, द्रुम, पादप, विटप।

(58) शरीर – देह, तनु, कलेवर, काय, गात।

(59) वसंत – ऋतुराज, माधव, बहार, मधुमास।

(60) नौका – तरणी, तरी, पोत, जलयान, डोंगी।

(61) घर – आवास, गृह, निकेतन, निवास, भवन, सदन, आलय।

(62) पानी – जल, अंबु, वारि, पय, नीर, क्षीर, उदक, अमृत।

(63) पार्वती – गौरी, दुर्गा, सती, सर्वमंगला, अंबिका, उमा, गिरिजा, अपर्णा।

(64) माता – जननी, मातृ, धात्री, प्रसू।

(65) मनुष्य – नर, मानव, मनुज, मानुष, द्विपद।

(66) भाग्य – विधि, दैव, नियति, भवितव्यता, अदृष्ट।

(67) तलवार - खड्ग, चंद्रहास, कृपाण, असि, करवाल।

(68) मछली - मीन, मत्स्य, शफरी, झख।

(69) मित्र - दोस्त, सखा, स्नेही, तात, मीत।

(70) सूर्य - दिनकर, दिवाकर, रवि, भास्कर, मार्तण्ड, आदित्य, भानु

(71) सोना - कानन, कंचन, स्वर्ण, अग्निभ, अग्निवीर्य।

(72) राजा - भूप, नृप, नरेश, भूपति, महीपाल, नृपति, सम्राट्, नरेन्द्र।

(73) रात - रजनी, निशा, यामिनी, रात्रि, रैन, क्षणदा।

❑❑❑

9

श्रुतिसम भिन्नार्थक शब्द

जो शब्द सुनने में एक जैसा (समान/सम) और अर्थ भिन्न-भिन्न देनेवाले होते हैं, उन्हें श्रुतिसम भिन्नार्थक शब्द कहते हैं। ऐसे शब्द हिन्दी में काफी संख्या में हैं। ऐसे शब्द प्रायः अन्य भाषाओं में भी होते हैं –

हिन्दी में एक नमूना है –

कुल = वंश (इन दोनों में सिर्फ ह्रस्व और दीर्घ मात्रा

कूल = किनार का अन्तर है।)

अंग्रेजी में एक नमूना है –

Principal = प्रधानाचार्य / प्राचार्य

Principle = सिद्धांत

ऐसे शब्दों की (हिन्दी में) एक सूची प्रस्तुत है :-

अलि = भौंरा

अली = सखी

अवधि = समय

अवधी = एक भाषा

अवलंब = सहारा

अविलम्ब = शीघ्र / तुरंत

असित = खाया हुआ / भुक्त

असीत = काला, दुष्ट

अशीत = जो ठंडा न हो

आकर = खान / खजाना

आकार = रूप / प्रकार / आकृति

आगमी = ज्योतिषी

आगामी = आगे आने वाला

अरि = शत्रु

अरी = (स्त्री के लिए) एक सम्बोधन

अभिराम = सुन्दर

अविराम = लगातार / बिना विराम का

अपर = दूसरा

अपार = जिसका पार न हो / अथाह

अंत = समाप्ति

अंत्य = अंत का / अंतिम

अंश = भाग / खण्ड / हिस्सा

अंस = कंधा

अजर = जो बूढ़ा न हो

अजिर = आँगन
अनल = आग
अनिल = हवा
अन्न = अनाज
अन्य = दूसरा
अंब = पिता
अंबु = आम / जल
अंगना = स्त्री
अँगना = आँगन
अशक्त = शक्तिहीन
असक्त = तटस्थ / विरक्त
आसन्न = निकट
आसन = बैठने की वस्तु
आवास = वासस्थान
आभास = झलक
आहुत = यज्ञ
आहूत = निमंत्रित
आरति = विराग / विरक्ति
आरती = देवता को धूप-दीप दिखना
आदि = आरंभ / इत्यादि
आदी = अभ्यस्त / अदरख
आधि = मानसिक व्यथा / फिक्र
आधी = आधा का स्त्रीलिंग रूप
अभिहित = कहा हुआ
अविहित = अनुचित
अनु = पीछे
अणु = सूक्ष्मतम कण
अपेक्षा = इच्छा
उपेक्षा = तिरस्कार / लापरवाही
अनुप्रास = एक शब्दालंकार
अनु:प्राशन = भोजन
अकथ = न कहने योग
अथक = बिना थके हुए
इत्र = सुगंधित पदार्थ (सेंट)
इतर = दूसरा
इति = समाप्ति / पूर्णता
ईति = बाधा
इड़ा = नारी / पृथ्वी / गाय
ईड़ा = स्तुति
उपल = पत्थर / ओला
उत्पल = कमल / नीलकमल
उपाधि = पद / खिताब
उपाधी = उपद्रवी
उद्यत = तैयार / प्रस्तुत
उद्धत = उद्दंड / उग्र
एतवार = रविवार
एतबार = विश्वास / प्रीति
ऋत = सत्य / उचित
ऋतु = मौसम
कंगाल = भिखारी / दरिद्र
कंकाल = अस्थि पंजर
कर्ण = कान / कुन्ती का ज्येष्ठ पुत्र
कण = सूक्ष्म टुकड़ा
करण = हथियार / करण कारक
क्रम = सिलसिला
कर्म = कार्य / काम
कपिश = मटमैला / भूरा
कपीश = वानरों का राजा
कलि = कलियुग / श्याम
कली = अधखिला फूल
कृत = किया हुआ
क्रीत = खरीदा हुआ
कृति = कार्य / करतूत
कृती = कुशल / पुण्यात्मा

कृत्ति = मृगचर्म
कीर्ति = यश / गुण
कुच = स्तन / छाती (नारी का)
कूच = प्रस्थान / रवानगी
कुजन = दुष्ट आदमी / दुर्जन/ बुरा आदमी
कूजन = पक्षियों की चहचहाहट
कुनबा = परिवार / कुटुम्ब
कुनवा = खरादने वाला / खरादी
कोर = किनारा / तट
कौर = ग्रास / निवाला
कोस = दूरी की माप (पुरानी)
कोष = खजाना
कृपाण = कटार / छोटी तलवार
कृपण = कंजूस
खादि = खाद्य / कवच
खादी = भक्षक / खद्दर
गज = हाथी
ग़ज = दो हाथ की माप
ग्रंथ = बड़े आकार प्रकार की पुस्तक
ग्रंथि = गाँठ
गिरि = पर्वत
गिरी = बीज का गूदा / गिर पड़ी
च्युत = गिरा हुआ
चूत = आम का पेड़
चिता = शव जलाने के लिए लकड़ियों की शय्या
चिंता = फिक्र
चीता = क हिंसक जानवर
चिर = पुराना
चीर = वस्त्र
चीड़ = एक प्रकार की लकड़ी
छत्र = छाता
क्षत्र = बल
छात्र = विद्यार्थी
क्षात्र = क्षत्रिय-सम्बन्धी
छुरी = चाकू
क्षुरी = नाई, खुरवाला पशु
जगत् = संसार
जगत = कुएँ का उभरा घेरा
जब = जिस समय
जव = वेग, जौ
जवान = तरुण / युवा
जबान = जीभ, बोली, बात
जरा = बुढ़ापा
ज़रा = कम, थोड़ा
जोश = आवेश / उफान
जोष = आराम / प्रेम / सुख
टोटा = घाटा / कारतूस
टोंटा = पानी आदि ढ़ालने के लिए बरतन में लगी हुई नली
डीठ = दृष्टि / नजर / निगाह
ढीठ = निडर / घृष्ट
डोर = रस्सी / सूत
ढोर = मवेशी
तरंग = लहर / हिलोर
तुरंग = घोड़ा
तरणी = नौका
तरणि = सूर्य
तरुणी = युवती
तार = धातु का पतला धागा जैसा आकार / टेलिग्राम

ताड़ = एक प्रकार का पेड़
द्रव = तरल पदार्थ / गीला पदार्थ
द्रव्य = ठोस पदार्थ / धन /धातु
दारु = काठ / पीतल
दारू = दवा / शराब
दिन = समय / दिवस
दीन = गरीब
द्विप = हाथी
द्वीप = टापू
दूत = संदेशवाहक
द्यूत = जूआ (का खेल)
दौड़ = दोड़ने की क्रिया
दौर = चक्कर / समय
घुरा = अक्ष
धूरा = धूलि / धूल
नाई = तरह
नाई = हज्जाम
नारी = स्त्री / औरत
नाड़ी = नब्ज / धमनी
नित = प्रतिदिन / रोज
नीत = लाया हुआ
नियत = निश्चित
नीयत = मंशा / इरादा
नियति = भाग्य
नीर = जल
नीड़ = घोंसला
पट = कपड़ा / पर्दा
पट्ट = तख्ती / शिला
परिक्षा = कीचड़
परीक्षा = इम्तहान
परिणाम = फल / नतीजा
परिमाण = मात्रा / नाप
परिषद् = सभा / समूह

पार्षद = परिषद के सदस्य
परुष = कठोर
पुरुष = मर्द
प्रकृत = यथार्थ / वास्तविक
प्राकृत = प्रकृति से उत्पन्न / एक प्राचीन भाषा
प्रकार = तरह / किस्म
प्राकार = चाहारदीवारी / घेरा
प्रणय = प्रेम
परिणय = विवाह
प्रधान = मुख्य
परिधान = वस्त्र / पोशाक
प्रवाह = बहाव (नदी का)
परवाह = फिक्र / चिंता
प्रहार = आघात / वार
परिहार = त्याग / खण्डन / परित्याग
प्रसाद = कृपा / अनुग्रह
प्रासाद = महल
पानी = जल
पाणि = हाथ
पुर = नगर / कसबा
पूर = बाढ़ / आधिक्य
फन = कला
फण = साँप का फन
फुट = बारह इंच की माप
फूट = मतभेद
बगुला = एक पक्षी
बगूला = बवंडर / चक्रवात
बदन = शरीर
वदन = चेहरा / मुँह / मुख
वतन = देश / मातृभूमि
बलि = बलिदान
बली = शक्तिशाली

बहन = बहिन
वहन = ढोना
बहू = पुत्रवधू
बहु = बहुत
व्रण = घाव / फोड़ा
वर्ण = अक्षर / रंग
बाई = वेश्या / स्त्रियों के किए आदर सूचक शब्द
बायीं = बायाँ का स्त्रीलिंग रूप
बात = वचन / वाणी
वात = हवा
बार = समय / दफा / घेरा
वार = दिन / चोट / हमला
बारिश = वर्षा, वृष्टि
वारीश = समुद्र
बाला = बहुत छोटी लड़की / छोटी लड़की
वाला = एक प्रत्यय
बास = गन्ध / बू
वास = निवास / गृह
बिना = बगैर, अभाव सूचक
वीणा = एक प्रसिद्ध वाद्य यंत्र
बुरा = खराब / निकृष्ट
बूरा = शक्कर / महीन चूर्ण
भंगि = टेढ़ापन
भंगी = मेहतर
मत = नहीं, राय, वोट
मत्त = पागल / मस्त
मद = अहंकार
मद्य = शराब / मदिरा
मणि = एक बहुमूल्य रत्न
मणी = सर्प
मरीचि = किरण / मरीचिका
मरीची = सूर्य / चंद्रमा
मास = महीना
माष = उड़द / माशा
मिति = सीमा, मान, काल
मिती = तिथि / तारीख / दिन
मनुजात = मनु से उत्पन्न / मनुष्य
मनुजाद = नरभक्षक
मेघ = बादल
मेध = यज्ञ
रद = दाँत
रद्द = खराब / स्थगित
राइ = सरदार / छोटा राजा
राई = एक प्रकार की छोटी सरसों
लक्ष = लाख
लक्ष्य = निशाना / उद्देश्य
लवण = नमक
लवन = खेत की कटाई
वसन = कपड़ा / आवरण
वासन = बरतन
व्यसन = आदत / बुरी लत
व्यंग = विकलांग
व्यंग्य = चुटकी / ताना
विस्मृत = भूला हुआ
विस्मित = चकित
शंकर = शिव
संकर = मिश्रित / दोगला
शकल = आकृति /खण्ड
सकल = पूरा
शव = लाश
शब = रात
सब = सभी / कुल
शबल = चितकबरा / बहुरंगा
सबल = शक्तिमान

शर	= बाण	श्याम	= श्री कृष्ण
सर	= तालाब / सिर / महाशय (अंग्रेजी मे)	सहर	= सबेरा / प्रभात
		शहर	= नगर / पुर
शर्व	= शिव / शंकर	शुभ	= मंगल / अच्छा
सर्व	= सभी / समस्त	शुभ्र	= श्वेत / उजाला
शराव	= मिट्टी का पुरवा	शुक्ति	= सीप / शंख
शराब	= मदिरा / सुरा	सूक्ति	= अच्छी उक्ति
शस्त्र	= हथियार	सीसा	= एक धातु
शास्त्र	= विद्या / ग्रंथ / विज्ञान	शीशा	= काँच / दर्पण
शाण	= धार तेज करने की मशीन	सुत	= बेटा
शान	= प्रतिष्ठा / सम्मान / मान	सूत	= धागा / सारथी
शाला	= घर / मकान	सुधी	= बुद्धिमान / विद्वान
साला	= पत्नी का भाई	सुधि	= स्मरण / याद
शालि	= एक प्रकार का धान	सूचि	= सूई / सेना / केवड़ा
साली	= पत्नी की बहन	सूची	= तालिका / खल
शास	= अनुशासन / स्तुति	शुचि	= पवित्र / स्वच्छ
साँस	= श्वास	सुकर	= सहज / सुप्राप्य
सास	= पति-पत्नी की माता	सूकर	= सुअर / सुकर्मी
शुक्ल	= श्वेत / शुक्ल पक्ष	हँसी	= हँसने की क्रिया
शुल्क	= फीस (अंग्रेजी में)	हंसी	= हंस की मादा
सुर	= देवता / धुन	हरि	= विष्णु
सूर	= सूर्य / अंधा	हरी	= हरे रंग की
शूर	= वीर	हल्	= शुद्ध (स्वर-रहित) व्यंजन
सन्	= इस्वी / साल		
सन	= पटुआ	हल	= खेत जोतने का यंत्र
स्रवण	= टपकना / चू जाना / चूपड़ना	हार	= माला / पराजय
		हाड़	= हड्डी
श्रवण	= कान / सुनना	हुक	= टेढ़ी कील / पीठ का दर्द
स्वक्ष	= सुंदर आँख		
स्वच्छ	= साफ / निर्मल	हूक	= हृदय की पीड़ा
स्याम	= एक देश का नाम		

❑❑❑

10

विपरीतार्थक शब्द

किसी शब्द के विपरीत या उल्टा अर्थ बताने वाले शब्द को विपरीतार्थक या विलोमार्थक शब्द कहते हैं।

ऐसे जितने प्रमुख शब्द हैं, उनकी सूची यहाँ दी जाती है :-

शब्द	विपरीतार्थक	शब्द	विपरीतार्थक
आदि	अंत	अंतरंग	बहिरंग
अंधकार	प्रकाश	अकाल	सुकाल
अग्नि	जल	अचल	चल
अति	अल्प	अतिवृष्टि	अनावृष्टि
अत्यधिक	अत्यल्प	अनुकूल	प्रतिकूल
अशिष्ट	शिष्ट	असभ्य	सभ्य
अनादर	आदर	अमृत	विष
अनुरक्त	विरक्त	अनुराग	विराग
अपना	पराया	अगला	पिछला
अनुरक्त	विरक्त	अधम	उत्तम
अधिकतम	न्यूनतम	अधः	उपरि
अधित्यका	उपत्यका	अधुनातन	पुरातन
अल्पसंख्यक	बहुसंख्यक	अल्पायु	दीर्घायु
अवनत	उन्नत	अवनति	उन्नति
उत्थान	पतन	ऊँचा	नीचा
ऊँच	नीच	उत्कृष्ट	निकृष्ट
अमावस्या	पूर्णिमा	अपेक्षा	उपेक्षा
अवनि	अंबर	अस्त	उदय
आकर्षण	विकर्षण	आकाश	पाताल
सद्भाव	दुर्भाव	सजल	निर्जल
सदय	निर्दय	आगम	लोप

शब्द	विपरीतार्थक	शब्द	विपरीतार्थक
आगामी	विगत	आजादी	गुलामी
स्वतंत्र	परतंत्र	स्वतंत्रता	परतंत्रता
आधुनिक	प्राचीन	नूतन	पुरातन
प्राचीन	अर्वाचीन	आभ्यंतर	बाह्य
आय	व्यय	आरोह	अवरोह
आवश्यक	अनावश्यक	आविर्भाव	तिरोभाव
आस्तिक	नास्तिक	आस्था	अनास्था
आह्वान	विसर्जन	इच्छा	अनिच्छा
ईद	मुहर्रम	आज्ञा	अवज्ञा
आर्द्र	शुष्क	उपसर्ग	प्रत्यय
उपस्थिति	अनुपस्थिति	एकता	अनेकता
एकमुखी	बहुमुखी	एड़ी	चोटी
ऐतिहासिक	अनैतिहासिक	ऐश्वर्य	अनैश्वर्य
औचित्य	अनौचित्य	कल	आज
कड़वा	मीठा	कटु	मधु
कठिन	सरल	उपरि	अधः
उपकार	अपकार	उधार	नकद
कर्मण्य	अकर्मण्य	कसूरवार	बेकसूर
क्रय	विक्रय	क्रेता	विक्रेता
कायर	निडर	कुटिल	सरल
कुमार्ग	सुमार्ग	कुरूप	सुंदर
कृष्ण	श्वेत	कोप	कृपा
क्षणिक	शाश्वत	क्षमा	दण्ड
क्षर	अक्षर	खरीद	विक्री
खाद्य	अखाद्य	कर्म	अकर्म
कृत्रिम	प्राकृतिक	दृश्य	अदृश्य
कृतज्ञ	कृतघ्न	कनिष्ठ	ज्येष्ठ
खीझना	रीझना	धरती	आकाश
गरल	सुधा	गहरा	छिछला
ज्ञान	अज्ञान	ग्राम्य	नागर
गाँव	नगर/शहर	गुण	दोष / अवगुण
गुप्त	प्रकट	गुरु	शिष्य / लघु

शब्द	विपरीतार्थक	शब्द	विपरीतार्थक
गीला	सूखा	गृहस्थ	संन्यासी
गोचर	अगोचर	गौरव	लाघव
बढ़ना	घटना	घात	प्रतिघात
राम	रावण	चढ़ाव	उतार
ताप	शीत	तीव्र	मंद
जंगम	स्थावर	ज्येष्ठ	कनिष्ठ
जाड़ा	गर्मी	जाग्रत	सुसुप्त
जागरण	निद्रा	नित्य	अनित्य
नश्वर	अनश्वर	नर	नारी
नमक हराम	नमक हलाल	निर्जीव	सजीव
नागरिक	ग्रामीण	भूत	भविष्य
प्रलय	सृष्टि	जन्म	मरण
जीवन	मृत्यु	प्रेम	घृणा
पंडित	मूर्ख	अपना	पराया
स्वार्थ	परार्थ	पवित्र	अपवित्र
पानी	आग	पाप	पुण्य
यश	अपशय	पाश्चात्य	पौरस्त्य
पुरस्कार	दण्ड	प्रधान	गौण
प्रत्यक्ष	परोक्ष	छूत	अछूत
विख्यात	कुख्यात	निर्लज्ज	सलज्ज
निरामिष	सामिष	शाकाहारी	मांसाहारी
निरर्थक	सार्थक	निंद्य	वंद्य
स्थिर	अस्थिर	पूरब	पश्चिम
उत्तर	दक्षिण	फायदा	नुकसान
युवा	वृद्ध	बचपन	बुढ़ापा
जीवित	मृत	बाढ़	सूखा
बुरा	भला	भूगोल	खगोल
भोगी	योगी	रोगी	नीरोगी
मंगल	अमंगल	मनुज	दनुज
देव	दानव	स्वर्ग	नरक
विश्लेषण	संश्लेषण	विशेष	सामान्य
विस्तार	संक्षेप	वृद्ध	बालक
व्यावहारिक	अव्यावहारिक	व्यष्टि	समष्टि

शब्द	विपरीतार्थक	शब्द	विपरीतार्थक
शकुन	अपशकुन	छोटा	बड़ा
सम	विषम	समास	व्यास
सरस	नीरस	साक्षर	निरक्षर
साधु	असाधु/चोर	एड़ी	चोटी
सार	असार	साला	बहनोई
हिंसा	अहिंसा	हार	जीत
विजय	पराजय	सौभाग्य	दुर्भाग्य
सुबह	शाम	सुधा	गरल
थोक	खुदरा	वियोग	संयोग
विधवा	सधवा	वसंत	पतझर
वन्य	पालित	उदय	अस्त
सफल	विफल	सबल	दुर्बल
मजबूत	कमजोर	शत्रु	मित्र
सुगन्ध	दुर्गन्ध	सुख	दुःख
सुकर्म	दुष्कर्म	श्यामा	गौरी
श्लील	अश्लील	श्रव्य	दृश्य
शोक	हर्ष	अकर्मक	सकर्मक
संपन्न	विपन्न	सनाथ	अनाथ
स्वदेश	परदेश	देश	विदेश
स्मरण	विस्मरण	नख	शिख
पथ/सुपथ	कुपथ	स्वकीया	परकीया
आस्था	अनास्था	शोषक	शोषित
सम्मान	असम्मान/अपमान	सहयोग	असहयोग
ह्रास	वृद्धि	सुलभ	दुर्लभ
सृष्टि	प्रलय	सृजन	संहार
नीति	अनीति	राजा	रंक
अमीर	गरीब	धनी	निर्धन
संधि	विच्छेद	सम्पन्न	विपन्न
संकल्प	विकल्प	स्थूल	सूक्ष्म
अपव्यय	मितव्यय	घाटा	मुनाफा
मृदुल	कठोर	रचना	ध्वंस
लौकिक	अलौकिक	सुपरिणाम	दुष्परिणाम
शांत	अशांत	शासक	शासित

शब्द	विपरीतार्थक	शब्द	विपरीतार्थक
समाज	व्यक्ति	समूल	निर्मूल
सापेक्ष	निरपेक्ष	हास	रुदन
जय	पराजय	सुगम	दुर्गम
स्वामी	सेवक	मालिक	नौकर
संतोष	असंतोष	संत	असंत
संगठन	विघटन	समास	विग्रह
संकीर्ण	विस्तीर्ण	स्वजाति	विजाति
स्थिर	अस्थिर/चंचल	शत्रु	मित्र
मूक	वाचाल	यथार्थ	अयथार्थ
रक्षक	भक्षक	इहलोक	परलोक
खण्डन	मण्डन	बन्धन	मुक्ति
बढ़िया	घटिया	महान्	तुच्छ
दिवा	रात्रि	दूषित	अदूषित
उत्तरायण	दक्षिणायन	उदयाचल	अस्ताचल
रुचि	अरुचि	भद्र	अभद्र
अथ	इति	निश्चेष्ट	सचेष्ट
सात्विक	तामसिक	उल्लसित	खिन्न
सम्मुख	विमुख	सुमति	कुमति
इच्छा	अनिच्छा	सुशासन	कुशासन
हर्ष	विषाद	प्रसन्न	अप्रसन्न
पर्वत	खाई	मिलन	विरह
प्रफुल्ल	म्लान	दक्षिण	बाम
दृश्य	अदृश्य	ईश्वर	अनीश्वर
उत्तीर्ण	अनुत्तीर्ण	अविर्भाव	तिरोभाव
अमर	मर्त्य	अंगीकार	अस्वीकार
अर्थ	अनर्थ	वाद	प्रतिवाद
पक्ष	विपक्ष	सगुण	निर्गुण
सुपात्र	कुपात्र	प्रस्थान/गमन	आगमन
कुपथ	सुपथ	स्निग्ध	रुक्ष
चर	अचर	शोला	शबनम

❑❑❑

11

अनेक शब्दों के लिए एक शब्द

अनेक शब्दों के बदले एक शब्द' के प्रयोग से समय और श्रम की बचत होती है। साथ ही इससे यह भी परिलक्षित होता है कि भाषा पर आपकी कैसी पकड़ है। इसके लिए विशेषत: संधि और समास की जानकारी आवश्यक है, तभी आप ऐसे शब्द बना सकते हैं। ऐसे शब्दों की एक सूची यहाँ दी जाती है।

(1)	गणित की एक शाखा जिसमें संख्याओं का हिसाब किया जाता है।	- अंकगणित
(2)	घर के भीतर/महल के भीतर का हिस्सा	- अत:कक्ष / हरम
(3)	मन के अंदर होने वाला ज्ञान	- अंतर्ज्ञान
(4)	हृदय का दाह या जलन	- अंतर्दाह
(5)	मन की बात जानने वाला	- अंतर्यामी
(6)	अंत:करण की वेदना	- अन्तर्वेदना
(7)	बिलियर्ड खेलने का कमरा	- अंटाघर
(8)	जिसके मस्तिष्क में बुद्धि न हो	- अंधखोपड़ी
(9)	आंशिक रूप से	- अंशत:
(10)	न कहने योग	- अकथ, अकथनीय
(11)	जिसमें करुणा न हो	- अकरुण
(12)	जो करने योग्य न हो	- अकर्तव्य
(13)	असामयिक मृत्यु	- अकाल मृत्यु
(14)	जिसका किनारा या अंत न हो	- अकूल
(15)	जिसका क्षय (नाश) न हो)	- अक्षय
(16)	वह गवाह जिसने घटना को आँखो देखा हो	- चश्मदीद गवाह
(17)	जिसके टुकड़े न हो	- अखण्ड
(18)	जो खाने योग नहीं है	- अखाद्य
(19)	अग्नि से उत्पन्न	- अग्निज

(20) वेदोक्त मंत्रों से अग्नि में आहुति देने की क्रिया - अग्निहोत्र
(21) जिसकी गिनती सबसे पहले हो - अग्रगण्य
(22) जो जीता न गया हो - अजित
(23) किसी बात को बढ़ा-चढ़ा कर कहना - अतिशयोक्ति
(24) जिसका अनुभव इन्द्रियों द्वारा न हो - अतीन्द्रिय
(25) दण्ड के अयोग्य - अदण्डमान
(26) जो पहले न देखा गया हो - अदृष्टपूर्व
(27) जो पहले न हुआ हो - अभूतपूर्व
(28) अध्ययन करने वाला - अध्येता
(29) आज्ञा का पालन करने वाला - आज्ञाकारी
(30) आत्मा को न मानने वाला - अनात्मवादी
(31) जो बार-बार न हो - अनावर्तक
(32) वर्षा का अभाव - अनावृष्टि
(33) जिसे नींद न आए - अनिद्र
(34) ईश्वर के अस्तित्व पर अविश्वास का सिद्धांत - अनीश्वरवाद
(35) जो अनुकरण करने योग्य न हो - अननुकरणीय
(36) आत्मा और परमात्मा से सम्बन्धित ज्ञान - अध्यात्म
(37) विधान के अन्तर्गत बनाया गया नियम या ऐक्ट - अधिनियम
(38) निरंकुश शासन में विश्वास रखने वाला - अधिनायकवादी
(39) जिसके समान दूसरा न हो - अद्वितीय
(40) जिसे किसी के द्वारा जीता न जा सके - अजेय
(41) जिसकी अपेक्षा या आवश्यकता हो - अपेक्षित
(42) अपेक्षा करने योग्य - अपेक्ष्य/अपेक्षणीय
(43) चुराया हुआ - अपहृत
(44) जो पढ़ा न जाए - अपठ्यमान
(45) भली भाँति सजाया हुआ - अभिमंडित
(46) जिसके हाथ घुटने तक लम्बे हों - आजानुबाहु
(47) अतिथि की सेवा करने वाला - आतिथेय
(48) अतिथि की सेवा / सत्कार - आतिथ्य
(49) जो पहले सुना न गया हो - अश्रुतपूर्व
(50) बाद में पूरा किया गया - अनुपूरित
(51) अनुभव से परे - अनुभवातीत
(52) खोज करने योग्य - अनुसंधेय

(53) जिसके अंत में अनुस्वार हो - अनुस्वारांत
(54) जिस पर अनुग्रह (कृपा) किया गया हो - अनुगृहीत
(55) अनुमति या आज्ञा देने वाला - अनुज्ञापक
(56) जिसका उच्चारण मुँह और नाक से हो - अनुनासिक
(57) बुरी तरह मार डालना - अपहनन
(58) जिसे आदेश दिया गया हो - आज्ञापित
(59) विदेश से आया हुआ माल - आयातित
(60) इन्द्र को जीतने वाला - इन्द्रजित
(61) जिसकी उपमा दी जाती हो - उपमित
(62) उल्लेख किया हुआ - उल्लिखित
(63) पद्य में जो वेद मंत्र हो - ऋचा
(64) जिसका समय बीत गया हो - कालातीत
(65) गणित शास्त्र जानने वाला - गणितज्ञ
(66) उपकार मानने वाला - कृतज्ञ
(67) उपकार न मानने वाला - कृतघ्न
(68) कंठ और तालु से जिसका उच्चारण हो - कंठतालव्य
(69) इतिहास सम्बन्धी - ऐतिहासिक
(70) जबानी याद किया हुआ - कंठस्थ / कंठाग्र
(71) काम से जी चुराने वाला - कामचोर
(72) जो गर्भ में हो - गर्भस्थ
(73) चार कोणों वाला - चतुष्कोण
(74) जो बहुत दिनों से जान-पहचान वाला हो - चिर परिचित
(75) बहुत दिनों तक रहने वाला - चिरस्थायी
(76) किसी स्थान के चारों ओर की सीमा - चौहद्दी
(77) जो अधिक समय तक जीवित रहना चाहता हो - जिजीविषु
(78) जीव की हत्या करने वाला - जीवांतक
(79) ज्ञान की इच्छा - ज्ञान पिपासा
(80) जिस शब्द के अंत में तद्धित प्रत्यय जुड़ा हुआ हो- तद्धितांत
(81) तेल मिले रंगों से बना चित्र - तैल चित्र
(82) तीन वर्षों में होने वाला - त्रैवार्षिक
(83) जिसने दीक्षा ग्रहण किया हो - दीक्षित
(84) जिसे जीतना बहुत कठिन हो - दुर्जेय
(85) जिसे जल्दी वश में न किया जा सके - दुर्द्धर्ष

(86) दिखाई देनेवाला - दृश्यमान्
(87) पिघला हुआ - द्रवीभूत
(88) ध्यान देने योग्य - ध्यातव्य
(89) कठिनता से प्राप्त होने वाला - दुष्प्राप्य
(90) देने की इच्छा - दित्सा
(91) नियम बनाने वाला - नियामक
(92) बाहर आया हुआ - निर्गत
(93) न्यायालय की सामूहिक बैठक - न्यायपीठ
(94) जिसने मृत्यु को जीत लिया हो - मृत्युंजय
(95) प्रणाम के योग्य - प्रणम्य
(96) प्रश्न के बदले किया गया प्रश्न - प्रतिप्रश्न
(97) प्रार्थना या निवेदन करने वाला - प्रार्थी
(98) भूख से मरने की अवस्था - भुखमरी
(99) भेदे जाने योग्य - भेद्य
(100) भक्तों पर कृपा और स्नेह करने वाला - भक्तवत्सल
(101) अनेक उद्देश्य वाला - बहुद्देशीय
(102) बँधा रहने वाला - बँधुआ
(103) खाने की इच्छा - बुभुक्षा
(104) भेद जानने वाला - भेदिया
(105) मोक्ष या मुक्ति पाने की इच्छा - मुमुक्षु
(106) यंत्रों आदि से सज्जित करना - यंत्रीकरण
(107) माता की हत्या करने वाला - मातृहन्ता
(108) लाह (लाख) से बना हुआ घर - लाक्षागृह
(109) वंश की तालिका - वंशावली
(110) वंश परम्परा से प्राप्त - वंशागत
(111) सम्पूर्ण देश में होने वाला - राष्ट्रव्यापी
(112) वज्र के समान कठोर शरीर वाला - वज्रदेह
(113) अनेक राष्ट्रों का समूह - राट्रमंडल
(114) राज्य के प्रति वैर या द्रोह - राजद्रोह
(115) नाटक खेलने का स्थान - रंगशाला
(116) जैसा कहा गया हो - यथोक्त
(117) जैसा चाहिए वैसा - यथोचित
(118) जितनी जल्दी हो सके उतनी जल्दी - यथाशीघ्र

(119) ज्यों का त्यों - यथातथ्य/यथावत
(120) विरोध का आभास - विरोधाभास
(121) विवेचन करने वाला - विवेचक
(122) साथ लगा हुआ पत्र - संलग्नक
(123) जिसके अंत में कोई स्वर हो - स्वरांत
(124) सत्य की कामना करने वाला - सत्यकाम
(125) स्त्री-सम्बन्धी या स्त्रियों जैसा - स्त्रैण
(126) अपने मान-अपमान का ध्यान - स्वाभिमान
(127) हास्य का विषय - हास्यास्पद
(128) हाथ की लिखावट - हस्तलिपि
(129) भोग-विलास में रत रहने वाला - विषयी
(130) विश्लेषण सम्बन्धी - विश्लेषणात्मक
(131) शोक से विकल - शोकार्त
(132) काम, क्रोध, लोभ, मोह, मद, मत्सर - षड्रिपु
(133) मधुर, लवण, तिक्त, कटु, काषाय, अम्ल - षड्रस
(134) संभावना के योग्य - संभाव्य
(135) शस्त्र और अस्त्र - शस्त्रास्त्र
(136) व्याकरण का ज्ञाता - वैय्याकरण
(137) भूगोल से सम्बन्धित - भौगोलिक
(138) संसार से सम्बन्धित - सांसारिक
(139) राजनीति से सम्बन्धित - राजनीतिक
(140) समाज से सम्बन्धित - सामाजिक
(141) भूत से सम्बन्धित - भौतिक
(142) रसायन से सम्बन्धित - रासायनिक
(143) शास्त्र से सम्बन्धित - शास्त्रीय
(144) नीति से सम्बन्धित - नैतिक
(145) अध्यात्म से सम्बन्धित - आध्यात्मिक
(146) धर्म से सम्बन्धित - धार्मिक
(147) इतिहास से पूर्व का समय - प्रागैतिहासिक
(148) किताब से सम्बन्धित - किताबी
(149) जहाँ मुफ्त में दवा वितरित की जाए - दातव्य औषधालय
(150) सजा प्राप्त - सजायाफ्ता
(151) जिस नारी का पति परदेश गया हो - प्रोषितपतिका

(152) क्या करें क्या नहीं करें की अवस्था - (किंकर्तव्यविमूढ़

(153) धार्मिक बातों पर आँख मूद कर विश्वास करने वाला - धर्मांध

(154) जिस स्त्री का पति मर गया हो - विधवा

(155) जिस स्त्री का पति जीवित हो - सधवा

(156) जिसका रोना-धोना कोई सुनने वाला नहीं है - अरण्यरोदन

(157) जिस व्यक्ति को समाज में छूना वर्जित माना जाये - अछूत

(158) ईश्वर पर विश्वास रखने वाला - आस्तिक

(159) ईश्वर पर विश्वास नहीं रखने वाला - नास्तिक

(160) वह वन जिसमें हिंसक पशुओं का सरकार द्वारा पालन-पोषण और सुरक्षा की व्यवस्था हो - अभयारण्य

(161) पर्वत पर चढ़ने वाला - पर्वतारोही

(162) वायु से सम्बन्धित - वायवीय/वायव्य

(163) एक साथ अनेक व्यक्तियों की हत्या - नरसंहार

(164) प्रिय बोलने वाली - प्रियम्वदा

(165) जिसके दर्शन प्रिय हों वह औरत - प्रियदर्शिनी

(166) जिसके दर्शन प्रिय हों - प्रियदर्शी

(167) नीचे लिखित - निम्नलिखित/अधोलिखित

(168) ऊपर लिखित/कथित - उपर्युक्त

(169) वह बड़ा हॉल जिसमें कोई सभा की जा सके - सभागार

(170) वह आलोचना जिसमें गुण-अवगुण को समान रूप से दर्शाया जा सके - समालोचन

(171) समीक्षा करने वाला - समीक्षक

(172) बोलने वाला - वक्ता

(173) सुनने वाला - श्रोता

(174) गाने वाला - गायक

(175) दौड़ने वाला - धावक

(176) न्याय शास्त्र का ज्ञाता - न्यायिक

(177) पहाड़ के ऊपर की समतल भूमि - उपत्यका

(178) पहाड़ के नीचे की समतल भूमि - अधित्यका

(179) विश्वास के योग्य - विश्वसनीय

(180) विचार करने योग्य - विचारणीय

(181)	सोचने योग्य	- सोचनीय
(182)	चिंता करने योग्य	- चिंतनीय
(183)	आदर करने योग्य	- आदरणीय
(184)	मरने के बाद	- मरणोपरांत
(185)	एक धर्म त्याग कर दूसरा धर्म मान लेना	- धर्मांतरण
(186)	जीवन भर	- आजीवन
(187)	मरने तक	- आमरण
(188)	सिर से पैर तक	- आपादमस्तक
(189)	नख से सिर तक	- नखशिख
(190)	किसी विश्वविद्यालय से शिक्षा समाप्ति पर आयोजित समारोह	- दीक्षांत समारोह
(191)	अंतिम अस्त्र	- ब्रह्मास्त्र
(192)	जिसकी तुलना किसी से न की जा सके	- अतुल
(193)	किसी से तुलना न की जा सकने योग्य	- अतुलनीय
(194)	वह स्त्री जिसने तुरन्त स्नान किया है	- सद्य:स्नाता
(195)	वह स्थान जहाँ कई नदियों की धारा एक साथ मिलती हो	- संगम
(196)	दिन में दिखाई पड़ने वाला स्वप्न	- दिवास्वप्न
(197)	बिना प्रयास किये जो आमदनी प्राप्त हो	- आकाशवृति
(198)	नयी चीजों का पहले पहल व्यवहार करना	- उद्घाटन
(199)	नये निर्माण के कार्य प्रारंभ करना	- शिलान्यास
(200)	एक स्थान से दूसरे स्थान भेजने की प्रक्रिया	- स्थानांतरण
(201)	शिव के लिए निर्मित मंदिर	- शिवालय
(202)	वह स्थान जहाँ बैठ कर सामूहिक रूप से पढ़ा जाय	- वाचनालय
(203)	स्थल का वह भाग जिसके चारो तरफ जल हो	- टापू
(204)	गाड़ियों के आवागमन के समय की बनी तालिका	- समय सारणी
(205)	वह स्त्री जिसका विवाह अभी हालफिलहाल हुआ हो	- नवविवाहित/नवोढ़ा
(206)	वह स्थान जहाँ बालू-ही-बालू हो और जमीन हरियाली रहित हो	- रेगिस्तान
(207)	जिसकी आशा न की जाय अथवा आशा से अधिक की जाय	- आशातीत

(208)	देश का सबसे ऊपर का न्यायालय	- सर्वोच्च न्यायालय
(209)	राज्य का सबसे ऊपर का न्यायालय	- उच्च न्यायालय
(210)	जिला/जनपद का सर्वोच्च पुलिस अधिकारी	- आरक्षी अधीक्षक
(211)	किसी के बदले में (व्यक्ति या समूह) बोलने के लिए निर्धारित व्यक्ति	- प्रवक्ता
(212)	अभिनय करने वाला	- अभिनेता
(213)	अभिनय करने वाली	- अभिनेत्री
(214)	कविता रचने वाला	- कवि
(215)	कविता रचने वाली	- कवयित्री
(216)	घड़ी मरम्मत करने वाला	- घड़ीसाज
(287)	वस्त्रों की रंगाई करने वाला	- रंगरेज
(218)	उद्घोषणा करने वाला	- उद्घोषक
(219)	रेडियो या दूरदर्शन से समाचार पढ़ने वाला	- समाचार वाचक
(220)	तत्काल कार्यभार संभालने वाला	- कार्यकारी
(221)	वह स्थान जहाँ प्राचीन, प्रागैतिहासिक, ऐतिहासिक इत्यादि वस्तुओं का संग्रह सुरक्षित हो	- अजायबघर
(222)	पति की बहन	- ननद
(223)	पति का छोटा भाई	- देवर
(224)	पति के छोटे भाई की पत्नी	- देवरानी
(225)	बच्चे, बूढ़े, स्त्री सभी उम्र के लोग	- आबालवृद्धबनिता
(226)	अनुसंधान करने की इच्छा	- अनुसंधित्सा
(227)	सिर पर धारण करने योग	- शिरोधार्य
(228)	जिसका कोई वारिस न हो	- लावारिस
(229)	जिसको किसी की परवाह न हो	- लापरवाह
(230)	जिसका कोई इलाज न हो	- ला इलाज
(231)	मद (घमंड) से अंधा	- मदान्ध
(232)	दो व्यक्तियों के बीच होने वाल युद्ध	- द्वन्द्वयुद्ध
(233)	विश्व भर में जिस युद्ध में भाग लिया जा रहा हो	- विश्वयुद्ध
(234)	एक दूसरे के बीच भारी बकवास	- वाक्युद्ध
(235)	जो केवल शौक से पर्यटन करते हों	- शैलानी
(236)	वह स्थान जहाँ जमीन और आसमान परस्पर मिला हुआ दिखाई पड़ता है	- क्षितिज

(237) कम बोलने वाला - मितभाषी
(238) गज (हाथी) की भाँति चलने वाली स्त्री - गजगामिनी
(239) मृग की-सी आँखों वाली स्त्री - मृगनयनी/मृगलोचनी
(240) पति या प्रियतम से रूठने वाली स्त्री - मानिनी
(241) अधिकार के साथ - साधिकार
(242) आकार के साथ - साकार
(243) जिस विषय या बात को विचार के लिए रख दिया गया हो - विचारार्थ
(244) निकट का - निकटस्थ
(245) अधीन का - अधीनस्थ
(246) जिसके शरीर के अंग टूटे, कटे या जन्म से असामान्य हों - विकलांग
(247) जो फैशन करना नहीं छोड़ सके - फैशनपरस्त
(248) जो न्याय पर आधारित हो - न्यायसंगत
(249) जो युक्ति पर आधारित हो - युक्तिसंगत
(250) जिसकी आसक्ति विषय-वासना से हो - विषयासक्त
(251) आकाश का वह भाग जिधर सूरज उगता है - उदयाचल
(252) आकाश का वह भाग जिधर सूरज डूबता हो - अस्ताचल
(253) हिम (बर्फ) से आच्छादित (ढँका हुआ) - हिमाच्छादित
(254) घोड़े पर सवार - घुड़सवार
(255) जो रथ को हाँकता हो - सारथि
(256) जिसके चार आनन (मुख) हों - चतुरानन
(257) चार भुजाओं वाला - चतुर्भुज
(258) तीन भुजाओं वाला - त्रिभुज
(259) चक्र हो जिसके पाणि (हाथ) में - चक्रपाणि
(260) चन्द्रमा हो जिसके मौलि (सिर) पर - चन्द्रमौलि
(261) जिसका शरीर आठ स्थान पर टेढ़ा हो - अष्टावक्र
(262) महान् व्यक्ति की मृत्यु - निधन
(263) तीन स्थानों पर टेढ़ी मुद्रा - त्रिभंगीमुद्रा
(264) परंपरा से चली आ रही - परंपरित
(265) अस्थायी ढंग से किसी कार्य पर नियुक्त - प्रतिनियुक्त

❑❑❑

12

अनेकार्थक शब्द

वे शब्द जिनके एक से अधिक अर्थ होते हैं, अनेकार्थक शब्द कहलाते हैं। यहाँ वैसे अनेकार्थक शब्दों की सूची दी जाती है -

(1) अंग - शरीर, वेद के छः अंग, अंश, भेद, सहायक।
(2) अंक - भाग्य, संख्यासूचक, चिह्न, शरीर, गोद।
(3) अंतर - फर्क, फासला।
(4) अंबर - आकाश, वस्त्र, बादल।
(5) अक्षर - आकाश, आत्मा, अविनाशी।
(6) अग्नि - आग, पाचन शक्ति, पित्त।
(7) अमर - चिरजीवी, देवता, पारा।
(8) अमृत - सुधा, दूध, औषध।
(9) इन्द्र - ऐश्वर्यवान, मालिक, श्रेष्ठ, सूर्य।
(10) उत्तर - दक्षिण दिशा के सामने की दिशा, जवाब, गौण, बाद का।
(11) ईश - ईश्वर, राजा, स्वामी, आर्द्रानक्षत्र, पारा।
(12) उपज - पैदावार, उत्पत्ति, नयी उक्ति।
(13) एक - इकाइयों में सबसे छोटी संख्या, कोई, बेजोड़।
(14) कनक - सोना, धतूरा, गेहूँ, केले की एक जाति।
(15) कंठ - गर्दन, स्वर, सामीप्य।
(16) कुमार - पाँच वर्ष की अवस्था का बालक, पुत्र, युवराज, कुँवारा।
(17) क्षार - नमक, सुहागा, भस्म।
(18) खग - पक्षी, बादल, सूर्य, देवता।
(19) कोठी - पेट, गर्भाशय, हवेली, अनाज रखने का कुठला।
(20) कुशल - श्रेष्ठ, चतुर, मंगल, उचित।
(21) कर - हाथ, हाथी का सूँढ़, राजस्व, किरण।
(22) कमला - लक्ष्मी, धन, संतरा।
(23) कपास - खोपड़ी, ललाट, भाग्य, छिलका।
(24) कलश - घड़ा, कंगूरा, चोटी।
(25) जबान - जीभ, भाषा, बात।
(26) जी - सम्मान सूचक शब्द, मन, प्राण, हिम्मत।

(27) ठाकुर - देवता, पूज्य, व्यक्ति, उपाधि (क्षत्रियों की) स्वामी।
(28) तट - किनारा, क्षेत्र, प्रदेश, समीप।
(29) तारा - सितारा, आँख की पुतली, बालि की स्त्री।
(30) हिम - ठंढा, बर्फ, जाड़ा, चन्द्रमा, कमल।
(31) संज्ञा - चेतना, नाम, ज्ञान, सूर्य की पत्नी, संकेत।
(32) साधु - धार्मिक पुरुष, कुलीन, सज्जन, उत्तम।
(33) श्री - लक्ष्मी, सरस्वती, कमल, सफेद चंदन, प्रभा, क्रांति, नाम के आरंभ का आदर सूचक शब्द, वैष्णवों का एक सम्प्रदाय।
(34) राम - परशुराम, ईश्वर, महाराज दशरथ के पुत्र।
(35) मुँह - मुख-विवर, मनुष्य का मुख विवर, किसी पदार्थ के ऊपरी भाग का विवर, सुराख।
(36) रक्त - सिन्दूर, लहू, लाल चंदन, लाल।
(37) रथ - एक प्रकार की प्राचीन सवारी, शरीर, चरण, शतरंज में ऊँट।
(38) महावीर - गौतम बुद्ध, हनुमान जी, जैनियों के बीसवें और अंतिम तीर्थंकर, बहुत बड़ा वीर।
(39) फकीर - भिक्षुक, साधु, निर्धन, मनुष्य।
(40) बाबा - पितामह, साधु संन्यासियों के लिए आदर सूचक शब्द, बूढ़ा पुरुष।
(41) बुखार - ज्वर, शोक, क्रोध, दुःख आदि का आवेग।
(42) वृहस्पति - प्रसिद्ध वैदिक देवता अंगिरस के पुत्र और देवताओं के गुरु, सौर जगत् का पाँचवाँ ग्रह।
(43) गृहस्थी - घरबार, गृहस्थाश्रम, कुटुम्ब, घर का सामान।
(44) गौरी - पार्वती, गोरे रंग की स्त्री, आठ वर्ष की कन्या, सफेद दूब, हल्दी, तुलसी, पृथ्वी।
(45) गुरु - भारी, कठिनाई से पचने वाला खाद्य पदार्थ, उस्ताद, आचार्य, ब्रह्मा, विष्णु, शिव, पूज्य पुरुष।
(46) कवि - कविता रचने वाला, कलाविद्, तत्त्व चिंतक, ब्रह्मा, ऋषि।
(47) कृष्ण - देवकी और वसुदेव का आठवाँ पुत्र, काला, वेद व्यास, अर्जुन, कोयल, अंधेरापक्ष, कलियुग।
(48) फण - साँप का फन, रस्सी का फंदा,, नाव का अगला ऊपरी भाग।
(49) पति - दूल्हा, मालिक, मर्यादा, शिव, ईश्वर।
(50) नेता - नायक, स्वामी, निर्वाहक, मयानी की रस्सी।
(51) सुग्रीव - बालि का भाई, जिसकी गर्दन सुंदर हो, इंद्र, शंख।

शब्द-शक्ति

'काव्य' में अर्थात् साहित्य में रस का संचार शब्द शक्तियों से होता है। अर्थ का बोध कराने में 'शब्द' कारण है और अर्थ का बोध कराने वाले व्यापार को 'शब्द शक्ति' कहते हैं। शब्द शक्तियाँ तीन प्रकार की हैं -

(1) अभिधा (2) लक्षणा (3) व्यंजना

(1) अभिधा :-

'अभिधा' शब्द की वह शक्ति है, जो शब्द के साधारण और व्यावहारिक अर्थ को प्रकट करती है। जैसे 'गधा' - 'गधा' शब्द का पशु विशेष अर्थ बताने वाली शक्ति का नाम 'अभिधा' है। दूसरे शब्दों में - सभी शब्दों के नामवाची अर्थ बताने वाली शक्ति का नाम 'अभिधा' है।

नाम-जाति, गुण, द्रव्य या क्रिया का होता है।

(2) लक्षणा :-

मुख्य अर्थ के बाधित होने पर उससे सम्बन्ध रखने वाले अन्य अर्थ का बोध कराने वाले शब्द के व्यापार को 'लक्षणा शक्ति' कहते हैं। लक्षणा में किसी शब्द का साधारण या व्यावहारिक अर्थ नहीं लगाया जाता, उनका अन्य संक्षिप्त अर्थ ढूँढ़ा जाता है।

(3) व्यंजना :-

शब्द के जिस व्यापार से मुख्य और लक्ष्य अर्थ से भिन्न अर्थ की प्रतीति हो, उसे 'व्यंजना' कहते हैं।

अभिधा और लक्षणा अपने अर्थ का बोध कराकर, जब अलग हो जाती है तब जिस शब्द शक्ति द्वारा व्यंग्यार्थ का बोध होता है, उसे व्यंजना शक्ति कहते हैं। जब अभिधा और लक्षणा मूल (अभीष्ट) अर्थ को द्योतित (प्रकट) कराने में असमर्थ होती है, तब व्यंजना-शक्ति का सहारा लेना पड़ता है।

अभिधा किसी बात को स्पष्टतः कहती है, लक्षणा लक्ष्यार्थ सूचित करती है, किन्तु व्यंजना शब्दों द्वारा कथित या लक्षित न होने पर भी अर्थ की प्रतीति कराती है।

अभिधा और लक्षणा का सम्बन्ध केवल शब्द से ही है, किन्तु व्यंजना शब्द और अर्थ दोनों पर आधृत है। काव्य में अभिधा को अधम काव्य, लक्षणा को मध्यम काव्य और व्यंजना को उत्तम काव्य की संज्ञा दी गई है।

❑❑❑

13

तत्सम-तद्भव-शब्द सूची

तत्सम	तद्भव	तत्सम	तद्भव
अंधकार	अँधेरा	आश्चर्य	अचरज
अज्ञान	अजान	अट्टालिका	अटारी
आमलक	आँवला	आलस्य	आलस
कंकण	कंगन	कुष्ठ	कोढ़
काक	कौआ	खट्वा	खाट
क्षेत्र	खेत	छिद्र	छेद
कुम्भकार	कुम्हार	कर्पूर	कपूर
इक्षु	ईख	चणक	चना
चन्द्रिका	चाँदनी	चतुष्पाद	चौपाया
छत्र	छाता	चतुर्वेदी	चौबे
चञ्चु	चोंच	चर्मकार	चमार
कुक्कुर	कुत्ता	कर्ण	कान
कच्छप	कछुआ	उपवास	उपास
कर्पट	कपड़ा	कुक्षि	कोख
स्कंध	कंधा	उल्लास	हुलास
कोकिल	कोइल/कोयल	कच्छप	कछुआ
उच्च	ऊँचा	उष्ट्र	ऊँट
चैत्र	चैत	चतुर्थ	चौथा
चित्रक	चीता	कीट	कीड़ा
कूप	कुँआ	कपाट	किवाड़
आम्र	आम	अनार्य	अनारी
अक्षर	आखर	नग्न	नंगा
नासिका	नाक	नृत्य	नाच
स्फूर्ति	फुर्ती	वक	बगुला

तत्सम	तद्भव	तत्सम	तद्भव
वारिद	बादल	वृद्ध	बुड्ढा
भक्त	भगत	भ्रातृ	भाई
आभ्यंतर	भीतर	बुभुक्षा	भूख
वाष्प	भाप	भद्र	भला
वंश	बाँस	मिष्ठ	मीठा
रक्षिका	राखी	लोक	लोग
लौह	लोहा	लक्ष्मी	लछमी
लक्ष	लाख	रुक्ष	रूखा
मकर	मगर	मुक्ता	मोती
परीक्षा	परख	पदाति	पैदल
पुष्कर	पोखर	पुस्तिका	पोथी
पौत्र	पोता	पर्यंक	पलंग
पाषाण	पाहन	पिप्पल	पीपल
पिपासा	प्यास	पत्र	पत्ता
पाद	पाँव	पञ्च	पाँच
पक्ष	पंख	पंक्ति	पाँत
नव्य	नया	निर्वाह	निबाह
निम्ब	नीम	दन्त	दाँत
दीप	दीया	दूर्वा	दूब
दृष्टि	दीठि	दुग्ध	दूध
धरित्री	धरती	यव	जौ
जिह्वा	जीभ	क्षुद्र	छोटा
हीरक	हीरा	हट्ट	हाट
सर्व	सब	ओष्ठ	ओठ
श्रृगाल	सियार	ग्रंथि	गाँठ
गोधूम	गेहूँ	घोटक	घोड़ा
घटिका	घड़ी	घृत	घी
चक्रवाक	चकवा	त्वरित	तुरत
दंश	डंक	ताम्र	ताम्बा
ज्येष्ठ	जेठ	ज्यमातृ	जमाई
सूर्य	सूरज	शय्या	सेज
सर्प	साँप	हस्त	हाथ

तत्सम	तद्भव	तत्सम	तद्भव
स्वप्न	सपना	ओष्ठ	होंठ
स्वामी	साईं	मस्तक	माथा
मशक	मच्छर	भ्रमर	भौंरा
महिष	भैंस	स्रोत	सोत
स्वर्णकार	सुनार	हस्ति	हाथी
मत्स्य	मछली	संध्या	साँझ
श्मशान	मसान	स्तन	थन
द्विपर	दुपट्टा	भिक्षा	भीख
रात्रि	रात	मक्षिका	मक्खी
प्रस्वेद	पसीना	धान्य	धान
श्रावण	सावन	शून्य	सूना
श्वसुर	ससुर	शिंशपा	शीशम
शर्करा	शक्कर	शृंगार	सिंगार
शिक्षा	सीख	श्वाँस	साँस
तादृश	तैसा	दन्तधावन	दतौन
लवंग	लौंग	ऋक्ष	रीछ
मृत्यु	मौत	फाल्गुन	फागुन
पृष्ठ	पीठ	धैर्य	धीरज
मयूर	मोर	वृश्चिक	बिच्छू
बधिर	बहरा	प्रतिच्छाया	परछाई
मित्र	मीत	मृत्यु	मौत
विद्युत	बिजली	नकुल	नेवला
योद्धा	जोधा	दण्ड	डण्डा
निमंत्रण	न्योता	प्रस्तर	पत्थर
सूत्र	सूत	स्वर्ण	सोना
शूकर	सूअर	नापित	नाई
ध्वनि	धुन	धूम्र	धुँआ
पश्चाताप	पछतावा	मिष्ठ	मीठा
भर्तृवधू	भाभी	वत्स	बच्चा
लवण	नोन/नमक	युक्ति	जुगत
तृण	तिनका	द्विगुना	दूना
श्रेणी	सीढ़ी	शाक	साम

❑❑❑

14

संज्ञा

संज्ञा का सामान्य अर्थ होता है – नाम। दूसरे शब्दों में किसी यक्ति, वस्तु, स्थान, भाव आदि के नाम को **संज्ञा** कहते हैं। जैसे –

राम, रहीम, सीता, गीता, कलम, पेंसिल, पटना, दिल्ली, बुढ़ापा, जवानी, अच्छाई, बुराई आदि।

नोट :-

(1) यदि संज्ञा शब्दों की एक सूची बनाई जाए तो इसमें असंख्य शब्द आ जाएँगे। अतः इसे 'महानाम' भी कहा गया है।

(2) लेकिन रंगों के नाम – लाल, काला, पीला, हरा आदि संज्ञा नहीं कहलाते। ये विशेषण कहलाते हैं, क्योंकि इनमें किसी व्यक्ति या वस्तु की विशेषता झलकती है। जैसे–

श्याम काला है। (काला – विशेषण)

साड़ी लाल है। (लाल – विशेषण)

संज्ञा के कार्य

संज्ञा के प्रमुख कार्य निम्नलिखित हैं –

(1) यह खास व्यक्ति या वस्तु का बोध कराती है। जैसे – राम, सीता, सूरज, चन्द्रमा, पटना, गंगा, रामायण आदि।

(2) यह सामान्य व्यक्ति या वस्तु का बोध कराती है। जैसे – लड़का, लड़की, नक्षत्र, स्थान, नदी, पुस्तक आदि।

(3) यह व्यक्ति या वस्तु के समूह का बोध कराती है। जैसे – सेना, परिवार, गुच्छा आदि।

(4) यह मापने और तौलने वाली वस्तु का बोध कराती है। जैसे – तेल, घी, चावल, दाल, कोयला, कपड़ा आदि।

(5) यह व्यक्ति या वस्तु के गुण–धर्म का बोध कराती है। जैसे – मित्रता, शत्रुता, अच्छाई, बुराई, खराबी, मिठास आदि।

संज्ञा के भेद

संज्ञा के पाँच भेद हैं :-

(1) व्यक्तिवाचक संज्ञा (2) जातिवाचक संज्ञा (3) समूहवाचक संज्ञा
(4) द्रव्यवाचक संज्ञा (5) भाववाचक संज्ञा

(1) व्यक्तिवाचक संज्ञा :-

जिस संज्ञा से किसी खास व्यक्ति, वस्तु, जगह आदि का बोध हो, उसे व्यक्तिवाचक संज्ञा कहते हैं। जैसे-राम, रहीम, चाँद, सूरज, रामायण, पटना आदि। राम से किसी खास व्यक्ति का और पटना से किसी खास जगह या शहर का बोध होता है। अतः ये व्यक्तिवाचक संज्ञाएँ हैं। व्यक्तिवाचक संज्ञाओं में कुछ प्रमुख संज्ञाएँ निम्नलिखित हैं -

पुस्तकों के नाम - रामायण, महाभारत, बाइबिल, कुरान आदि।
गाँव-मुहल्लों के नाम - रामपुर, हरिपुर, सुलतानगंज आदि।
शहरों के नाम - राँची, जमशेदपुर, दिल्ली, लखनऊ आदि।
देशों के नाम - भारत, पाकिस्तान, श्रीलंका, भूटान आदि।
दिन-महीना एवं सालों के नाम - सोमवार, जनवरी, 1947 ई0 आदि।
नदी-तलाबों के नाम - गंगा, यमुना, सरयू आदि।
पहाड़-पठारों के नाम - हिमालय, तिब्बत का पठार आदि।
सड़कों एवं गलियों के नाम - ग्रांड ट्रंक रोड, अशोक राजपथ आदि।
पर्व-त्योहारों के नाम - ईद, दुर्गापूजा, पन्द्रह अगस्त आदि।
भवनों एवं स्मारकों के नाम - लालकिला, शक्ति स्थल आदि।

(2) जातिवाचक संज्ञा :-

जिस संज्ञा से प्राणी या वस्तु की सम्पूर्ण जाति का बोध होता है, उसे जातिवाचक संज्ञा कहते हैं। जैसे - लड़का, लड़की, औरत, मर्द, पशु, पक्षी, फल, फूल, गाँव, देश, दिन, नदी, महीना, पहाड़, पठार आदि।

लड़का या पशु कहने से दुनिया में जितने लड़के या पशु हैं, उन सभी का बोध होता है। अतः ये जातिवाचक संज्ञाएँ हैं। इनमें निम्नलिखित प्रमुख संज्ञाएँ हैं-

फल-फूल एवं सब्जियों के नाम - आम, इमली, गेंदा, आलू आदि।
पशु-पक्षी एवं कीट-पतंगों के नाम - गाय, तोता, चींटी आदि।
सम्बन्धियों के नाम - भाई, बहन, चाचा, चाची आदि।
खाद्य पदार्थों के नाम - चावल, मिठाई, हींग आदि।
घरेलू सामानों के नाम - टेबुल, कुर्सी, पलंग, पंखा आदि।

सवारियों के नाम – गाड़ी, नाव, रेल, साइकिल आदि।

प्राकृतिक वस्तुओं के नाम – नदी, तालाब, झील, तारा आदि।

व्यक्तिवाचक संज्ञा और जातिवाचक संज्ञा को समझने के लिए एक तालिका दी गई है –

व्यक्तिवाचक संज्ञा	*जातिवाचक संज्ञा*
मोहन, सोहन, रहीम, करीम,	लड़का, मर्द, पुरुष, लड़की
अंजू, रंजू, सुलताना, लिली,	औरत, स्त्री, गाँव, मुहल्ला
राम, हरिपुर, माधोपुर, पटना,	थाना, शहर, देश, राज्य।
भारत, पाकिस्तान, भूटान	
श्रीलंका, बिहार।	

(3) समूहवाचक संज्ञा :-

इससे व्यक्तियों या वस्तुओं के समूह का बोध होता है। जैसे – सेना, वर्ग, सभा, गुच्छा, समिति, संघ, झुंड, परिवार, खानदान, गिरोह, दल आदि। सेना कहने से सिपाहियों का बोध होता है, किसी एक सिपाही का नहीं। इसी प्रकार उपर्युक्त सारे शब्दों से किसी न किसी समूह का पता चलता है।

(4) द्रव्यवाचक संज्ञा :-

जिस संज्ञा से मापने या तौलने वाली वस्तु का बोध होता हो, उसे द्रव्यवाचक संज्ञा कहते हैं। जैसे – सोना, चाँदी, हीरा, मोती, दूध, दही, तेल, घी, कोयला, पानी, लकड़ी, कपड़ा, लोहा, पत्थर, सीमेंट आदि।

उपर्युक्त सभी वस्तुओं को हम किसी न किसी रूप में मापते या तौलते हैं। अतः ये द्रव्यवाचक संज्ञाएँ हैं।

(5) भाव वाचक संज्ञा :-

जिस संज्ञा से व्यक्ति या वस्तु के गुण या धर्म का बोध हो, उसे भाववाचक संज्ञा कहते हैं। जैसे- अच्छाई, बुराई, पढ़ाई, लिखाई, जवानी, बुढ़ापा, खटास, मिठास, घबराहट, सजावट, सुस्ती, फुर्ती, लम्बाई, चौड़ाई, मित्रता, शत्रुता, प्रेम, घृणा आदि।

भाववाचक संज्ञा का निर्माण

भाववाचक संज्ञा का निर्माण प्रायः सभी प्रकार के शब्दों से होता है। शब्दों के अंत में सिर्फ प्रत्यय जोड़ना पड़ता है। जैसे –

(1) व्यक्तिवाचक संज्ञा से भाववाचक संज्ञा :-

राम – रामत्व, रामता	शिव – शिवत्व
नारद – नारदी	नादिरशाह – नादिरशाही

(2) जातिवाचक संज्ञा से भाववाचक संज्ञा :-

आदमी – आदमीयत　　नारी – नारीत्व
इनसान – इनसानियत　　पिता – पितृत्व
खेत – खेती　　पशु – पशुता, पशुत्व
गुरु – गुरुता, गुरुत्व　　पुरुष – पुरुषता, पौरुष
बाप – बपौती　　बच्चा – बचपन
बालक – बालपन　　युवक – यौवन
बूढ़ा – बुढ़ापा　　राष्ट्र – राष्ट्रीयता
भाई – भाईचारा　　लड़का – लड़कपन
मनुष्य – मनुष्यता　　माता – मातृत्व
मित्र – मैत्री, मित्रता　　वीर – वीरता
मुनि – मौन　　शत्रु – शत्रुता

(3) सर्वनाम से भाववाचक संज्ञा :-

अपना – अपनापन, अहं – अहंकार,　　आप – आपा

(4) अव्यय से भाववाचक :-

खून – खूनी　　वाहवाह – वाहवाही
दूर – दूरी, दूरत्व　　बहुत – बहुतायत
धिक् – धिक्कार　　भीतर – भीतरिया
निकट – निकटता, नैकट्य　　शाबाश – शाबाशी

(5) विशेषण से भाववाचक संज्ञा :-

अंध – अंधता　　अनावश्यक – अनावश्यकता
अकलंक – अकलंकता　　अनेक – अनेकता
अच्छा – अच्छाई　　अतृप्त – अतृप्ति
अनोखा – अनोखापन　　अधिक – अधिकता
असहनशील – असहनशीलता　　अधीन – अधीनता
आकुल – आकुलता　　अनभिज्ञ – अनभिज्ञता
आचार्य – आचार्यत्व　　आतुर – आतुरता
आवारा – आवारगी　　आसान – आसानी
उत्तम – उत्तमता　　उत्कृष्ट – उत्कृष्टता
उदासीन – उदासीनता　　एकाग्र – एकाग्रता
ऐय्याश – ऐय्याशी　　कंजूस – कंजूसी
काबिल – काबिलियत　　कुलीन – कुलीनता
कृतघ्न – कुतघ्नता　　कृतज्ञ – कृतज्ञता

कृपण	–	कृपणता	कोमल	–	कोमलता
खबरदार	–	खबरदारी	खूब	–	खूबी
गरम	–	गरमी	गुरु	–	गुरुत्व
जबरदस्त	–	जबरदस्ती	जल्दबाज	–	जल्दबाजी
जानकार	–	जानकारी	नाखुश	–	नाखुशी
नादान	–	नादानी	नापाक	–	नापाकी
नामंजूर	–	नामंजूरी	नामर्द	–	नामर्दी
नामवर	–	नामवरी	नासमझ	–	नासमझी
नियमित	–	नियमितता	नेकनीयत	–	नेकनीयती
परेशान	–	परेशानी	परिपक्व	–	परिपक्वता
पेचीदी	–	पेचीदगी	प्रवीण	–	प्रवीणता
नाखुश	–	नाखुशी	नादान	–	नादानी
नापाक	–	नापाकी	नामंजूर	–	नामंजूरी
नामर्द	–	नामर्दी	नामवर	–	नामवरी
नाराज	–	नाराजगी	नालायक	–	नालायकी
नासमझ	–	नासमझी	नियमित	–	नियमितता
नेकनाम	–	नेकनामी	नैतिक	–	नैतिकता
परिणत	–	परिणति	पृथक	–	पृथकता
प्रत्यक्ष	–	प्रत्यक्षता	बदसूरत	–	बदसूरती
बारीक	–	बारीकी	बुजदिल	–	बुजदिली
बेईमान	–	बेईमानी	बेकार	–	बेकारी
बीमार	–	बीमारी	बुलंद	–	बुलंदी
बेकरार	–	बेकरारी	तबाह	–	तबाही
दुर्लभ	–	दुर्लभता	दरियादिल	–	दरियादिली
धोखेबाज	–	धोखेबाजी	नजदीक	–	नजदीकी
नाकाम	–	नाकामी	बेखबर	–	बेखबरी
बेगुनाह	–	बेगुनाही	बेचैन	–	बेचैनी
बेढंगा	–	बेढंगापन	बेताब	–	बेताबी
बेदर्द	–	बेदर्दी	बेपर्द	–	बेपर्दगी
बेफिक्र	–	बेफिक्री	बेरहम	–	बेरहमी
बेरुख	–	बेरुखी	बेवकूफ	–	बेवकूफी
बेवफा	–	बेवफाई	मक्कार	–	मक्कारी
मायूस	–	मायूसी	मुख्य	–	मुख्यता
रंगीन	–	रंगीनी	राजभक्त	–	राजभक्ति

(6) क्रिया से भाववाचक संज्ञा :-

अटक-ना	-	अटकाव	अड़-ना	-	अड़ान
आ-ना	-	आहट	उतर-ना	-	उतराई
उड़-ना	-	उड़ान	उलझ-ना	-	उलझन
उलट-ना	-	उलटी	कट-ना	-	कटाई
कर-ना	-	करैया	कह-ना	-	कहावत
कूट-ना	-	कुटाई	खप-ना	-	खपत
खुजला-ना	-	खुजली	खोद-ना	-	खोदाई
विफल	-	विफलता	विशाल	-	विशालता
व्यापक	-	व्यापकता	संपन्न	-	संपन्नता
सूदखोर	-	सूदखोरी	स्वाभाविक	-	स्वाभाविकता
हाजिर जवाब	-	हाजिर जवाबी	खे-ना	-	खेवाई
गिन-ना	-	गिनती	घट-ना	-	घटाव
घबरा-ना	-	घबराहट	घिर-ना	-	घेरा
घिस-ना	-	घिसाई	घूम-ना	-	घुमाव
चढ़-ना	-	चढ़ाव	चर-ना	-	चराई
चल-ना	-	चाल	चिर-ना	-	चिराई
चीर-ना	-	चीरा	चेत-ना	-	चेतावनी
छप-ना	-	छपाई	जोड़-ना	-	जोड़
झुक-ना	-	झुकाव	डूब-ना	-	डूब
तैर-ना	-	तैराई	देख-ना	-	दिखावा
पढ़-ना	-	पढ़ाई	पीट-ना	-	पिटाई
पूज-ना	-	पूजा	बाँट-ना	-	बँटाई
बट-ना	-	बाँट	बन-ना	-	बनावट
बह-ना	-	बहाव	बुला-ना	-	बुलावा
भर-ना	-	भरती	मिल-ना	-	मिलावट
रख-ना	-	रखवाई	रट-ना	-	रटंत
लड़-ना	-	लड़ाई	लिख-ना	-	लिखाई
ले-ना	-	लेनदार	सड़-ना	-	सड़ाव
सुझ-ना	-	सुझाव	सुन-ना	-	सुनाई

संज्ञा का आधुनिक वर्गीकरण

कुछ विद्वानों ने संज्ञा का वर्गीकरण दूसरे ढंग से भी किया है। जैसे -

(क) प्राणिवाचक संज्ञा और अप्राणिवाचक संज्ञा

(ख) गणनीय संज्ञा और अगणनीय संज्ञा

(क) प्राणिवाचक संज्ञा और अप्राणिवाचक संज्ञा :-

जो संज्ञाएँ जीवित हैं, अर्थात चल-फिर और उठ-बैठ सकती हैं, वे प्राणिवाचक हैं। जैसे - मनुष्य, पशु-पक्षी, कीट-पतंग आदि।

इनके विपरीत जिनमें ये गुण नहीं हैं। वे अप्राणिवाचक संज्ञा हैं।

जैसे - पेड़-पौधे, कलम-पेंसिल, फल-फूल, दूध-दही, बुढ़ापा आदि।

(ख) गणनीय संज्ञा और अगणनीय संज्ञा :-

जिन संज्ञाओं को गिना जाता है, वे गणनीय संज्ञाएँ हैं। जैसे - पशु-पक्षी, मनुष्य, फल-फूल, कुर्सी-टेबल, ग्रह-नक्षत्र आदि।

ठीक इसके विपरीत जिन संज्ञाओं की गिनती नहीं की जाती, वे अगणनीय संज्ञाएँ हैं। जैसे -

दूध-दही, तेल-घी, चावल-दाल, लड़कपन-बुढ़ापा, खटास-मिठास आदि।

❑❑❑

15

सर्वनाम

सर्वनाम :-

संज्ञा के बदले जिन शब्दों का प्रयोग होता है, उन्हें **सर्वनाम** कहते है। जैसे- वह, उसने, उसे, मैंने, मैं, मेरा, वे, हम, हमलोग आदि।

उदाहरण :-

श्याम एक लड़का है।
वह पढ़ने में तेज है।
उसने कड़ी मेहनत की है।
उसे अवश्य सफलता मिलेगी।

मोटे अक्षर वाले शब्द सर्वनाम हैं, क्योंकि ये श्याम (संज्ञा) के बदले आये हैं। यदि सर्वनाम का प्रयोग न किया जाए तो उपर्युक्त वाक्य भद्दे लगेंगे। जैसे -

श्याम एक लड़का है। श्याम पढ़ने में तेज है।
श्याम ने कड़ी मेहनत की है। श्याम को अवश्य सफलता मिलेगी।

स्पष्ट है कि वाक्य की सुन्दरता को बनाए रखने के लिए या संज्ञा की पुनरुक्ति न हो, इसलिए सर्वनाम का प्रयोग आवश्यक है।

हिन्दी में कुल 11 मूल सर्वनाम हैं - मैं, तू, आप, यह, वह, जो, सो, कोई, क्या, कुछ और कौन। इन्हीं मूल सर्वनामों से विभिन्न प्रकार के सर्वनामों की रचना हुई है।

सर्वनाम के कार्य

सर्वनाम के निम्नलिखित प्रमुख कार्य हैं :-

(1) संज्ञा जहाँ उसी वस्तु का बोध कराती है, जिसका वह नाम है, वहाँ सर्वनाम किसी भी वस्तु का बोध कराता है, यदि पहले वह संज्ञा आ गयी हो। जैसे -

मोहन अच्छा लड़का है। वह मेरा मित्र है।
गीता अच्छी लड़की है। वह मेरी बहन है।

(2) सर्वनाम नामों (संज्ञाओं) की पुनरावृत्ति रोकता है। जैसे -

जावेद अच्छा लड़का है। जावेद पढ़ने में तेज है। जावेद के दो भाई हैं। जावेद की माँ लेखिका है। जावेद के पिता शिक्षक हैं।

उपर्युक्त वाक्यों में पुनरुक्ति दोष है। सर्वनाम के प्रयोग से इस दोष से बचा जा सकता है। जैसे- जावेद अच्छा लड़का है। वह पढ़ने में तेज है। उसके दो भाई हैं। उसकी माँ लेखिका है। उसके पिता शिक्षक हैं।

(3) यह (सर्वनाम) आदर-अनादर या छोटे-बड़े का बोध कराता है। जैसे-

आप मेरे भाई हैं। – (आदर या बड़े का बोध)

तू मेरा भाई है। – (अनादर या छोटे का बोध)

(4) यह निकटता और दूरी का बोध कराता है। जैसे -

यह लड़का है। – (निकटता का बोध)

वह लड़का है। – (दूरी का बोध)

(5) यह निश्चय-अनिश्चय का बोध कराता है। जैसे -

उसे खिलाओ। – (निश्चित का बोध)

किसी को खिलाओ। – (अनिश्चित का बोध)

(6) इससे जिज्ञासा की अभिव्यक्ति होती है। जैसे -

कौन आया है ? तुम्हें क्या चाहिए ?

(7) यह प्रधान और आश्रित वाक्यों में सम्बन्ध भी जोड़ता है। जैसे -

'जहाँ न जाए रवि वहाँ जाए कवि'।

सर्वनाम के भेद

सर्वनाम के छह भेद हैं :-

(1) पुरुषवाचक सर्वनाम
(2) निश्चयवाचक सर्वनाम
(3) अनिश्चयवाचक सर्वनाम
(4) सम्बन्धवाचक सर्वनाम
(5) निजवाचक सर्वनाम
(6) प्रश्नवाचक सर्वनाम

(1) पुरुषवाचक सर्वनाम :-

जिस सर्वनाम से बोलने वाले, सुनने वाले या जिसके बारे में कहा जाए उसका बोध हो, उसे पुरुषवाचक सर्वनाम कहते हैं। जैसे -

मैं, मैंने, आप, हमलोग, आपको, उसका, उसकी आदि।

मैंने कल आपको उसकी घड़ी दी थी।

मैंने - लाने वाले के लिए।

आपको - सुनने वाले के लिए।

उसकी - जिसके बारे में चर्चा हो रही थी।

पुरुषवाचक सर्वनाम का प्रयोग स्त्री, पुरुष, सजीव, निर्जीव सभी के लिए किया जाता है।

पुरुषवाचक सर्वनाम के तीन भेद हैं :-

(क) उत्तम पुरुष   (ख) मध्यम पुरुष   (ग) अन्य पुरुष

(क) उत्तम पुरुष :-

मैं, मैंने, हम, हमने, मेरा, मेरी, हमारा, हमारी आदि को उत्तम पुरुष कहते हैं। बोलने वाला इनका प्रयोग सिर्फ अपने लिए करता है। जैसे -

मैं आम खाता हूँ।   (मैं - उत्तम पुरुष एकवचन)
हम भारतवासी हैं।   (हम - उत्तम पुरुष बहुवचन)

(ख) मध्यम पुरुष :-

तू, तुम, आप, तुमलोग, आपलोग, तुम्हारा, तुम्हारी, तुम्हारे, आपका, आपकी आदि को मध्यम पुरुष कहते हैं। इनका प्रयोग सुनने वाले के लिए किया जाता है। जैसे-

तू अच्छा लड़का है।   (तू - मध्यम पुरुष एकवचन)
तुम अच्छे हो।   (तुम - मध्यम पुरुष बहुवचन)

(ग) अन्य पुरुष :-

वह, ये, वे, उसका, उनका, उनकी आदि को अन्य पुरुष कहते हैं। दूसरे शब्दों में वक्ता श्रोता से जिसकी चर्चा करता है, उसे अन्य पुरुष कहते हैं। जैसे -

वह मोहन था।   (वह - अन्य पुरुष एकवचन)
वे चले गये।   (वे - अन्य पुरुष बहुवचन)
उसका भाई आया है।   (उसका - अन्य पुरुष एकवचन)
उनका भाई आया है।   (उनका - अन्य पुरुष बहुवचन)

(2) निश्चय वाचक सर्वनाम :-

यह, वह, ये, और वे निश्चय वाचक सर्वनाम हैं। इनसे किसी संज्ञा का निश्चित ज्ञान, दूरी या निकटता का बोध होता है। जैसे -

यह पुस्तक है।   (निश्चित रूप से पुस्तक है और निकट भी है।)
ये लड़के हैं।   (निश्चित रूप से लड़कें है और निकट भी हैं।)
वह हाथी है।   (निश्चित रूप से हाथी है, लेकिन दूरी का बोध होता है)

नोट :- निश्चय वाचक सर्वनाम और पुरुष वाचक सर्वनाम में अंतर है। इन्हें समझने की कोशिश करें। उदाहरणार्थ-

राम अच्छा लड़का है। वह अभी पढ़ रहा होगा।

यहाँ **राम** अभी उपस्थित नहीं है, सिर्फ उसकी चर्चा हो रही है, इसलिए - **वह** - पुरुष वाचक सर्वनाम।

उसका नाम राम है। देखो वह पढ़ रहा है।

राम कुछ दूरी पर है। उसकी ओर इशारा किया जा रहा है। इसलिए
वह - निश्चय वाचक सर्वनाम है।
तुम्हें प्रतिदिन दूध पीना चाहिए। यह स्वास्थ्य के लिए आवश्यक है।
यहाँ दूध अभी रखा नहीं है सिर्फ चर्चा हो रही है, इसलिए -
यह - पुरुष वाचक सर्वनाम है।
इस दूध को क्यों नहीं पी रहे हो ? यह बहुत मीठा है।
दूध का गिलास निकट है। उसकी ओर इशारा किया जा रहा है, इसलिए
यह - निश्चय वाचक सर्वनाम है।

(3) अनिश्चय वाचक सर्वनाम :-

अनिश्चय वाचक सर्वनाम सिर्फ दो हैं - कुछ और कोई (किसी)। किसी, कोई का ही रूप है। इससे व्यक्ति, वस्तु या भाव के अनिश्चय का बोध होता है। जैसे-

नदी में कोई तैर रहा है। (अनिश्चित व्यक्ति)
नदी में कुछ तैर रहा है। (अनिश्चित वस्तु या जीव-जन्तु)
किसी को खिला दो। (अनिश्चित व्यक्ति)
कुछ खिला दो। (अनिश्चित वस्तु)

(4) सम्बन्ध वाचक सर्वनाम :-

जो सर्वनाम प्रधान वाक्य और आश्रित वाक्यों में प्रयुक्त संज्ञा या सर्वनाम से सम्बन्ध जोड़ता है ,उसे सम्बन्ध वाचक सर्वनाम कहते है। जैसे -
जो - सो, जिसकी - उसकी, जहाँ - वहाँ, जैसा - वैसा, आदि।
उदाहरण - जो सोता है सो खोता है।
जहाँ न जाये रवि वहाँ जाए कवि।

(5) निज वाचक सर्वनाम :-

'आप' निज वाचक सर्वनाम है। इससे निज या स्वयं का बोध होता है। जैसे-
मैं आप ही चला जाऊँगा। मैं स्वंय चला जाऊँगा।
वे अपना काम आप ही करते हैं। वे अपना काम स्वयं करते हैं
पुरुष वाचक सर्वनाम 'आप' और निज वाचक सर्वनाम आप में अंतर है। एकवचन में आप और बहुवचन में आपलोग होता है, लेकिन निज वाचक 'आप' का रूप एकवचन और बहुवचन में समान होता है। जैसे -
आप क्या कर रहे है? (आप - पुरुष वाचक एकवचन)
आपलोग क्या कर रहे हैं? (आपलोग - पुरुष वाचक बहुवचन)
वह आप ही चला गया।
समाज के लोग आप ही उठ खड़े होंगे।

(6) **प्रश्न वाचक सर्वनाम :-**

'कौन' और 'क्या' यही दो प्रश्न वाचक सर्वनाम हैं। इनसे प्रश्न का बोध होता है। जैसे–

कौन दौड़ रहा है ? (कौन – प्रश्न वाचक सर्वनाम)

क्या पढ़ रहे हो ? (क्या – प्रश्नवाचक सर्वनाम)

'कौन' और 'क्या' प्रश्नवाचक सर्वनाम हैं, लेकिन दोनों के प्रयोग में थोड़ा अंतर है–

(क) जहाँ 'कौन' का प्रयोग प्रायः मनुष्य के लिए आता है, वहाँ 'क्या' का प्रयोग प्रायः पशु, पक्षियों, कीट–पतंगों और निर्जीव वस्तुओं के लिए। जैसे

वह कौन खड़ा है ?	(पुरुष/लड़का हो सकता है)
वहाँ कौन खड़ी है ?	(स्त्री/लड़की हो सकती है)
वहाँ क्या खड़ी है ?	(पशु–पक्षी या वस्तु हो सकते हैं)

(ख) लेकिन 'कौन' के साथ सा, सी जोड़कर निर्जीव वस्तु के लिए प्रयोग किया जा सकता है। जैसे –

कौन–सा पेड़ कट गया ? कौन–सी कलम अच्छी है ?

सर्वनाम का रूपांतर

सर्वनाम का रूपांतर वचन, पुरुष और कारक के अनुसार होता है। इस पर लिंग का प्रभाव नहीं पड़ता है। जैसे –

(1) **लिंग के अनुसार :-**

मैं (राम) खाता हूँ।	वह (लड़का) पढ़ता है।
मैं (सीता) खाती हूँ।	वह (लड़की) पढ़ती है।

स्पष्ट है कि सर्वनाम (मैं, वह) पर लिंग का कोई प्रभाव नहीं पड़ा।

(2) **वचन और पुरुष के अनुसार :-**

संज्ञा की तरह सर्वनाम के भी दो वचन होते हैं –

एकवचन और बहुवचन

वचन के आधार पर इनके रूपों में अंतर आता है। जैसे –

पुरुष	**एकवचन**	**बहुवचन**
उत्तम पुरुष	मैं	हम
मध्यम पुरुष	तू	तुम
अन्य पुरुष	यह, वह	ये, वे

(3) **कारक के अनुसार :-**

संज्ञा की तरह सर्वनाम पर भी कारक का प्रभाव पड़ता है। इसके रूपांतर को समझने के लिए इसकी–रचना को समझें। कुछ सर्वनामों की कारक रचना दोनों वचनों और सातों कारकों में दी जा रही है।

सर्वनाम की कारक-रचना

मैं (उत्तम पुरुष)

कारक	एकवचन	बहुवचन
कर्त्ता	मैं, मैंने	हम, हमने, हमलोगों ने
कर्म	मुझे, मुझको	हमें, हमको, हमलोगों को
करण	मुझसे, मेरे द्वारा	हमसे, हमारे द्वारा, हमलोगों द्वारा
संप्रदान	मुझे, मुझको, मेरे लिए	हमें, हमको, हमारे लिए
अपादान	मुझसे	हमसे, हमलोगों से
सम्बन्ध	मेरा, मेरी, मेरे	हमारा, हमारी, हमारे
अधिकरण	मुझमें, मुझपर	हममें, हमपर

तू (मध्यम पुरुष)

कारक	एकवचन	बहुवचन
कर्त्ता	तू, तूने	तुम, तुमने, तुमलोगों ने
कर्म	तुझे, तुझको	तुम्हें, तुमको, तुमलोगों को
करण	तुमसे, तेरे द्वारा	तुमसे, तुम्हारे द्वारा, तुमलोगों से
संप्रदान	तुमसे, तुमको, तेरे लिए	तुम्हें, तुमको, तुम्हारे लिए
अपादान	तुझसे	तुमसे, तुमलोगों से
सम्बन्ध	तेरा, तेरी, तेरे	तुम्हारा, तुम्हारी, तुम्हारे
अधिकरण	तुझमें, तुझपर	तुम (में, पर) तुमलोगों (में,पर)

वह (अन्य पुरुष)

कारक	एकवचन	बहुवचन
कर्त्ता	वह, उसने	वे, उन्होंने, उनलोगों ने
कर्म	उसे, उसको	उन्हें, उनको, उनलोगों को
करण	उससे, उसके द्वारा उनसे,	उनके द्वारा
संप्रदान	उसे उसके लिए	उन्हें, उनको, उनके लिए
अपादान	उससे	उनसे, उनलोगों से
सम्बन्ध	उसका, उसकी, उसके	उनका, उनलोगों (का, की, के)
अधिकरण	उसमें, उसपर	उन (में, पर) उनलोगों (में, पर)

आप पुरुषवाचक (आदर सूचक)

कारक	एकवचन	बहुवचन
कर्त्ता	आप, आपने	आपलोग, आपलोगों ने
कर्म	आपको	आपलोगों को
करण	आपसे, आपके द्वारा	आपलोगों (से, द्वारा)
संप्रदान	आपको, आपके लिए	आपलोगों (को के लिए)
अपादान	आपसे	आपलोगों से
सम्बन्ध	आप (का, की, के)	आपलोगों (का, की, के)
अधिकरण	आपमें, आप पर	आपलोगों में, आपलोगों पर)

यह (निश्चय वाचक)

कारक	एकवचन	बहुवचन
कर्त्ता	यह, इसने	ये, इन्होंने, इनने
कर्म	इसे, इसको	इन्हें, इनको
करण	इससे, इसके द्वारा	इनसे, इनके द्वारा
संप्रदान	इसे, इसको, इसके लिए	इन्हें, इनको, इनके लिए
अपादान	इससे	इनसे
सम्बन्ध	इसका, इसकी, इसके	इनका, इनकी, इनके
अधिकरण	इसमें, इसपर	इनमें, इनपर

नोट – 'वह' शब्द का रूप भी 'यह' की तरह चलता है। जहाँ 'यह' में 'य' का परिवर्तन 'इ' में होता है, वहाँ 'वह' में 'व' का 'उ' हो जाता है।

❑❑❑

16

विशेषण

जो शब्द संज्ञा या सर्वनाम की विशेषता (गुण, दोष, संख्या, परिणाम, रंग, आकार, दशा आदि) बतलाएँ, उसे **विशेषण** कहते हैं। जैसे -

सुंदर, कुरूप, लम्बा, नाटा, अच्छा, बुरा, हल्का, भारी, चतुर, मूर्ख, लाल, पीला, कुछ, थोड़ा, दो, चार, गोल, चौड़ा, दुबला, पतला आदि।

रीना / वह सुन्दर है।	(गुण)	लड़की
नीता / वह कुरूप है।	(दोष)	लड़की
पाँच लड़के पढ़ रहे हैं।	(संख्या)	पाँच लड़के
थोड़ा पानी पी लो।	(परिमाण)	थोड़ा पानी
यह / कलम लाल है।	(रंग)	लाल कलम

उपर्युक्त वाक्यों में प्रयुक्त शब्द - सुंदर, कुरूप, पाँच, थोड़ा तथा लाल संज्ञा या सर्वनाम की विशेषता बतलाते हैं। अतः ये विशेषण हैं।

विशेषण के कार्य

विशेषण के निम्नलिखित प्रमुख कार्य हैं -

(1) विशेषण संज्ञा और सर्वनाम के गुण-दोष को बतलाता है। जैसे -

राधा पढ़ने में तेज है।	(गुण का बोध)
लेकिन वह डरपोक है।	(दोष का बोध)

(2) यह संज्ञा और सर्वनाम की निश्चित संख्या या परिमाण बतलाता है। जैसे

दो लड़के आये थे।	(निश्चित संख्या का बोध)
दो लीटर दूध दो।	(निश्चित परिणाम का बोध)

(3) यह संज्ञा या सर्वनाम की अनिश्चित संख्या का या परिमाण को बलताता है। जैसे-

कुछ लड़कियाँ आयी हैं।	(अनिश्चित संख्या का बोध)
अधिक भोजन मत करो।	(अनिश्चित परिमाण का बोध)

(4) यह संज्ञा और सर्वनाम के क्षेत्र को सीमित करता है। जैसे -

लाल रुमाल लाओ। (सिर्फ लाल - काला, पीला नहीं)

उस कुत्ते को खिलाओ। (किसी खास कुत्ते को)

(5) यह संज्ञा या सर्वनाम की दशा, अवस्था आदि बतलाता है। जैसे -

तुम बीमार हो। (दशा का बोध)

मैं जवान हूँ। (अवस्था का बोध)

विशेषण के भेद

विशेषण के मुख्यतः चार भेद हैं :-

(1) संख्या वाचक विशेषण (2) परिमाण वाचक विशेषण

(3) गुण वाचक विशेषण (4) सार्वनामिक विशेषण

(1) संख्या वाचक विशेषण :-

जिस विशेषण से संज्ञा या सर्वनाम की संख्या (निश्चित या अनिश्चित) का बोध हो, उसे संख्या वाचक विशेषण कहते हैं। जैसे -

दो, चार, पहला, चौथा, दोहरा, चौगुना, आधा, पाव, कुछ, बहुत, सैकड़ों, असंख्य आदि।

चार लड़के आ रहे हैं। (चार लड़के - निश्चित संख्या)

कुछ लड़के आ रहे हैं। (कुछ लड़के - अनिश्चित संख्या)

(2) परिमाण वाचक विशेषण :-

जो विशेषण वस्तु के परिमाण या मात्रा (निश्चित या अनिश्चित) का बोध कराए, उसे परिमाण वाचक विशेषण कहते हैं। जैसे -

दो लीटर, तीन मीटर, थोड़ा, बहुत, कम, सारा, पूरा, इतना, उतना, जितना, कितना आदि।

दो लीटर दूध दें। (दो लीटर - निश्चित परिमाण)

तीन मीटर कपड़ा दें। (तीन मीटर - निश्चित परिमाण)

थोड़ा दूध चाहिए। (थोड़ा दूध - अनिश्चित परिमाण)

बहुत कपड़े चाहिए। (बहुत कपड़े - अनिश्चित परिमाण)

(3) गुण वाचक विशेषण :-

जिस विशेषण से गुण, दोष, रंग, आकार, स्वभाव, दशा, अवस्था आदि का बोध हो, उसे गुणवाचक विशेषण कहते हैं।

अच्छा, बुरा, सच्चा, झूठा, नेक, भला, सुन्दर, कुरूप, सीधा, टेढ़ा, लाल, पीला, हरा, नीला, लंबा, चौड़ा, छोटा, बड़ा, दयालु, कठोर, सूखा, गीला, दुबला, पतला, नया, पुराना, प्राचीन, बनारसी आदि।

वह भला / अच्छा आदमी है। (भला/अच्छा - गुणबोधक)
मोहन बुरा / दुष्ट लड़का है। (बुरा/दुष्ट - अवगुणबोधक)
कपड़ा लाल / पीला है। (लाल/पीला - रंगबोधक)
भाला नुकीला / लंबा है। (नुकीला/लंबा - आकारबोधक)
मोहन दुबला / मोटा है। (दुबला/पतला - दशाबोधक)

(4) सार्वनामिक विशेषण :-

जो सर्वनाम विशेषण के रूप में प्रयुक्त हो, उसे सार्वनामिक विशेषण कहते हैं। जैसे -

यह, वह, कौन, क्या, कोई, कुछ आदि।

उपर्युक्त शब्द सर्वनाम और विशेषण हैं। यदि ये क्रिया के पहले प्रयुक्त हों तो सर्वनाम और संज्ञा के पहले प्रयुक्त हों, तो सार्वनामिक विशेषण होते हैं। जैसे -

यह देखो। (क्रिया के पहले - यह - सर्वनाम)
यह फूल देखो। (संज्ञा के पहले - यह - सर्वनामिक विशेषण)
वह खेलेगा। (क्रिया के पहले - वह - सर्वनाम)
वह लड़का खेलेगा। (संज्ञा के पहले - वह - सर्वनामिक विशेषण)

उपर्युक्त बातों से स्पष्ट हो जाता है कि - 'यह' और 'वह' शब्द सर्वनाम भी हैं और विशेषण भी। इनका प्रयोग करते समय सावधानी रखें।

प्रविशेषण

विशेषण की विशेषता बतलाने वाले विशेषण को **प्रविशेषण** कहते हैं। प्रविशेषण सामान्यत: विशेषण के गुणों में वृद्धि लाता है। जैसे -

थोड़ा, बहुत, अति, अत्यंत, अधिक, अत्यधिक, बड़ा, बेहद, महा, घोर, ठीक, बिल्कुल, लगभग आदि।

दूध मीठा है। (**मीठा**-संज्ञा की विशेषता-विशेषण)
दूध थोड़ा मीठा है। (**थोड़ा**-विशेषण की विशेषता-प्रविशेषण)
वे दो बजे गये। (**दो**-संज्ञा की विशेषता-विशेषण)
वह ठीक दो बजे आएगा। (**ठीक**-विशेषण की विशेषता-प्रविशेषण)

स्पष्ट है कि उपर्युक्त वाक्यों में प्रयुक्त 'थोड़ा' एवं 'ठीक' शब्द प्रविशेषण हैं, क्योंकि ये विशेषण की विशेषता बतलाते हैं।

विशेष्य और विशेषण

विशेष्य - जिस संज्ञा या सर्वनाम की विशेषता बतलायी जाती है, उस संज्ञा या सर्वनाम को विशेष्य कहते हैं। जैसे -

लड़का लम्बा है। (**लड़का** - विशेष्य)

वह लम्बा है। (**वह** - विशेष्य)

कमल लाल है। (**कलम** - विशेष्य)

यह लाल है। (**यह** - विशेष्य)

विशेष्य - विशेषण और विधेय-विशेष्य

प्रयोग की दृष्टि से विशेषण के दो भेद हैं :-

(1) विशेष्य - विशेषण (2) विधेय - विशेषण

संज्ञा / सर्वनाम के पहले आये विशेषण को विशेष्य - विशेषण तथा विशेष्य के बाद आये विशेषण को विधेय - विशेषण कहते हैं। जैसे

वह लम्बा लड़का है। (**लम्बा** - विशेष्य-विशेषण)

वह लड़का लम्बा है। (**लम्बा** - विधेय-विशेषण)

नोट :- यहाँ दो बातें ध्यान देने योग्य हैं :-

(1) विशेषण के लिंग एवं वचन विशेष्य के लिंग एवं वचन के अनुसार होते हैं, चाहे विशेषण विशेष्य के पहले आए या बाद में। जैसे -

वह अच्छा लड़का है। (अच्छा लड़का - दोनों एकवचन पुल्लिंग)

वह लड़का अच्छा है।(लड़का अच्छा - दोनों एकवचन पुल्लिंग)

वह अच्छी लड़की है। (अच्छी लड़की-दोनों एकवचन स्त्रीलिंग)

वह लड़की अच्छी है। (लड़की अच्छी-दोनों एकवचन स्त्रीलिंग)

स्पष्ट है कि विशेषण के लिंग एवं वचन विशेष्य के लिंग एवं वचन के अनुसार आये हैं।

(2) अगर एक ही विशेषण के अनेक विशेषण हों, तो विशेष्य के लिंग और वचन प्रथम विशेष्य के लिंग और वचन के अनुसार होंगे। जैसे -

(क) उजला कुरता, टोपी और जूते लाओ।

(प्रथम विशेष्य - कुरता-पुल्लिंग, अतः - उजला)

(ख) उजली टोपी, कुरता और जूते लाओ।

(प्रथम विशेष्य - टोपी-स्त्रीलिंग, अतः - उजली)

(ग) उजले जूते, कुरता और टोपी लाओ।

(प्रथम विशेष्य जूते - एकारांत पुल्लिंग - अतः - उजले)

स्पष्ट है कि यहाँ एक विशेषण के अनेक विशेष्य हैं, लेकिन विशेषण के लिंग एवं वचन प्रथम विशेष्य के लिंग एवं वचन के अनुसार ही आये हैं।

सरल वाक्यों में विशेषण का स्थान

सरल वाक्यों में विशेषण का स्थान निम्नलिखित हो सकता है :-

(1) सरल वाक्यों में विशेषण प्रायः संज्ञा के पहले आता है। जैसे -

वह अच्छा लड़का है।	(संज्ञा के पहले विशेषण)
वह अच्छी लड़की है।	(संज्ञा के पहले विशेषण)

(2) सार्वनामिक विशेषण भी संज्ञा के पहले आता है। जैसे -

यह फूल देखो।	(यह-सार्वनामिक विशेषण)
वह लड़का आया है।	(वह-सार्वनामिक विशेषण)

(3) सरल वाक्यों में संज्ञा या सर्वनाम के बाद भी विशेषण आता है। जैसे

सोहन नटखट है।	(संज्ञा के बाद विशेषण)
वह बदमाश कहाँ गया ?	(सर्वनाम के बाद विशेषण)

विशेषणों की रचना

हिन्दी में कुछ विशेषण ऐसे हैं, जो मौलिक होते हैं, जिन्हें किसी प्रत्यय के सहयोग से नहीं बनाया जाता। ऐसे विशेषणों को मूल विशेषण कहा जाता है। जैसे -

अच्छा, बुरा, काला, उजाला, मोटा, पतला, अमीर, गरीब, छोटा, बड़ा, हल्का, उच्च, निम्न, नया, पुराना, जवान, बूढ़ा आदि।

इसके विपरित अधिकांश विशेषण किसी न किसी शब्दांश (उपसर्ग या प्रत्यय) के जुड़ने से बनते हैं। जैसे -

अक, अनीय, आई, आउ, आड़ी, आलू, इक, इत, इल, इयल, ईन, ईला, ऐल, ओड़, ओड़ा, नाक, कान, मंद, मान्, वान्, वार, वी, ल आदि।

उपर्युक्त प्रत्यय संस्कृत, हिन्दी और उर्दू के हैं। ये किन-किन शब्दों में जुड़कर विशेषणों की रचना करते हैं, इन्हें समझें -

(1) शब्दांश लगाकर विशेषणों की रचना :-

शब्दांश	-	**विशेषण**
कर	-	हितकर, लाभकर, सुखकर, प्रीतिकर
प्रद	-	लाभप्रद, सुखप्रद, संतोषप्रद

ऐसे शब्दांश हैं - आत्मक, जनक, परक, दायक, मग्न, थाली, शील, पूर्वक आदि।

(2) उपसर्ग लगाकर विशेषणों की रचना -

उपसर्ग		**उपसर्ग से बने विशेषण**
अ	-	अक्षम, अगाध, अपढ़, अमेल
अध	-	अधजला, अधपका, अधखिला

ऐसे उपसर्ग हैं - अत, अति, आ, उत्, दूर, निर, पर, मद, बिन, बद, खुश आदि।

(3) कुछ विशेषण अव्ययों में प्रत्यय लगाकर बनाए जाते हैं। जैसे -

बाहर - बाहरी	ऊपर - ऊपरी
भीतर - भीतरी	अंदर - अंदरूनी
करीब - करीबी	सामने - सामनेवाला

(4) कुछ विशेषण दो विशेषणों के मेल से बनते हैं। जैसे -

अच्छा + बुरा	=	अच्छा - बुरा
बुरा + भला	=	बुरा - भला
छोटा + बड़ा	=	छोटा - बड़ा
लम्बा + चौड़ा	=	लम्बा - चौड़ा

(5) कभी-कभी विशेषण के द्वित्व से भी नये-नये विशेषण बनते हैं। जैसे -

मोटा - मोटा	नीले - नीले
पतला - पतला	पीले - पीले

(6) कुछ विशेषण क्रिया में प्रत्यय लगाकर बनाए जाते हैं। जैसे -

क्रिया	**विशेषण**	**क्रिया**	**विशेषण**
अड़-ना	अड़ियल	उड़-ना	उड़ाकू
कट-ना	कटीला	जुड़-ना	जुड़वाँ
झगड़-ना	झगड़ालू	टिक-ना	टिकाऊ
कमा-ना	कमाऊ	कर-ना	करवैया
खेल-ना	खेलना	गा-ना	गवैया
चल-ना	चलाऊ	जड़-ना	जड़ाऊ
लड़-ना	लड़ाकू	तैर-ना	तैराक
पढ़-ना	पढ़वैया	भाग-ना	भगोड़ा
मर-ना	मरियल	खे-ना	खेवैया

(7) लेकिन, अधिकांश विशेषणों की रचना संज्ञा में प्रत्यय लगाकर की जाती है। प्राय: संज्ञा ही विशेषण के रूप में प्रयुक्त होती है। अत: यहाँ विशेष्य-विशेषण की एक संक्षिप्त सूची आगे दी जा रही है -

संज्ञा	**विशेषण**	**संज्ञा**	**विशेषण**
अंक	अंकित	अंकुर	अंकुरित
अंडा	अंडैल	अंत	अंतिम
अंकुड़ी	अँकुड़ीदार	अँगरेज	अँगरेजी
अधर्म	अधर्मी	अनिच्छा	अनिच्छित
अनुभव	अनुभवी	अनुमान	अनुमानित
अनुशासन	अनुशासित	अन्याय	अन्यायी

संज्ञा	विशेषण	संज्ञा	विशेषण
अपहरण	अपहृत	अपेक्षा	अपेक्षित
अभिमान	अभिमानी	अभियोग	अभियोगी
अभिशाप	अभिशप्त	अभ्यास	अभ्यासी
अलंकार	अलंकृत	अशांति	अशांत
अश्रद्धा	अश्रद्धेय	असंतोष	असंतोषी
अहंकार	अहंकारी	आकर्षण	आकर्षक
आकलन	आकलनीय	आकांक्षा	आकांक्षी
आक्रमण	आक्रांत	आचरण	आचरित
आडंबर	आडंबरी	आत्मा	आत्मीय
आदर	आदरणीय	आदेश	आदेशक
आनन्द	आनंदित	आभूषण	आभूषित
आमंत्रण	आमंत्रित	आयुर्वेद	आयुर्वेदीय
आयोजन	आयोजित	आलिंगन	आलिंगित
आलोचना	आलोचित	आवरण	आवृत
अविष्कार	आविष्कृत	आशंका	आशंकित
आश्चर्य	आश्चर्यित	आश्रय	आश्रित
आवेदन	आवेदित	आश्वासन	आश्वासित
आसमान	आसमानी	इच्छा	इच्छित
इतिहास	ऐतिहासिक	इसलाम	इसलामिया
ईरान	ईरानी	ईर्षा	ईर्षालु
उच्चारण	उच्चरित	उत्तेजना	उत्तेजित
उत्पत्ति	उत्पादित	उत्पीड़न	उत्पीड़ित
उत्साह	उत्साही	उद्धरण	उद्धत
उद्यम	उद्यमी	उद्योग	उद्योगी
उन्माद	उन्मादी	उपदेश	उपदिष्ट
उपद्रव	उपद्रवी	उपभोग	उपभोगी
उपमा	उममेय	उपयोग	उपयोगी
उपार्जन	उपार्जित	उल्लेख	उल्लेखनीय
ऋण	ऋणी	कंकड़	कंकड़ीला
कंठ	कंठ्य	कंधार	कांधारी
कदाचार	कदाचारी	कपट	कपटी
कपाल	कपाली	कपास	कपासी

संज्ञा	विशेषण	संज्ञा	विशेषण
कमानी	कमानीदार	कलंक	कलंकित
कसरत	कसरती	काँटा	कँटीला
कागज	कागजी	कानून	कानूनी
काम	कामुक	किताब	किताबी
कीमत	कीमती	कुमार्ग	कुमार्गी
कृपा	कृपालु	कृषि	कृष्य
कैद	कैदी	कोढ़	कोढ़ी
कौरव	कौरवी	क्षण	क्षणिक
क्षुधा	क्षुधित	खंडन	खंडित
खानदान	खानदानी	खेद	खिन्न
खैरात	खैराती	ख्याल	ख्याली
गणन	गणित	गर्व	गर्वित
गाँठ	गँठीला	गाँव	गँवार
गाभा	गाभिन	गुजरात	गुजराती
गुण	गुणी	गुणा	गुणित
गुस्सा	गुस्सैल	गृह	गृही
ग्लानि	ग्लेय	घर	घरेलू
घिन	घिनौना	घृणा	घृणित
चटपटी	चटपटिया	चिंतन	चिंतित
चित्र	चित्रित	चिह्न	चिह्नित
छिद्र	छिद्रित	जंगल	जंगली
जरूरत	जरूरी	जिद	जिद्दी
जीवन	जीवित	तिरस्कार	तिरस्कृत
तिरहुत	तिरहुतिया	तेजाब	तेजाबी
दक्खिन	दक्खिनी	दरबार	दरबारी
दाग	दागी	देहात	देहाती
नाम	नामी	निमंत्रण	निमंत्रित
निराला	निराली	निरीक्षण	निरीक्षित
निष्कासन	निष्कासित	नोक	नोकीला
पंजाब	पंजाबी	पत्थर	पथरीली
परित्याग	परित्यक्त	परिवर्तन	परिवर्तनीय
परीक्षण	परीक्षित	पाकिस्तान	पाकिस्तानी

संज्ञा	विशेषण	संज्ञा	विशेषण
पुरस्कार	पुरस्कृत	पूजन	पूजनीय
प्रतिबंध	प्रतिबद्ध	प्रतिबिंब	प्रतिबिंबित
प्रवर्तन	प्रवर्तित	प्रशंसा	प्रशंसित
प्रसारण	प्रसारित	प्रस्ताव	प्रस्तावित
प्रांत	प्रांतीय	प्रोत्साहन	प्रोत्साहित
फेन	फेनिल	बहिष्कार	बहिष्कृत
मखमल	मखमली	मनोरंजन	मनोरंजक
मनोवांछा	मनोवाछित	मसीहा	मसीही
मिथ्यावादी	मिथ्यावादिनी	मिश्रण	मिश्रित
मौसी	मौसेरा	राष्ट्रवाद	राष्ट्रवादी
राजद्रोह	राजद्रोही	रुचि	रुचिर
रोग	रोगी	रोब	रोबीला
रोष	रुष्ट	लज्जा	लज्जित
लालच	लालची	वर्णन	वर्णित
वसंत	वासंती	संरक्षण	संरक्षित
समर्थन	समर्थित	सरकार	सरकारी
वस्तु	वास्तव	विज्ञापन	विज्ञापित
विदेश	विदेशी	विनाश	विनाशी
विभाजन	विभाजित	विरोध	विरोधक
शोषण	शोषित	संकेत	सांकेतिक
संचय	संचयी	संपादक	संपादकीय
स्कूल	स्कूली	हठ	हठी

विशेषणों का रूप-परिवर्तन (रूपांतर)

रूप-परिर्वतन या रूपांतर की दृष्टि से विशेषण के दो भेद है :-

(1) विकारी विशेषण (2) अविकारी विशेषण

(1) विकारी विशेषण :-

विशेषण शब्दों में आकारांत विशेषण प्राय: विकारी होते हैं। दूसरे शब्दों में उनके रूप, लिंग, वचन और पुरुष के अनुसार बदलते रहते हैं। जैसे-

अच्छा, बुरा, काला, नीला, पीला, हरा, हल्का, छोटा, बड़ा, आदि।

लिंग के अनुसार :-

मोहन अच्छा / काला लड़का है। (पुल्लिंग)

गीता अच्छी / काली लड़की है। (स्त्रीलिंग)

वचन और पुरुष के अनुसार :-

मैं अच्छा / काला हूँ।	(उत्तम पुरुष एकवचन)
हमलोग अच्छे / काले हैं।	(उत्तम पुरुष बहुवचन)
तू अच्छा / काला है।	(मध्यम पुरुष एकवचन)
तुमलोग अच्छे / काले हो।	(मध्यम पुरुष बहुवचन)

यदि विभक्ति का प्रयोग हो, तो कभी-कभी एकवचन में भी विशेषण का बहुवचन रूप प्रयुक्त होता है। जैसे -

इस अच्छे लड़के ने कहा।	(एकवचन)
उस काले लड़के को बुलाओ।	(एकवचन)

(2) अविकारी विशेषण :-

वैसे विशेषण जो अपना रूप लिंग, वचन और पुरुष के अनुसार कभी नहीं बदलते, उन्हें अविकारी विशेषण कहते हैं। जैसे -

मोहन धनी / सुन्दर है।	(पुल्लिंग)
गीता धनी / सुन्दर है।	(स्त्रीलिंग)
मैं धनी / सुन्दर हूँ।	(उत्तम पुरुष एकवचन)
तुमलोग धनी / सुन्दर हो।	(मध्यम पुरुष बहुवचन)

स्पष्ट है कि 'धनी' एवं 'सुन्दर' विशेषण पर लिंग, वचन और पुरुष का कोई प्रभाव नहीं पड़ा। हर स्थिति में उनका एक ही रूप है।

विशेषणों के प्रभावशाली प्रयोग

विशेषण के प्रभावशाली प्रयोग निम्नलिखित रूपों में किया जा सकता है -

(1) तुलनाबोधक रूप में :-

साधारण प्रयोग	- उसने सबसे उच्च स्थान प्राप्त किया।
प्रभावशाली प्रयोग	- उसने उच्चतम स्थान प्राप्त किया।
साधारण प्रयोग	- वह मेरे सबसे निकट का पड़ोसी है।
प्रभावशाली प्रयोग	- वह मेरा निकटम पड़ोसी है।

(2) संख्याबोधक रूप में :-

साधारण प्रयोग	- तुमने पूरे पचास रुपये खर्च कर डाले।
प्रभावशाली प्रयोग	- तुमने पचास के पचास रुपये खर्च कर डाले।
साधारण प्रयोग	- सोहन ने कई दर्जन केले खाये।
प्रभावशाली प्रयोग	- सोहन ने दर्जनों केले खाये।

(3) पुनरुक्ति के रूप में :-

साधारण प्रयोग	– मैदान में छोटे लड़के खेल रहे हैं।
प्रभावशाली प्रयोग	– मैदान में छोटे-छोटे लड़के खेल रहे हैं।
साधारण प्रयोग	– मोटे आदमियों से भगवान बचाए।
प्रभावशाली प्रयोग	– मोटे-मोटे आदमियों से भगवान बचाए।

(4) संज्ञा के रूप में :-

साधारण प्रयोग	– बड़े व्यक्तियों का कहना मानना चाहिए।
प्रभावशाली प्रयोग	– बड़ों का कहना मानना चाहिए।
साधारण प्रयोग	– गरीब लोगों की सहायता करनी चाहिए।
प्रभावशाली प्रयोग	– गरीबों की सहायता करनी चाहिए।

❑❑❑

17

क्रिया

जिस शब्द से किसी काम के करने या होने का बोध हो, उसे **क्रिया** कहते हैं। जैसे- खाना, पीना, उठना, बैठना, हँसना, रोना, होना आदि।

क्रिया भी विकारी शब्द है। इसके रूप, लिंग, वचन और पुरुष के अनुसार बदलते रहते हैं। वाक्यों में इनका प्रयोग विभिन्न रूपों में होता है। जैसे -

खाना - खाता, खाती, खाते, खाया, खायी, खाये, खाऊँ, खाऊँगा, खाएँगे, खिलाना, खिलवाना आदि।

उदाहरण :-

उसने भात खाया। (खाया - क्रिया)

मैंने रोटी खायी। (खायी - क्रिया)

क्रिया के विभिन्न रूप कैसे बनते हैं या क्रिया की उत्पति कैसे होती है, यह समझने के लिए धातु की जानकारी आवश्यक है।

धातु

क्रिया के मूल रूप को धातु कहते हैं। जैसे - आ, जा, खा, पी, पढ़, लिख, हो, हंस, उठ, बैठ, टहल, चहक, आदि।

इन्हीं मूल रूपों में - ना, नी, ने, ता, ती, ते, या, यी, ये, उँ, गा, गी, गे आदि प्रत्यय लगाने से क्रिया के विभिन्न रूप बनते हैं। जैसे -

ना (प्रत्यय) - आना, जाना, खाना, पीना, पढ़ना, लिखना।

ता (प्रत्यय) - आता, जाता, खाता, पीता, पढ़ता, लिखता।

ऊँ (प्रत्यय) - आऊँ, जाऊँ, खाऊँ, पीऊँ, पढ़ाऊँ, लिखाऊँ आदि।

नोट :- हिन्दी में क्रिया का सामान्य रूप मूलधातु में ना जोड़कर बनाया जाता है।

धातु के भेद

धातु के दो भेद हैं :-

(1) मूल धातु (2) यौगिक धातु

(1) मूल धातु :-

यह स्वतंत्र होता है, किसी दूसरे शब्द या प्रत्यय पर आश्रित नहीं होता। जैसे- आ, जा, ख, ले, लिख, पढ़, चल, दे, जाग, उठ बैठ आदि

उदाहरण :-

इधर आ। आम खा।

उधर मत जा। किताब पढ़।

स्पष्ट है कि यहाँ - आ, जा, खा और पढ़ धातुएँ किसी प्रत्यय या शब्द पर आश्रित नहीं हैं। इनका प्रयोग स्वतंत्र हुआ है।

(2) यौगिक धातु :-

सामान्य भाषा में इसे क्रिया कहते हैं। यह स्वतंत्र नहीं है। मूल धातु में मूल धातु या किसी अन्य प्रत्यय को जोड़ने से यौगिक धातु बनता है। जैसे -

बैठना-जाना = बैठ जाना, हँसना-देना = हँस देना आदि।

उदाहरण -

वह इधर आ रहा है। वह हँस रहा था।

तुम्हें उधर नहीं जाना है। हम लोग बैठ जाएँगें।

उपर्युक्त वाक्यों में आ, जा, हँस, बैठ, क्रमशः रहा है, ना है, रही है एवं जाएँगे पर आश्रित है।

यौगिक धातु तीन प्रकार से बनता है -

(क) मूलधातु और दूसरे मूलधातु के संयोग से जो यौगिक धातु बनाता है, उसे **संयुक्त क्रिया** कहते हैं। जैसे -

मूलधातु	+	**मूलधातु**	=	**यौगिक धातु**
हँस	+	दे	=	हँस देना
बैठ	+	जा	=	बैठ जाना
चल	+	पड़	=	चल पड़ना

(ख) मूलधातु में प्रत्यय लगने से जो यौगिक धातु बनाता है, वह अकर्मक या सकर्मक या प्रेरणार्थक क्रिया होती है। जैसे -

मूलधातु	+	**प्रत्यय**	=	**यौगिक धातु**
जग	+	ना	=	जगना (अकर्मक क्रिया)
जग	+	आना	=	जगाना (सकर्मक क्रिया)
जग	+	वाना	=	जगवाना (प्रेरणार्थक क्रिया)

(ग) संज्ञा, सर्वनाम, विशेषण आदि शब्दों में प्रत्यय लगने से जो यौगिक बनता है, उसे **नामधातु** कहते है। जैसे -

संज्ञा/सर्वनाम/विशेषण	+	**प्रत्यय**	=	**यौगिक धातु**
हाथ	+	इयाना	=	हथियाना
अपना	+	ना	=	अपनाना
गरम	+	ना	=	गरमाना

क्रिया के कार्य

क्रिया के निम्नलिखित प्रमुख कार्य हैं -

(1) यह गतिशीलता या स्थिरता का बोध कराती है। जैसे -

बच्चे खेल रहे हैं। पिताजी टहल रहे हैं।

(गतिशीलता का बोध)

लड़का सोया हुआ है। चिड़ियाँ वृक्ष पर बैठी हैं।

(स्थिरता का बोध)

(2) यह किसी काम के करने या होने का बोध करती है -

मैं लिख रहा हूँ। (किये जाने का बोध)

वर्षा हो रही है। (स्वत: होने का बोध)

(3) यह समय का बोध करती है -

वह लिख रहा है। (वर्तमान समय का बोध)

वह लिख रहा था। (बीते समय का बोध)

वह कल लिखेगा। (आनेवाले समय का बोध)

(4) यह शरीरिक या मानसिक स्थिति का बोध कराती है। जैसे -

उसे चिंता सता रही है। (मानसिक स्थिति का बोध)

मैं बहुत थक गया हूँ। (शारीरिक स्थिति का बोध)

क्रिया के भेद

क्रिया के मुख्यत: दो भेद हैं-

(1) सकर्मक क्रिया (2) अकर्मक क्रिया

(1) सकर्मक क्रिया -

जिस क्रिया के साथ कर्म हो या कर्म के रहने की संभावना हो, उसे सकर्मक क्रिया कहते हैं। जैसे -

खाना, पीना, पढ़ना, लिखना, गाना, बजाना, मारना, पीटना आदि।

उदाहरण :- वह आम खाता है।

प्रश्न :- वह क्या खाता है ? उत्तर :- वह आम खाता है।

यहाँ कर्म (आम) है, या किसी न किसी कर्म (भात-रोटी) के रहने की संभावना है, अत: 'खाना' सकर्मक क्रिया है।

(2) अकर्मक क्रिया :-

जिस क्रिया के साथ कर्म न हो या किसी कर्म के रहने की संभावना न हो, उसे अकर्मक क्रिया कहते हैं। जैसे –

रुलाना, हँसाना, सुलाना, जगाना, टहलाना आदि।

अकर्मक क्रिया + प्रत्यय = सकर्मक क्रिया

रो (ना) + लाना = रुलाना (वह बच्चे को रुलाता है)

जग (ना) + आना = जगाना (वह बच्चों को जगाता है)

प्रश्न :- वह किसे रुलाता/जगाता है ?

उत्तर :- वह बच्चे को रुलाता/जगाता है।

स्पष्ट है कि रुलाना / जगाना सकर्मक क्रिया है, क्योंकि इसके साथ कर्म (बच्ची, कुत्ता आदि) के रहने की संभावना है।

अकर्मक से सकर्मक बनी कुछ क्रियाओं को देखें :-

अकर्मक	**सकर्मक**	**अकर्मक**	**सकर्मक**
चू–ना	चुलाना	जी–ना	जिलाना
रो–ना	रुलाना	सो–ना	सुलाना
कट–ना	काटना	टल–ना	टालना
मर–ना	मारना	लुट–ना	लूटना
छिल–ना	छीलना	पिस–ना	पीसना
सिंच–ना	सींचना	चल–ना	चलाना
उठ–ना	उठाना	उड़–ना	उड़ाना
बैठ–ना	बैठाना	जाग–ना	जगाना
अँक–ना	आँकना	डूब–ना	डुबाना
निकल–ना	निकालना	पहुँच–ना	पहुँचना
टहल–ना	टहलना	भींग–ना	भिंगोना
चिढ़–ना	चिढ़ाना	घिर–ना	घेरना
छिड़–ना	छेड़ना	दिख–ना	देखना
खुल–ना	खोलना	घुल–ना	घोलना
छूट–ना	छोड़ना	जुट–ना	जोड़ना

क्रिया के विविध भेद

क्रिया के कुछ और रूप या भेद हैं, इन्हें समझना आवश्यक है। जैसे –

(1) सहायक क्रिया, (2) पूर्वकालिक क्रिया,

(3) प्रेरणार्थक क्रिया, (4) द्विकर्मक क्रिया आदि।

(1) सहायक क्रिया -

मुख्य क्रिया की सहायता करने वाली क्रिया को सहायक क्रिया कहते हैं। जैसे-

हूँ, है, हैं, रहा, रही, रहे, था, थे, थी आदि।

उदाहरण :-

मैं खा रहा हूँ। (रहा हूँ - सहायक क्रिया)

वह पढ़ता है। (है - सहायक क्रिया)

यहाँ मुख्य क्रिया 'खाना' और 'पढ़ना' है। जिसकी सहायता **सहायक क्रिया** कर रही है।

(क) मुख्य क्रिया और सहायक क्रिया के सम्बन्ध में कुछ और बातें हैं, जिन्हें समझना आवश्यक है -

वह पटना गया। (जाना - मुख्य क्रिया)

उसने शुभम् से कहा। (कहना - मुख्य क्रिया)

(ख) हूँ, हैं, है या थे, थी आदि सहायक क्रियाएँ है, लेकिन किसी वाक्य में कोई दूसरी क्रिया न हो, तो इनमें से कोई मुख्य क्रिया बन जाती है।

मैं खाता हूँ। (हूँ - सहायक क्रिया)

मैं अच्छा हूँ। (हूँ - मुख्य क्रिया)

उसने खाया है। (है - सहायक क्रिया)

उसे एक कलम है। (है - मुख्य क्रिया)

(ग) संयुक्त क्रिया में प्रथम क्रिया 'मुख्य क्रिया' होती है और वही सहायता करने वाली क्रिया सहायक क्रिया। जैसे -

वह बैठ गया था। (बैठ गया - संयुक्त क्रिया)

वह खा रहा था। (खा रहा - संयुक्त क्रिया)

नोट :- गा, गे, गी, को कुछ लोग भ्रमवश सहायक क्रिया समझते हैं, लेकिन ये सहायक क्रियाएँ नहीं हैं। ये प्रत्यय हैं। जैसे -

मैं खाऊँगा। (मुख्य क्रिया - खाना) (सहायक क्रिया - 0)

ऊपर प्रयुक्त 'खाऊँगा' क्रिया में मूल धातु 'खा' है और इसमें दो प्रत्यय जुड़े हुए हैं- ऊँ एवं 'गा'। अर्थात्

खा (मूलधातु) + ऊँ (पहला प्रत्यय) + गा (दूसरा प्रत्यय) = खाऊँगा

(2) पूर्वकालिक क्रिया :-

जब कर्त्ता एक क्रिया को समाप्त कर उसी क्षण कोई दूसरी क्रिया आरंभ करता है, तो पहली क्रिया - पूर्वकालिक क्रिया कहलाती है। जैसे -

खाकर, पीकर, पढ़कर, लिखकर, आकर, जाकर, सोकर, आदि।

उदाहरण –

मैं पढ़ कर लिखने लगा। (पढ़कर – पूर्वकालिक क्रिया)

वह खाकर सोने लगा। (खाकर – पूर्वकालिक क्रिया)

(3) प्रेरणार्थक क्रिया –

जिस क्रिया से यह ज्ञात हो कि कर्त्ता स्वयं कार्य न कर, किसी दूसरे को कार्य करने के लिए प्रेरित करता है, तो उस क्रिया को प्रेरणार्थक क्रिया कहते हैं। जैसे –

माँ दाई से बच्चे को दूध पिलवाती है। (पिलवाना – प्रेरणार्थक क्रिया)

राम श्याम से पत्र लिखवाता है। (लिखवाना – प्रेरणार्थक क्रिया)

प्रेरणार्थक क्रिया भी दो तरह की होती है – प्रथम प्रेरणार्थक और द्वितीय प्रेरणार्थक क्रिया। यहाँ प्रथम और द्वितीय प्रेरनार्थक क्रिया की सूची दी जा रही है –

मूलक्रिया (धातु)	**प्रथम प्रेरणार्थक**	**द्वितीय प्रेरणार्थक**
उठ–ना	उठाना	उठवाना
उड़–ना	उड़ाना	उड़वाना
गिर–ना	गिराना	गिरवाना
चल–ना	चलाना	चलवाना
चढ़–ना	चढ़ाना	चढ़वाना
पढ़–ना	पढ़ाना	पढ़वाना
लिख–ना	लिखाना	लिखवाना
जाग–ना	जगाना	जगवाना
जीत–ना	जिताना	जितवाना
नाच–ना	नचाना	नचवाना
घूम–ना	घूमना	घुमवाना
भूल–ना	भुलाना	भुलवाना
लेट–ना	लिटाना	लिटवाना
बैठ–ना	बिठाना	बिठवाना
जोड़–ना	जोड़ना	जोड़वाना
ओढ़–ना	ओढ़ाना	ओढ़वाना
खा–ना	खिलाना	खिलवाना
पी–ना	पिलाना	पिलवाना
दे–ना	दिलाना	दिलवाना

(4) **द्विकर्मक क्रिया** -

जिस क्रिया के दो कर्म होते हैं, उसे द्विकर्मक क्रिया कहते हैं। जैसे -

शिक्षक विद्यार्थी को पढ़ाते हैं। (एक कर्म - विद्यार्थी)

शिक्षक विद्यार्थी को हिन्दी पढ़ाते हैं। (दो कर्म - विद्यार्थी एवं हिन्दी)

प्रथम वाक्य में 'पढ़ाना' क्रिया का एक कर्म है, लेकिन दूसरे वाक्य में 'पढ़ाना' क्रिया के दो कर्म हैं।

अतः द्वितीय वाक्य में प्रयुक्त 'पढ़ाना' क्रिया द्विकर्मक क्रिया कहलाएगी।

❑❑❑

18

अव्यय

अव्यय या अविकारी उन शब्दों को कहते हैं, जिनमें लिंग, वचन, पुरुष आदि के कारण कभी कोई परिवर्तन नहीं होता। जैसे -

बहुत, भारी, यहाँ, वहाँ, आगे, पीछे, और, तथा, लेकिन, परन्तु, वाह, धन्यवाद इत्यादि। उदाहरण - मैं बहुत खाता हूँ।

(मैं खाता हूँ - उत्तम पुरुष, एकवचन पुल्लिग)

तुम बहुत खाती हो।

(तुम खाती हो - मध्यम पुरुष, बहुवचन, स्त्रीलिंग)

यहाँ दूसरे वाक्य के लिए लिंग, वचन और पुरुष में अंतर आने से सभी शब्दों के लिंग, वचन और पुरुष में अंतर, परिवर्तन या विकार उत्पन्न हुआ। अतः ये विकारी शब्द हैं, परन्तु 'बहुत' शब्द में कोई विकार उत्पन्न नहीं हुआ, इसलिए 'बहुत' शब्द 'अविकारी' या 'अव्यय' है।

अव्यय के भेद

अव्यय के निम्नलिखित चार भेद हैं :-

(1) क्रिया-विशेषण (2) सम्बन्धबोधक

(3) समुच्चय बोधक (4) विस्मयादि बोधक

(1) क्रिया-विशेषण :-

क्रिया की विशेषता बतलाने वाले शब्दों को क्रिया विशेषण कहते हैं। जैसे-
यहाँ, वहाँ, अब, अभी, ऐसे, वैसे, बहुत, बड़ा, क्यों, क्या इत्यादि

उदाहरण -

राम अब खा रहा है। (अब - क्रिया-विशेषण)

यहाँ 'अब' शब्द क्रिया-विशेषण है, क्योंकि 'अब' खा रहा है, क्रिया की विशेषता बताता है।

क्रिया-विशेषण के कार्य

क्रिया-विशेषण के निम्नलिखित प्रमुख कार्य हैं-

(1) **क्रिया-विशेषण** क्रिया की विशेषता बतलाता है।

जैसे - मोहन तेज दौड़ता है। (तेज - क्रिया विशेषण)

वह धीरे-धीरे बोलता है। (धीरे-धीरे - क्रिया विशेषण)

उपर्युक्त वाक्यों में प्रयुक्त 'तेज' और 'धीरे-धीरे क्रिया-विशेषण हैं, जो क्रमशः 'दौड़ना और 'बोलना' क्रियाओं की विशेषता बताते हैं।

(2) **क्रिया-विशेषण** क्रिया के स्थान की स्थिति एवं दशा का बोध कराता है।

जैसे- वह ऊपर बैठा है। (स्थिति का बोध)

सड़क के बाएँ चलो। (दिशा का बोध)

(3) **क्रिया-विशेषण** क्रिया के समय, अवधि इत्यादि का बोध कराता है।

जैसे - गीता कल आएगी। (समय का बोध)

मैं दिनभर चलता रहा। (अवधि का बोध)

(4) **क्रिया-विशेषण** क्रिया के प्रकार, निश्चित, अनिश्चित, स्वीकार, निषेध इत्यादि का बोध कराता है।

जैसे - वहाँ नहीं बैठो। (निषेध का बोध)

हाँ, आइए। (स्वीकार का बोध)

(5) **क्रिया विशेषण** क्रिया की न्यूनता, अधिकता, तुलना इत्यादि का बोध कराता है।

जैसे - वह थोड़ा खाता है। (न्यूनता का बोध)

मैं बहुत पढ़ता हूँ। (अधिकता का बोध)

क्रिया-विशेषण के भेद

क्रिया-विशेषण के मुख्यतः चार भेद हैं :-

(1) स्थान वाचक (2) काल वाचक

(3) रीति वाचक (4) परिमाण वाचक

(1) स्थान वाचक क्रिया-विशेषण :-

जो शब्द क्रिया के स्थान की स्थिति एवं दशा का बोध कराए, उसे स्थान वाचक क्रिया-विशेषण कहते हैं। जैसे - यहाँ, वहाँ, यहीं, वहीं, बाहर, भीतर, इधर, उधर, किधर, पास, दूर, दाएँ, बाएँ, आगे, पीछे, ऊपर, नीचे, की तरफ, की ओर इत्यादि।

उदाहरण -

वह यहाँ रहता है। (स्थान की स्थिति का बोध)

सड़क के बाएँ चलो। (स्थान की दिशा का बोध)

(2) काल वाचक क्रिया-विशेषण :-

जो शब्द क्रिया के समय, अवधि, बारंबारता आदि का बोध कराए, उसे काल वाचक क्रिया-विशेषण कहते हैं। जैसे - आज, कल, अब, जब, अभी, कभी, सांय, प्रातः, तुरंत, पहले, आजकल, दिनभर, नित्य, सदा, लगातार, सदैव, बहुधा, प्रतिदिन, रोज, कई बार, हर बार इत्यादि।

उदाहरण -

श्री अग्रवाल अभी जा रहे हैं। (क्रिया के समय का बोध)

मि. जॉन आजकल खेल रहे हैं। (क्रिया की अवधि का बोध)

मो. इब्राहिम प्रतिदिन पढ़ रहे हैं। (क्रिया की बारंबारता का बोध)

(3) रीति वाचक क्रिया-विशेषण :-

जिस शब्द से क्रिया के प्रकार, निश्चय, अनिश्चय, स्वीकार, निषेध इत्यादि को बोध हो, उसे रीति वाचक क्रिया-विशेषण कहते हैं। जैसे - ऐसे, वैसे, कैसे, जैसे, शायद, अवश्य, न, नहीं, मत, तो भी, ही, क्योंकि, चूँकि, अतः, इसलिए, धीरे-धीरे, तेजी से, जोर-जोर से, ध्यानपूर्वक इत्यादि।

उदाहरण -

वह ऐसे लिखता है। (क्रिया के प्रकार का बोध)

वह शायद जाय। (क्रिया के अनिश्चय का बोध)

मैं नहीं खेलूँगा। (क्रिया के निषेध का बोध)

(4) परिमाण वाचक क्रिया-विशेषण :-

जिस शब्द से क्रिया की न्यूनता, अधिकता, तुलना, मात्रा इत्यादि को बोध हो उसे परिमाण वाचक क्रिया-विशेषण कहते हैं। जैसे - इतना, उतना, जितना, कितना, थोड़ा, बहुत, कम, खूब, अधिक, अति, अत्यंत, अतिशय, केवल, बस, काफी, जरा, थोड़ा-थोड़ा, तिल-तिल, बारी-बारी से, क्रमशः, एक-एक कर इत्यादि।

उदाहरण -

वह थोड़ा खाता है। (क्रिया की न्यूनता का बोध)

वह बहुत पढ़ता है। (क्रिया की अधिकता का बोध)

मोहन कितना सोता है। (क्रिया की तुलना का बोध)

क्रिया-विशेषण का वाक्यों में स्थान एवं क्रम

किसी वाक्य में क्रिया-विशेषण शब्द का प्रयोग इस प्रकार किया जाता है कि वह शब्द सिर्फ क्रिया की ही विशेषता बता सके, वाक्य में प्रयुक्त अन्य शब्दों (पदों) की नहीं। इसका सबसे आसान तरीका है कि वाक्य में प्रयुक्त मुख्य क्रिया के पहले क्रिया-विशेषण शब्द को याद रखें। जैसे -

लड़के बहुत खा रहे हैं। (**बहुत**-क्रिया की विशेषता - क्रिया विशेषण)

अब 'बहुत' शब्द को संज्ञा के पहले रखकर देखिए -

बहुत लड़के खा रहे हैं। (**बहुत**-संज्ञा की विशेषता - विशेषण)

अब 'बहुत' शब्द को विशेषण के पहले रखकर देखिए -

बहुत लम्बे लड़के खा रहे हैं। (**बहुत** - विशेषण की विशेषता - प्रविशेषण)

कुछ प्रमुख क्रिया-विशेषण

अब, अभी - ये दोनों कालवाचक क्रिया-विशेषण हैं। लेकिन 'अब' से वर्तमान के अनिश्चिय और 'अभी' से निश्चित समय का बोध होता है। जैसे -

अब वह जाएगा। (हो सकता है, कुछ देर बाद)

वह अभी जाएगा। (इसी क्षण, तत्काल)

वह अब नहीं जागा। (भविष्य में कभी नहीं जाएगा)

वह अभी नहीं जाएगा। (भविष्य में जा सकता है)

तब, फिर - दोनों कालवाचक क्रिया विशेषण हैं। फिर भी दोनों में अंतर है। 'तब' का अर्थ होता है - उस समय या उस वक्त। फिर का अर्थ होता है - एक बार और दोबारा, पुनः।

उसने तब परीक्षा दी। (जब तैयारी हो गयी, उस वक्त)

मोहन तब आया। (जब सोहन चला गया, उस वक्त)

उसने फिर परीक्षा दी। (एक बार और दी, दोबारा)

मोहन फिर आया। (एक बार और आया, दोबारा)

ही, भी - 'ही' का व्यवहार किसी बात पर जोर देने के लिए या निश्चित, अल्पता, स्वीकृति इत्यादि सूचित करने के लिए होता है। 'भी' का प्रयोग न्यूनता, अवश्य, निश्चय करके, जरूर इत्यादि के अर्थ में प्रयुक्त होता है। जैसे -

इसे राम ही कर सकता है। (दूसरा नहीं - निश्चित, बल)

इसे राम भी कर सकता है। (दूसरों के अतिरिक्त -न्यूनता, अवश्य)

उसने उसे पीटा ही नहीं, नौकरी से भी निकाल दिया।

प्रभु यीशू ने लोगों को उपदेश ही नहीं दिया, उनकी सेवा भी की।

न, नहीं, मत – ये निषेध बोधक क्रिया विशेषण हैं, लेकिन तीनों के अर्थ में अंतर है। 'न' का प्रयोग हल्का निषेध, 'नहीं' का पूर्ण निषेध और 'मत' का निषेधात्मक आज्ञा के लिए होता है। जैसे –

इस किताब को न पढ़ना। वह न खेलेगा। (हल्का निषेध)
इस किताब को नहीं पढ़ना। वह नहीं खेलेगा। (पूर्ण निषेध)
इस किताब को मत पढ़ना। तुम मत खेलना। (निषेधात्मक आज्ञा)

'न' का प्रयोग हाँ के लिए भी होता है। ऐसा दुनिया की किसी भाषा में (न का (No) के लिए प्रयोग) नहीं होता है।

'न' का प्रयोग निषेध के अर्थ में तो होता है, 'हाँ' के अर्थ में भी होता है। यहाँ तक कि 'हाँ' की निश्चयात्मकता के लिए भी होता है। जैसे –

तुम्हारा लड़का मिल गया न! (मिलने पर जोर दिया गया)
तुम कल आ जाओगे न! (निश्चित आ जाओगे)

'न' का प्रयोग प्रश्नवाचक रूप में भी होता है। जैसे –

कल वे आ रहें है न ? (प्रश्न पूछा जाता है)

सम्बन्ध बोधक

जो अव्यय संज्ञा, सर्वनाम के बाद आकर वाक्य के दूसरे शब्द के साथ सम्बन्ध बताए उसे सम्बन्धबोधक कहते हैं। जैसे –

निकट, दूर, आगे, पीछे, अंदर, बाहर, ओर, तरफ, पार, द्वारा, मारफत, लिए, सिवाय, अलावा, संग, विरुद्ध, खिलाफ, बिना, भर इत्यादि।

उदाहरण –

राम के आगे मैं खड़ा हूँ। (संज्ञा के बाद)
मेरे आगे राम खड़ा है। (सर्वनाम के बाद)

सम्बन्ध बोधक के कार्य

(1) सम्बन्ध बोधक किसी वाक्य में संज्ञा या सर्वनाम के बाद आकर वाक्य का दूसरे शब्द के साथ सम्बन्ध जोड़ता है।
जैसे – मेरे आगे राम खड़ा है।
यहाँ 'आगे' शब्द सम्बन्ध बोधक है, क्योंकि यह राम (संज्ञा) का सम्बन्ध 'खड़ा' (क्रिया) से बतलाता है।

(2) यह स्थान, काल, तुलना आदि का बोध कराता है। जैसे –
वह मेरे आगे खड़ा है। (स्थान का बोध)
वह मेरी अपेक्षा सुन्दर है। (तुलना का बोध)

सम्बन्ध बोधक के भेद

सम्बन्ध बोधक के दो भेद हैं-

(1) सम्बद्ध सम्बन्ध बोधक (2) अनुबद्ध सम्बन्ध बोधक

(1) **सम्बद्ध सम्बन्ध बोधक -**

यह अव्यय विभक्ति के बाद आता है। जैसे -

भोजन के बिना भजन में मन नहीं लगता।

('के' विभक्ति के बाद अव्यय)

आपकी ओर मैं खड़ा हूँ।

('की' विभक्ति के बाद अव्यय)

(2) **अनुबद्ध सम्बन्ध बोधक :-**

यह अव्यय बगैर विभक्ति के आता है। जैसे -

भोजन बिना भजन नहीं। (बगैर विभक्ति के अव्यय)

आप बिना घर सूना। (बगैर विभक्ति के अव्यय)

वह कटोरे भर दूध पी गया। (बगैर विभक्ति के अव्यय)

समुच्चय बोधक

जो अव्यय दो शब्दों को या वाक्यों को जोड़ता है, उसे समुच्चय बोधक कहते हैं। जैसे -

और, व, एवं, तथा, या, अथवा, किन्तु, परन्तु, कि, क्योंकि, जो कि, ताकि, हालाँकि, चूँकि, लेकिन, अतः, इसलिए इत्यादि। उदाहरण -

राम और रहीम दोस्त हैं। (दो शब्दों को)

राम आया और उसने रहीम को समझाया। (दो वाक्यों को)

समुच्चय बोधक के कार्य

(1) यह दो शब्दों या सरल वाक्यों को जोड़ता है। जैसे -

मोहन और सोहन दोस्त हैं।

मोहन आया और सोहन चला गया।

(2) यह दो शब्दों या वाक्यों में से एक का ग्रहण या त्याग अथवा दोनों का त्याग करता है। जैसे-

सीता या गीता आयी। (एक का ग्रहण दूसरे का त्याग)

न सीता आयी न गीता। (दोनों का त्याग)

(3) कभी-कभी दो वाक्यों या शब्दों में विरोध भी दिखलाता है। जैसे -

सोहन छोटा है, परन्तु मोहन लम्बा है।

(4) यह बतलाता है कि अगले वाक्य के अर्थ का परिणाम पिछले वाक्य के अर्थ का परिणाम है या पिछले वाक्य का अर्थ पहले वाक्य के अर्थ का परिणाम। जैसे–

तुम परीक्षा में सफल हुए, क्योंकि मैंने तुम्हें पढ़ाया था। मैंने तुम्हें पढ़ाया, इसलिए तुम परीक्षा में सफल हुए।

समुच्चय बोधक के भेद

समुच्चय बोधक के मुख्यतः दो भेद हैं –

(1) समानाधिकरण समुच्चय बोधक

(2) व्यधिकरण समुच्चय बोधक

(1) समानाधिकरण समुच्चय बोधक –

यह अव्यय दो मुख्य वाक्यों या एक ही प्रकार के दो शब्दों को जोड़ता है। जैसे– और, व, एवं, तथा, भी, या, अथवा, न–न, चाहे–चाहे, पर, किंतु, परन्तु, लेकिन, वरन्, बल्कि, अगर, मगर, अतः, इसलिए, अतएव इत्यादि।

उदाहरण–

मोहन आएगा **और** सोहन को पढ़ाएगा। (दोनों मुख्य वाक्यों को)

जॉन **और** जोसेफ आये। (एक ही प्रकार के संज्ञा शब्दों को)

न राम आया **न** श्याम। राम आया **परन्तु** श्याम न आया।

सभी रेखांकित शब्द समुच्चयबोधक है।

(2) व्यधिकरण समुच्चय बोधक –

यह अव्यय मुख्य वाक्य के साथ आश्रित वाक्य को जोड़ता है।

जैसे– ताकि, चूँकि, क्योंकि, इसलिए कि, जिससे कि, मानो, अर्थात्, यानी, अगर, तो, यद्यपि–तथापि इत्यादि।

उदाहरण–

वह स्कूल न जा सका,	क्योंकि वह बीमार था।
(मुख्य वाक्य)	(आश्रित वाक्य)

(क्योंकि – समुच्चयबोधक)

यद्यपि उसने एम. ए. किया, तथापि उसे अभी तक नौकरी नहीं मिली।

विस्मयादि बोधक

जिस अव्यय शब्दों से हर्ष, शोक, क्रोध, भय, आश्चर्य, इत्यादि तीव्र मनोभाव व्यक्त होते हैं, उन्हें विस्मयादि बोधक कहते हैं। जैसे– आह, वाह, काश, शाबाश, ए, ऐ, बाप रे, राम–राम, छी–छी इत्यादि।

उदाहरण-

वाह ! वाह ! अच्छा किया।	(हर्ष का भाव)
आह ! वह मर गया।	(शोक का भाव)
बाप रे ! कितना भयानक शेर है।	(आश्चर्य का भाव)

विस्मयादि बोधक के कार्य

विस्मयादि बोधक के निम्नलिखित प्रमुख कार्य हैं -

(1) विस्मयादि बोधक हर्ष, शोक, घृणा, आश्चर्य, आदि, तीव्र मनोभावों को व्यक्त करता है। जैसे-वाह! तुम प्रथम आये। छिः! वह कितना नीच है।

(2) विस्मयादि बोधक स्वीकार और तिरस्कार को व्यक्त करता है। जैसे- जी, ठीक है। छिः बहुत गलत हुआ।

(3) विस्मयादि बोधक सम्बोधन भी व्यक्त करता है। जैसे- ऐ ! जरा इधर आओ।

विस्मयादि बोधक के भेद

विस्मयादि बोधक के मुख्यतः छः भेद हैं -

(1) हर्ष सूचक
(2) शोक सूचक
(3) आश्चर्य सूचक
(4) घृणा सूचक
(5) स्वीकार सूचक
(6) संबोधन सूचक

(1) हर्ष सूचक :-

इससे हर्ष के भाव का बोध होता है।
जैसे-वाह, वाह-वाह, धन्य, धन्य-धन्य, शाबाश इत्यादि।

(2) शोक सूचक :-

इससे शोक के भाव का बोध होता है।
जैसे-अह, आह, ओह, हाय, काश, ऊह इत्यादि।

(3) आश्चर्य सूचक :-

इससे आश्चर्य के भाव का बोध होता है।
जैसे-ए, ऐं, ओहो, हैं, क्या, बाप रे, इत्यादि।

(4) घृणा सूचक :-

इससे घृणा के भाव का बोध होता है।
जैसे- छिः, छी-छी, धिक्, धिक्कार, हट, इत्यादि।

(5) स्वीकार सूचक :-

इससे स्वीकार के भाव का बोध होता है।
जैसे- जी, हाँ, जी हाँ, ठीक, अच्छा इत्यादि।

(6) संबोधन सूचक :-

इससे कभी-कभी संबोधन भी व्यक्त होता है।

जैसे- हे, अरे, अजी, भई इत्यादि।

निपात

निपात ऐसे अव्यय हैं जो वाक्यों में नया भाव प्रकट करने में महत्त्वपूर्ण भूमिका निभाते हैं। जैसे- ही, भी, तो, तक, मात्र, भर इत्यादि।

उदाहरण-

श्याम ने मुझे ही मारा है। (मुझे ही मारा है और किसी को नहीं)

श्याम ने ही मुझे मारा। (श्याम के अलावा और किसी ने नहीं मारा)

श्याम ने मुझे मारा ही है। (मारा ही है, गाली वगैरह नहीं दी)

स्पष्ट है कि निपात के प्रयोग से वाक्य के भाव में विशेष अंतर आता है। दूसरी बात, निपात का प्रयोग वाक्य में कहीं भी किया जा सकता है। जैसा कि ऊपर के वाक्यों में आप देख रहे हैं।

निपात युक्त कुछ और वाक्यों को देखिए -

मोहन ने मुझे भी बुलाया है। (औरों के अलावा मुझे भी)

मोहन ने मुझे बुलाया भी है। (और काम के अलावा बुलाया भी है।

स्पष्ट है कि 'भी' के प्रयोग से वाक्य के अर्थ में अंतर आ रहा है।

❑❑❑

19

लिंग

'लिंग' का अर्थ होता है – चिह्न। चिह्न से तात्पर्य है – स्त्री चिह्न या पुरुष चिह्न। दूसरे शब्दों में जिस शब्द से पुरुष जाति का और स्त्री जाति का बोध हो, उसे **लिंग** कहते हैं। 'लड़का' पुरुष जाति और लड़की स्त्री जाति की। हिन्दी में सजीव के अलावा निर्जीव और भाव को भी पुरुष जाति अथवा स्त्री जाति में रखा गया है। जैसे-

पुरुष जाति –	लड़का	मकान	प्यार
स्त्री जाति –	लड़की	इमारत	मुहब्बत

लिंग के भेद

अंग्रेजी में लिंग के चार भेद हैं, जबकि संस्कृत में तीन – स्त्रीलिंग, पुल्लिग और नपुंसक, लेकिन हिन्दी में लिंग के दो ही भेद हैं :-

(क) पुल्लिग (ख) स्त्रीलिंग

(क) **पुल्लिंग**-

जिस शब्द से पुरुष जाति का बोध हो, उसे पुल्लिग कहते हैं।

जैसे – सजीव (प्राणिवाचक) – राम, लड़का, घोड़ा, बैल, नाग आदि।

निर्जीव (अप्राणिवाचक) – मकान, पत्र, नेत्र, पवन आदि।

भाव (अप्राणिवाचक) – प्रेम, बुढ़ापा, लड़कपन, सुख, दु:ख आदि।

(ख) **स्त्रीलिंग**-

जिस शब्द से स्त्री जाति का बोध हो, उसे स्त्रीलिंग कहते हैं। जैसे

सजीव (प्राणिवाचक) – सीता, लड़की, घोड़ी, गाय, नागिन आदि।

निर्जीव (अप्राणिवाचक) – इमारत, चिट्ठी, आँख, ईख, हवा आदि।

भाव (अप्राणिवाचक) – सच्चाई, ईमानदारी, बनावट, सजावट आदि।

लिंग-निर्णय

प्राणिवाचक शब्दों का लिंग-निर्णय करना आसान है, परन्तु अप्राणिवाचक का अपेक्षाकृत कठिन। लेकिन लिखते या बोलते समय लिंग-निर्णय के नियमों को ध्यान में रखना चाहिए। लिंग-निर्णय के कुछ सामान्य नियम दिए जा रहे हैं :-

लिंग-निर्णय के सामान्य नियम

(1) मनुष्य और बड़े जीवों में पुल्लिंग/स्त्रीलिंग की पहचान आसान है। जैसे- पिता, पुत्र, सोनार, लोहार, उँट, हंस आदि पुल्लिग। माता, पुत्री, सुनारिन, लोहारिन, हथनी, ऊँटनी, हंसी आदि स्त्रीलिंग।

(2) कुछ ऐसे जीव, जिनमें पुल्लिग/स्त्रीलिंग की पहचान कठिन है, उन्हें या तो पुल्लिग मान लिया गया है या स्त्रीलिंग। जैसे - झींगुर, छछूँदर, भालू, गीदड़, घड़ियाल, भेड़िया, गिरगिट, साँप, खटमल, चीता, बटेर, बिच्छू, मच्छर आदि पुल्लिग हैं।

यदि इन संज्ञाओं में मादा शब्द जोड़ दिया जाए, तो ये स्त्रीलिंग हो जाती हैं। जैसे- मादा चीता, मादा भालू, मादा गीदड़ आदि स्त्रीलिंग हैं।

कुछ जीव नर हो या मादा उन्हें स्त्रीलिंग मान लिया गया है। जैसे - कोयल, मैना, गौरैया, मक्खी, मछली, लोमड़ी, गिलहरी, आदि स्त्रीलिंग।

(3) द्वंद्व समास की प्राणिवाचक संज्ञा पुल्लिग और अप्राणिवाचक संज्ञा अंतिम संज्ञा के अनुसार पुल्लिग-स्त्रीलिंग होती हैं। जैसे -

(क) प्राणिवाचक संज्ञाएँ :- माँ-बाप, भाई-बहन, बहन-बहनोई, शिव-पार्वती, सीता-राम, नर-नारी, राजा-रानी, गाय-बैल, आदि पुल्लिग।

उदाहरण :- मेरे माँ-बाप अच्छे हैं।
मेरे भाई-बहन लम्बे हैं।

(ख) अप्राणिवाचक संज्ञाएँ :- अन्न-जल, घर-द्वार, नाक-कान, कपड़ा-लत्ता, चाल-चलन, इलाइची दाना आदि (अंतिम संज्ञा पुल्लिग)
दूध-रोटी, दाल-रोटी, चमक-दमक, आदि (अंतिम संज्ञा स्त्रीलिंग)

(4) तत्पुरुष संज्ञाओं के लिंग का निर्धारण अंतिम संज्ञा के लिंग के अनुसार होता है। जैसे - राजकुमार, राजभवन, राजपुत्र, राजमार्ग, सेनापति, पूजाघर, किताबघर, राहखर्च, विद्यालय आदि (अंतिम संज्ञा पुल्लिग) - पुल्लिग।
राजकन्या, राजसत्ता, राजसभा, विधानसभा, लोकसभा, धर्मशाला, राष्ट्रभाषा, साहित्य-परिषद् - स्त्रीलिंग।

अपवाद :-

दल (पुल्लिग)	दल-दल (स्त्रीलिंग)
देन (स्त्रीलिंग)	लेन-देन (पुल्लिग)
मणि ((स्त्रीलिंग)	नीलमणि (पुल्लिग)
निधि (स्त्रीलिंग)	नीरनिधि, जलनिधि (पुल्लिग)
मूर्ति (स्त्रीलिंग)	त्रिमूर्ति (पुल्लिग)

(5) हिन्दी में कुछ ऐसी भी अप्राणिवाचक संज्ञाएँ हैं, जो एक अर्थ में तो पुल्लिग हैं लेकिन दूसरे अर्थ में स्त्रीलिंग। जैसे -

हार (पुल्लिग) - यह मेरा हार (माला) है।

हार (स्त्रीलिंग) - आपकी हार (पराजय) हो गयी।

ऐसे कुछ शब्द नीचे दिए जा रहे है :-

पुल्लिग	**स्त्रीलिंग**
एका (एकता, मेल)	एका (दुर्गा)
ओर (सिरा, छोर, किनारा)	ओर (दिशा, पर्दा)
खान (सरदार, पठानों की उपाधि)	खान (खदान)
चूक (खट्टा स्वाद)	चूक (गलती, भूल)
जेब (पॉकेट)	जेब (शोभा, सौदर्य)
ढील (केश का कीड़ा)	ढील(सुस्ती, शिथिलता)
तारा (नक्षत्र)	तारा (बालि की पत्नी)
बक (बगुला, कुबेर, बकासुर)	बक (बकवाद)

(6) कभी-कभी समानार्थक शब्दों में भी लिंग भेद पाये जाते हैं। जैसे -

पुल्लिग	**स्त्रीलिंग**	**पुल्लिग**	**स्त्रीलिंग**
ग्रन्थ	पुस्तक, किताब	शरीर	देह, काया
नेत्र	आँख	मार्ग	राह
केश	अलक	पवन	वायु
पास	मोर	पैर	टाँग
इंगित	चितवन	दरिया	नदिया
प्यार	मुहब्बत	आशीर्वाद	आशीष

(7) जिन शब्दों के अंत में आ, पा, आवा, आव, र्य, त्र, पन, त्व, र, ना आदि प्रत्यय लगे हों, वे प्रायः पुल्लिग होते हैं। जैसे -

आ - घेरा, फेरा, जोड़ा, रगड़ा, झगड़ा आदि।

पा - बुढ़ापा, मोटापा, रँडापा, पुजापा आदि।

आवा - बुलावा, झुकावा, बहकावा, पछतावा, चढ़ावा आदि।

आव - बहाव, चढ़ाव, बचाव, टकराव, बदलाव, फैलाव आदि।

र्य - आर्य, अनार्य, शौर्च, धर्य, वीर्य आदि।

त्र - पत्र, पात्र, चित्र, मित्र, मंत्र, तंत्र आदि।

पन - बड़प्पन, छुटपन, बचपन, लड़कपन, अपनापन आदि।

त्व – पुरुषत्व, नारीत्व, सतीत्व, अपनत्व, महत्त्व आदि।

र – प्रकार, प्रचार, सार, प्रसार, नगर, सागर आदि।

ख – शंख, सुख, नख, दुःख, मुख आदि।

ना – लिखना, पढ़ना, हँसना, रोना, दिखाना आदि।

(8) जिन शब्दों के अंत में – नी, री, ति, त, ली, आहट, आवट, इया, ई, आस, आई आदि प्रत्यय लगे हों, वे प्रायः स्त्रीलिंग होते हैं। जैसे –

नी – शैतानी, हैरानी, मनमानी, चलनी, चटनी आदि।

री – छतरी, पटरी, गठरी, कटोरी, कोठरी आदि।

ति – क्षति, पूर्ति, जाति, समिति, रीति, शक्ति आदि।

त – रंगत, राहत, चाहत, हजाजत, बगावत, अदालत आदि।

ली – ओखली, तितली, टिकली, डफली, मूँगफली आदि।

आहट – चिल्लाहट, चिकनाहट, बुलाहट, घबराहट आदि।

आवट – लिखावट, मिलावट, गिरावट, थकावट, सजावट आदि।

इया – खटिया, डलिया, डिबिया, टिकिया आदि।

ई – गगरी, गठरी, गोली, झोली, नाली, प्याली, गरीबी, अमीरी।

आस – खटास, मिठास, प्यास, साँस आदि।

आई – मलाई, बुराई, रुलाई, हँसाई, महँगाई आदि।

ऊपर बताए गये नियमों के कुछ व कुछ अपवाद है। अतः आपको एक आसान नियम बतलाया जा रहा है, वह है – एकवचन से बहुवचन बनाने के निम्नलिखित नियमों को ध्यान रखकर लिंग-निर्णय करना।

वचन पर आधारित लिंग-निर्णय

बहुबचन के दो रूप होते हैं – स्वाभाविक बहुवचन और अस्वाभाविक बहुवचन। जैसे – स्वाभाविक बहुवचन – पैसे, कुएँ, मालाएँ, गाड़ियाँ आदि।

अस्वाभाविक बहुवचन – पैसों, कुओं, मालाओं, गाड़ियों आदि।

लिंग निर्णय के समय आपको सिर्फ स्वाभाविक बहुवचन के रूप को ध्यान में रखना है। आप इस आधार पर पुल्लिग या स्त्रीलिंग शब्दों की पहचान कर सकते हैं। लेकिन हाँ, नीचे जितने नियम बताए जा रहे हैं वे सभी अप्राणिवाचक संज्ञाओं से सम्बन्धित हैं। अतः इन्हीं संज्ञाओं को इन नियमों पर परखें:-

सूत्र द्वारा पुल्लिंग शब्दों की पहचान

(1) सूत्र :- (आ – ए) (आँ – एँ) पुल्लिग

बहुवचन बनाने पर अप्राणिवाचक संज्ञाओं के आ–ए, और आँ–एँ में बदल जाऐं तो वे संज्ञाएँ पुल्लिग होंगी। जैसे –

एकवचन (पुल्लिग) – कमरा, पहिया, रोआँ, कुआँ आदि।

बहुवचन (पुल्लिग) – कमरे, पहिये, रोएँ आदि।

ऐसी पुंल्लिग संज्ञाएँ हैं – मेला, केला, ठेला, ढेला, कपड़ा, खपड़ा, जाड़ा, तारा, जूता, छाता, रास्ता, कुरता, अँगूठा, पराठा, खर्राटा, ताला, मसाला, आँवला, घोंसला, आईना, खजाना, ठिकाना, झरना, फंदा, बंदा, कंधा, तकिया, धनिया, कुँआ आदि।

(2) सूत्र :- (इ – ई) (अ – अ) = पुल्लिग

कुछ द्रव्यवाचक, जातिवाचक या अप्राणिवाचक संज्ञाएँ जिनका रूप बहुवचन में नहीं बदलता, वे पुल्लिग होती हैं। जैसे –

एकवचन (पुल्लिग) – जलधि, गिरि, दही, मोती, नख, संसार आदि।

बहुवचन (पुल्लिग) – जलधि, गिरि, दही, मोती, नख, संसार आदि।

ऐसी पुल्लिग संज्ञाएँ है – पानी, जी, घी, जल, फल, छल, सुख, दुःख, मुख, पद, वक्ष, लक्ष्य, भूषण, पोषण, हरण, आकार, विकार, उपहार, बहाव, उतराव, चढ़ाव, विनय, परिणाम, अनुनय, तारीख, सतीत्व, न्याय, अध्याय, अभिप्राय, पत्र, पात्र, चित्र आदि।

सूत्र द्वारा स्त्रीलिंग शब्दों की पहचान

(1) सूत्र :- (अँ – एँ) आएँ, इ/ई इयाँ पुल्लिग, या–याँ (स्त्रीलिंग)

बहुवचन बनाने पर यदि अप्राणिवचन संज्ञाओं के आ का स. आएँ, इ या ई का इयाँ तथा या का–याँ हो जाए, तो वे स्त्रीलिंग होती हैं। जैसे –

एकवचन (स्त्रीलिंग) – बात, माला, तिथि, गाड़ी चुहिया आदि।

बहुवचन (स्त्रीलिंग) – बातें, मालाएँ, तिथियाँ, गाड़ियाँ, चुहियाँ आदि

ऐसी स्त्रीलिंग संज्ञाएँ हैं – मेज, सेज, जल, खाल, मूँछ, पूँछ, फसल, गजल, जान, खान, आफत, आदत, बंदूक, संदूक, घटना, सूचना, इच्छा, शिक्षण, हवा, लता, कविता, साड़ी, नारी, लड़ाई कचौड़ी, कठिनाई, रीति, नीति, डिबिया, गुड़िया आदि।

(2) सूत्र :- (आ – आ) स्त्रीलिंग –

कुछ भाववाचक संज्ञाओं के आ का आ ही रह जाता है। उनका प्रायः बहुवचन नहीं होता है। ऐसी संज्ञाएँ स्त्रीलिंग होती हैं। जैसे – आशा, निराशा, करुणा, कल्पना, याचना, घृणा, मित्रता, शत्रुता, एकता, अनेकता, दया, माया, छाया, लालिमा, कालिमा आदि।

पुल्लिंग से स्त्रीलिंग बनाने के नियम

पुल्लिग शब्दों को स्त्रीलिंग में बदलने के लिए कुछ प्रत्ययों का सहारा लोना पड़ता है। इन प्रत्ययों को स्त्रीलिंग प्रत्यय कहते हैं। ये निम्ननलिखित हैं-

आ, आइन, आनी, इका, इन, इया, ई, णी, नी, वती, मती, आदि।

उदाहरण -

आ - कान्त - कान्ता, श्याम - श्यामा।

आइन - बनिया - बनियाइन, लाला - ललाइन।

आनी - देवर - देवरानी, मेहतर - मेहतरानी।

इन - चमार - चमाइन, धोबी - धोबिन।

इया - कुत्ता - कुतिया, चुहा - चुहिया, बंदर - बंदरिया

णी - अनुहारी - अनुहारिणी, अभिलाषी - अभिलाषिणी।

त्री - कर्ता - कर्त्री, दाता - दात्री, नेता - नेत्री आदि।

वती - बलवान - बलवती, धनवान - धनवती आदि।

मती - बुद्धिमान - बुद्धिमती, श्रीमान् - श्रीमती आदि।

लेकिन कुछ जातिवाचक संज्ञाओं के स्त्रीलिंग रूप बिना प्रत्यय के बनाये जाते हैं। जैसे -

पुल्लिंग	**स्त्रीलिंग**	**पुल्लिंग**	**स्त्रीलिंग**
बाप	माँ	भाई	बहन
पिता	माता	महाराजा	महारानी
नर	नारी	राजा	रानी
मर्द	औरत	पुरुष	स्त्री
ससुर	सास	सम्राट्	साम्राज्ञी
बैल	गाय	वर	वधू

प्राय: पुल्लिग शब्दों में प्रत्यय लगाने से स्त्रीलिंग शब्द बनते है। अत: ऐसे शब्दों की एक सूची नीचे दी जा रही है।

पुल्लिग	**स्त्रीलिंग**	**पुल्लिग**	**स्त्रीलिंग**
अंवष्ठ	अंवष्ठा	अग्रज	अग्रजा
अछूता	अछूती	अध्यापक	अध्यापिका
अनदेखा	अनदेखी	अनब्याहा	अनब्याही
अनभिज्ञ	अनभिज्ञा	अनुचर	अनुचारी
अनुज	अनुजा	अन्नदाता	अन्नदात्री
अन्वेषी	अन्वेषिणी	अपराधी	अपराधिन
अबल	अबला	अभागा	अभागिनी

पुल्लिंग	स्त्रीलिंग	पुल्लिंग	स्त्रीलिंग
अभिनेता	अभिनेत्री	अभिमानी	अभिमानिनी
अभियुक्त	अभियुक्ता	अयोग्य	अयोग्या
अलबेला	अलबेली	अवरोधक	अवरोधिका
अविवाहित	अविवाहिता	अहंकारी	अहंकारिणी
आचारवान	आचारवती	आचार्य	आचार्या
आज्ञाकारी	आज्ञाकारिणी	आज्ञापालक	आज्ञापालिका
आत्मज	आत्मजा	आदरणीय	आदरणीया
आयुष्मान्	आयुष्मती	आराधक	आराधिका
आलोचक	आलोचिका	इकलौता	इकलौती
ईश्वर	ईश्वरी	उतावला	उतावली
उत्तरदाता	उत्तरदात्री	उत्पादक	उत्पादिका
उपकारक	उपकारिका	उपयोगी	उपयोगिनी
उपाध्याय	उपाध्याया	उपासक	उपासिका
ऊँट	ऊँटनी	एकरूपी	एकरूपिणी
एकहरा	एकहरी	ओछा	ओछी
ओजस्वी	ओजस्विनी	ओझा	ओझाइन
कुँजड़ा	कुँजड़ी	कुंजर	कुंजरी
कुँवर	कुँवरी	कुँवारा	कुँवारी
कुक्कुर	कुक्कुरी	कुढंगा	कुढंगी
कुम्हार	कुम्हारिन	कुरूप	कुरूपा
कुलक्षण	कुलक्षणा	कुलदेव	कुलदेवी
कुलवंत	कुलवंती	कुलवान	कुलवती
कुविचारी	कुविचारिणी	कोढ़ी	कोढ़िन
कोमल	कोमला	कौआ	कौवी
कौरव	कौरवी	क्रोधी	क्रोधिनी
क्षत्रिय	क्षत्राणी	खिलाड़ी	खिलाड़िन
गँवार	गँवारिन	गठीला	गठीली
गड़ेरिया	गड़ेरिन	गधा	गधी
गलत	गलती	गाढ़ा	गाढ़ी
गायक	गायिका	गीला	गीली
गंदा	गंदी	गुणवान	गुणवती
गुरु	गुरुआनी	गूँगा	गूँगी

पुल्लिंग	स्त्रीलिंग	पुल्लिंग	स्त्रीलिंग
घातक	घातिका	चंचल	चंचला
चांडाल	चांडालिन	चकवा	चकवी
चटकीला	चटकीली	चमकीला	चमकीली
चमार	चमारिन	चरित्रवान	चरित्रवती
चिकना	चिकनी	चुप्पा	चुप्पी
चुलबुला	चुलबली	चौबे	चौबाइन
चौरंगा	चौरंगी	छिछला	छिछली
छिछोरा	छिछोरी	जनाना	जनानी
जादूगर	जादूगरनी	जूठा	जूठी
जेठ	जेठानी	टोकरा	टोकरी
ठंढा	ठंढी	ठग	ठगिनी
ठठेरा	ठठेरिन	ठाकुर	ठकुराइन
तपस्वी	तपस्विनी	तांत्रिक	तांत्रिका
ताऊ	ताई	तिमंजिला	तिमंजिली
तेली	तेलिन	थोथा	थोथी
दंडनीय	दंडनीया	दयावान	दयावती
दरिद्र	दरिद्रा	दर्जी	दर्जिन
दर्शनीय	दर्शनीया	दलित	दलिता
दादा	दादी	दानव	दानवी
दानी	दानिनी	दास	दासी
दिव्य	दिव्या	दीवाना	दीवानी
दुःखदायक	दुःखदायिनी	दुःखी	दुःखिनी
दुखियारा	दुखियारिन	दुबला	दुबली
दुबे	दुबाइन	दुमंजिला	दुमंजिली
दुलारा	दुलारी	दुश्चरित्र	दुश्चरित्रा
देव	देवी	देवर	देवरानी
दोगला	दोगली	धीमा	धीमी
नन्हा	नन्हीं	नाती	नातिन
नायक	नायिका	निकम्मा	निकम्मी
निराला	निराली	नेता	नेत्री
न्यारा	न्यारी	पंचम	पंचमी
पंडा	पंडाइन	पंडुक	पंडुकी

पुल्लिंग	स्त्रीलिंग	पुल्लिंग	स्त्रीलिंग
पति	पत्नी	पतित	पतिता
परदादा	परदादी	पराया	पराई
परीक्षक	परीक्षिका	परेवा	परेई
पागल	पगली	पापी	पापिनी
पिछला	पिछली	पितामह	पितामही
पिशाच	पिशाची	पुत्र	पुत्री
पुत्रवान	पुत्रवती	पुत्रवान	पुत्रवती
पुरोहित	पुरोहितनी	पूजित	पूजिता
पूज्य	पूज्या	पौत्र	पौत्री
प्यारा	प्यारी	प्रचारक	प्रचारिणी
प्रदर्शक	प्रदर्शिका	प्रपुत्र	प्रपुत्री
प्रहारक	प्रहारिका	प्राणनाथ	प्राणप्यारी
प्राणप्रिय	प्राणप्रिया	प्राणेश्वर	प्राणेश्वरी
प्रार्थी	प्रार्थिनी	प्रिय	प्रिया
प्रियतम	प्रियतमा	प्रौढ़	प्रौढ़ा
फकीर	फकीरन	फतिंगा	फतिंगी
फुफेरा	फुफेरी	फुर्तीला	फुर्तीली
बकरा	बकरी	बछड़ा	बछड़ी
बनिया	बनियाइन	बलवान	बलवती
बायाँ	बायीं	बिल्ला	बिल्ली
वैरागी	वैरागिन	ब्रह्मचारी	ब्रह्मचारिणी
ब्राह्मण	ब्राह्मणी	भगत	भगतिन
भतीजा	भतीजी	भवदीय	भवदीया
भाग्यवान	भाग्यवती	भिक्षु	भिक्षुणी
भिखारी	भिखारिन	भील	भीलनी
मंत्री	मंत्रिणी	मजदूर	मजदूरनी
मयूर	मयूरी	मल्लाह	मल्लाहिन
महबूब	महबूबा	महाराजा	महारानी
महोदय	महोदया	मातामह	मातामही
माननीय	माननीया	मालिक	मालकिन
माली	मालिन	मीठा	मीठी
मुरगा	मुरगी	मुसलमान	मुसलमानी

वाक्य-प्रयोग द्वारा लिंग-निर्णय

वाक्य प्रयोग द्वारा लिंग-निर्णय की चार विधियाँ हैं -

(1) क्रिया द्वारा :- गाय खाती है। (खाती - स्त्रीलिंग)
बैल खाता है। (खाता - पुल्लिग)

ध्यान दें :- 'खाती' क्रिया शब्द से गाय के स्त्रीलिंग एवं 'खाता' से बैल के पुल्लिग होने का बोध होता है।

(2) विशेषण द्वारा :-

गाय उजली है। (उजली - स्त्रीलिंग)
बैल उजला है। (उजला - पुल्लिग)

इसी प्रकार 'उजली' विशेषण शब्द से गाय के स्त्रीलिंग और 'उजला' से बैल के पुल्लिग होने का बोध होता है।

(3) सर्वनाम द्वारा :-

गाय मेरी है। (मेरी - स्त्रीलिंग)
बैल मेरा है। (मेरा - पुल्लिग)

यहाँ भी 'मेरी' सर्वनाम शब्द से गाय के स्त्रीलिंग एवं 'मेरा' से बैल के पुल्लिग होने का बोध होता है।

(4) सम्बन्ध कारक की विभक्ति द्वारा :-

मोहन की गाय कहाँ है। (की - स्त्रीलिंग)
मोहन का बैल कहाँ है। (का - पुल्लिग)

यहाँ 'की' विभक्ति-चिह्न से गाय के स्त्रीलिंग और 'का' से बैल के पुल्लिग होने का बोध होता है।

नोट :- लिंग-निर्णय में वाक्य छोटे एवं सरल रखें। ऐसा वाक्य न बनाएँ, जिससे लिंग स्पष्ट न हो। जैसे - यह एक गाय है। वह एक बैल है। मैं गाय को पसंद करती हूँ। बैल का रंग उजला है।

ये सभी वाक्य शुद्ध हैं, लेकिन लिंग-निर्णय की दृष्टि से सभी अनुपयुक्त हैं। इनसे स्त्रीलिंग या पुल्लिग होने का स्पष्ट संकेत नहीं मिल पाता है। अतः लिंग-निर्णय की दृष्टि से कुछ और वाक्यों के उदाहरण दिये जा रहे हैं :-

सामान्य शब्दों का लिंग-निर्णय

पुल्लिग

अगूँठा - उसका अगूँठा मोटा है।
अंगूर - कुछ अंगूर खट्टे हैं।
अकाल - अकाल पड़ गया।
अक्षर - अक्षर पढ़ें।

आईना – यह आईना पुराना है।
इत्र – इत्र महँगा हो गया है।
उत्तर – इसका उत्तर दो।
औजार – औजार पुराना है।
कब्ज – उसे कब्ज हो गया है।
ग्रन्थ – यह पुराना ग्रन्थ है।
गुस्सा – उसे गुस्सा आ गया।
घोंसला – घोंसला गिर गया था।
चमत्कार – चमत्कार हो गया।
चिह्न – यह किसका चिह्न है।
छिद्र – छिद्र बंद हो गया है।
जवाब – आपका जवाब नहीं।
झगड़ा – झगड़ा समाप्त हो गया।
टैक्स – घर का टैक्स जमा करो।
ढोल – सुनो ढोल बज रहा है।
त्योहार – त्योहार समाप्त हो गया।
थान – यह साड़ी का थान है।
दरबार – दरबार लगा हुआ है।
दही – दही खट्टा हो गया।
दुपट्टा – यह दुपट्टा पुराना है।
धनी – वह बात का धनी है।
नयन – आपके नयन सुन्दर हैं।
नींबू – नींबू खट्टा होता है।
पदार्थ – यह कौन–सा पदार्थ है।
प्राण – उसके प्राण निकल गये।
पुरस्कार – मुझे पुरस्कार मिला।
फर्श – फर्श टूट गया।
बरतन – ये बरतन महँगे हैं।
बुखार – मुझे बुखार हो गया है।
यश – उसका यश फैल रहा है।
रिवाज – यह रिवाज पुराना है।
लेख – आपका लेख अच्छा लगा।
शुल्क – इसका शुल्क माफ होगा।

आँसू – आँसू निकल पड़े।
ईंधन – ईंधन महँगा हो गया है।
ओंठ – मेरे ओंठ खुले।
कंगन – वह कंगन तुम्हारा है।
कल्याण – आपका कल्याण हो।
गीत – ये गीत पुराने हैं।
घटाव – इसका घटाव सही है।
चंदन– चंदन महक उठा।
चाकू – उसका चाकू तेज है।
चौक – यह चौक नया है।
जख्म – मेरे जख्म भर गये।
जूता – तुम्हारे जूते पुराने हैं।
टापू – यह बड़ा टापू है।
ढक्कन – ढक्कन खुल गया है।
त्याग – आपका त्याग रंग लाया।
थन – गाय का थन बड़ा है।
दंड – उसे दंड दिया गया।
दर्शन – उनके दर्शन हुए।
दुःख – उसका दुःख समाप्त हुआ।
धर्म – आपका क्या धर्म है।
ध्यान – आपका ध्यान कहाँ है।
न्याय – उसे न्याय मिला।
पक्षी – पक्षी उड़ रहे हैं।
परिचय – अपना परिचय दें।
प्याज – प्याज बहुत सस्ता है।
पौधा – पौधा बढ़ रहा है।
फेन – यह साबुन का फेन है।
बीज – यह धान का बीज है।
भाग्य – आपका भाग्य अच्छा है।
रंग – इसका रंग पक्का है।
रूप – गीता का रूप मोहक है।
लौंग – लौंग सस्ता है।
शोक – पुत्र शोक जाता नहीं है।

सिपाही – एक सिपाही आ रहा है।
सौदा – माल का सौदा हो गया।
स्वप्न – मेरा स्वप्न साकार हो गया।
स्वागत – आपका स्वागत है।
हल्ला – बहुत हल्ला हो रहा है।
होठ – उसके होठ खुले।
होश – आपके होश उड़ गये।
हौसला – मेरा हौसला बड़ा है।

स्त्रीलिंग

अँतड़ी – अँतड़ी सड़ गयी है।
अक्ल –उनकी अक्ल मारी गयी है।
अभिलाषा –मेरी अभिलाषा पूर्ण हुई।
आग – घर में आग लग गयी थी।
आज्ञा – बड़ों की आज्ञा मानो।
आदत – व्यायाम की आदत डालो।
ईद – ईद कब होगी।
ऊँगली – ऊँगली कट गयी।
एकता – हमारी एकता बनी रहेगी।
ऐनक – यह ऐनक पुरानी है।
ओखली – यह ओखली मेरी है।
ओस – ओस गिर रही है।
कीमत – इसकी कीमत कम है।
खाट – मेरी खाट टूट गयी है।
खाई – यह गहरी खाई है।
खुजली – तुम्हें खुजली हो गयी है।
गंध – यह कैसी गंध है।
गरदन – उसकी गरदन में दर्द है।
गोद – माँ की गोद में सो जाओ।
घास – घास सूख गयी।
चाँदी – चाँदी सस्ती हो गयी।
चाल – उसकी चाल ठीक है।
चीख – एक चीख सुनाई पड़ी।
चेचक – उसे चेचक हो गई।
छत – छत कमजोर थी।
जंग – जंग समाप्त हो गई।
जमीन – यह मेरी जमीन है।
जान – उसकी जान बच गई।
जेली – जेली बहुत मीठी है।
झील – यह गहरी झील है।
टाँग – उसकी टाँग टूट गयी।
टोकरी – मेरी टोकरी दे दो।
ठंढ – ठंढ बढ़ गयी है।
ढोलक – ढोलक बज रही है।
तलवार – मेरी तलवार नयी है।
त्वचा – आपकी त्वचा कोमल है।
थाली – मेरी थाली पुरानी है।
दौलत – दौलत खत्म हो जाती है।
धातु – यह धातु महँगी है।
नाक – इसकी नाक कट गयी।
नाभि – तुम्हारी नाभि में घाव है।
पायल – मेरी पायल पुरानी है।
प्रार्थना – ईश्वर की प्रार्थना करो।
फुलवारी – मेरी फुलवारी देखो।
बंदूक – उसकी बंदूक बिक गयी।
बदबू – इससे बदबू आ रही है।
बाढ़ – बाढ़ आ गयी है।
बिजली – बिजली चली गयी।
भीड़ – भीड़ बढ़ रही है।
भौंह – आपकी भौंह मोटी है।
मखमल–मखमल मुलायम होती है।
मेहनत – आपकी मेहनत रंग लायी।
मृत्यु – उसकी मृत्यु सुखद है।
रसीद – रसीद फट गयी थी।
लज्जा – तुम्हें लज्जा नहीं आयी?
लता –पेड़ की लता को मत तोड़ो।
लागत – इसकी क्या लागत है।
लू – आज लू चल रही है।

विजय – मेरी विजय होगी।

संगति – बुरी संगति से दूर रहो।

सड़क – सड़क चौड़ी हो गयी।

सेना – भारत की सेना मजबूत है।

हँसी – मुझे हँसी आ गयी थी।

हाट – हाट लगी है।

शर्म – तुम्हें शर्म नहीं आती।

संतान – तुम मेरी संतान हो।

सराय – सराय बंद हो चुकी है।

सौंफ – सौंफ लाभदायक होती है।

हड़ताल – हड़ताल खत्म हो गयी।

पुल्लिंग

बहन-बहनोई : मेरे बहन-बहनोई अच्छे हैं।

भाई-बहन : उसके भाई-बहन अब आ रहे हैं।

सीता-राम : सीता-राम वन चले गये।

चाल-चलन : उसके चाल-चलन बहुत अच्छे हैं।

राजा-रानी : राजा-रानी अच्छे हैं।

गाय-बैल : गाय-बैल बिक गये।

अन्न-जल : मेरे अन्न-जल ग्रहण करें।

घर-द्वार : घर-द्वार बाढ़ में बह गये।

नाक-कान : उसके नाक-कान कट गये।

कपड़ा-लत्ता : उसके कपड़े-लत्ते गंदे हैं।

स्त्रीलिंग

दूध-रोटी : दूध-रोटी ठंढी हो गयी।

चमक-दमक : जरा, उसकी चमक-दमक देखो।

राजकन्या : राजकन्या आ रही है।

राजसत्ता : राजसत्ता चली गयी।

विधानसभा : विधानसभा भंग हो गयी।

लोकसभा : लोकसभा अब दो दिनों तक चलेगी।

धर्मशाला : यह धर्मशाला पुरानी है।

राष्ट्रभाषा : हमारी राष्ट्रभाषा हिन्दी है।

खेल-समिति : खेल-समिति अब भंग हो गयी।

अपवाद :-

(क) दल (पुंल्लिंग) – आपके दल का क्या नाम है ?

दलदल (स्त्रीलिंग) – अरे ! यह कैसी दलदल है ?

(ख) देन (स्त्रीलिंग) – मेरी प्रगति आपकी देन है।

लेन-देन (पुंल्लिंग) – आपका लेन-देन ठीक है।

लिंग-कोश

पुल्लिग शब्द

स्वर :-

अंक, अंकगणित, अंकुर, अंग, अंगुल, अँगूठा, अंगूर, अंजाम, अंडा, अंत, अंतरिक्ष, अंदाज, अंधकार, अंधड़, अकाल, असत, असर, अखबार, अखरोट, अखाड़ा, अचार, अणु, अतिथि, अतीत, अत्याचार, अदरक, अधिकार, अध्ययन, अध्यापन, अनपच, अनर्थ, अनाज, अनादर, अनार, अनुमान, अनुवाद, अनुशासन, अनुसार, अन्त, अन्याय, अन्वेषण, अपमान, अपराध, अपवाद, अपहरण, अबरक, अबीर, अभाव, अभिनय, अभिमान, अभ्यास, अमर, अमरूद, अमृत, अम्ल, अर्थ, अवगुण, अवतार, अवसर, अशुभ, अस्त्र, आँगन, आँचल, आँख, आँवला, आँसू, आईना, आकलन, आकार, आकाश, आक्रोश, आग्नेयास्त्र, आग्रह, आघात, आचरण, आचार, आशा, आतंक, आदर, आदर्श, आदेश, आधार, ऑपरेशन, आभूषण, आम, आयात, आरंभ, आराम, आरोप, आलिंगन, आलू, आविष्कार, आवेदन, आशीर्वाद, आश्रय, आषाढ़, आसन, आसमान, आसरा, आहार, आह्लाद, आदान, इंच, इंजन, इंतकाल, इंतजाम, इतिहास, इत्र, इनकार, इनसान, इनाम, इम्तहान, इरादा, इशारा, इश्क, इस्पात, इसलाम, इस्तीफा, इस्तेमाल, ईंधन, ईमान, उच्चारण, उजाला, उत्तर, उत्पात, उत्सव, उत्साह, उदय, उद्घाटन, उपयोग, उधार, उपचार, उपदेश, उपद्रव, उपन्यास, उपयोग, उपहार, उपाय, उबरना, उलटफेर, उल्लंघन, उल्लास, उल्लू, ऊख, ऊन, ऋग्वेद, ऋषभ, ऋषि, एकड़, एकवचन, एहसान, ऐब, ऐश, ओठ, ओज, ओल, ओला, औजार, औष, औसत।

'क' वर्ग -

कंकड़, कंगन, कंधा, कंठ, कंबल, कप्ट, कचनार, कण, कत्था, कथन, कदम, कद्दू, कपूर, कपड़ा, कफन, कब्ज, कमल, कमाल, करेला, कर्म, कलंक, कलश, कलेजा, कपट, कागज, काजल, काजू, काठ, कान, कानून, काम, कारखाना, कारण, कारतूस, कार्य, कार्यक्रम, किनारा, कीट, कीड़ा, कमंडल, कुन्दन, कुआँ, कुल, कुष्ठ, कूड़ा, केंचुआ, केन्द्र, केश, केसर, कैदी, कोट, कोड़ा, कोढ़, कोना, कोयला, कोल्हू, कोहिनूर, कौशल, क्रम, क्षण, क्षय, क्षार, क्षितिज, क्षेत्र, खंड, खंडहर, खजाना, खजूर, खटमल, खत, खतरा, खपड़ा, खरबूजा, खर्च, खग, खुलासा, खून, खेल, ख्याल, ख्वाब, गंगाजल, गजरा, गणित, गद्य, गन्ना, गर्जन, गर्म, गला, गान, गायन, गाल, गिलास, गीत, गुड़, गुण, गुब्बारा, गुलाम, गुस्सा, गूलर, गेहूँ, गोंद, गोदाम, गोबर, गोश्त, गौरव, ग्रह, ग्रहण, घटक, घटाव, घड़ियाल, घपला, घराना, घास, घाट, घाटा, घाव, घी, घुंघरू, घुटना, घुन, घूँघट, घेरा, घोसला, घोटाला।

'च' वर्ग –

चंगुल, चंदन, चंदा, चंद्र, चंद्रमा, चक्कर, चक्षु, चना, चंपत, चप्पल, चबूतरा, चमगादड़, चमड़ा, चम्मच, चयन, चरखा, चरित्र, चलचित्र, चश्मा, चाबुक, चाय, चावल, चिराग, चिह्न, चुबंक, चुबंन, चुनाव, चूतड़, चूना, चूड़ा, चूल्हा, चेहरा, चोकर, छक्का, छछूँदर, छज्जा, छत्ता, छर्रा, छल्ला, छिड़काव, छिद्र, छिलका, छींका, छींटा, छोर, जंगल, जँगला, जंतु, जाम, जबड़ा, जर्दा, जल, जलपान, जलसा, जलावन, जुलूस, जवान, जश्न, जहाज, जादू, जामुन, जाल, जिगर, जीरा, जीव, जीवन, जुआ, जुकाम, जुर्म, जुल्म, जूता, जूस, जेल, जोड़ा, जोर, जोश, जौ, जान, ज्वर, ज्वारभाटा, झंखाड़, झटका, झाग, झाड़ू, झींगा, झींगुर, झुंड, झुकाव, झुमका, झुरमुट, झूठ, झूमर, झूला, झोंका।

'ट' वर्ग :-

टका, टन, टमाटर, टाइप, टाइपराइटर, टापू, टावर, टिफिन, टीन, टेनिस, टेबुल, टेलिविजन, टैंक, टैक्स, टोप, ट्रंक, ठप्पा, ठाठ, ठीका, ठूँठ, ठेका, ठौर, डंक, डंका, ढंग, डमरू, डर, डाका, डिब्बा, डेक, ड्रम, ड्रामा, ड्रेस, ढकोसला, ढक्कन, दर्रा, ढाँचा, ढाबा, ढोल।

'त' वर्ग :-

तंबू, तकिया, तख्त, तह, तत्त्व, तन, तना, तय, तबला, तबादला, तम्बाकू, तमाचा, तमाशा, तरबूज, तराजू, तरीका, तिरस्कार, तिल, तिलक, तिलकुट, तीर्थ, तूफान, तेजाब, तेल, त्रिभुज, त्रिशूल, थप्पड़, थर्मामीटर, थाक, थाना, थापा, थियेटर, थूक, थुथना, थोक, थोबड़ा, दंगा, दंड, दफ्तर, दबाव, दम, दमा, दर, दर्द, दरबारी, दरवाजा, दर्जन,, दर्पण, दर्शक, दलहन, दशम, दशमलव, दस्त, दस्ताना, दही, दहेज, दाँत, दाखिल, दान, दाना, दाम, दिमाग, दिवस, दीपक, दीया, दुःख, देहात, दोष, द्रव, द्रव्य, द्वार, द्वीप, धंधा, धक्का, धतूरा, धन, धनिया, धनुष, धन्यवाद, धब्बा, धमाका, धर्म, धरातल, धान, धाम, धूमकेतु, धूम्रपान, धैर्य, धोखा, ध्यान, ध्वज, नकद, नक्शा, नखरा, नगर, नफा, नमक, नमस्कार, नमूना, नयन, नरक, नल, नवाब, नाश, नाखून, नरक, नाद, नारियल, निकाह, निबंध, निमंत्रण, नियम, निर्माण, निवास, निवेदन, निशान, नींबू, नीम, नृत्य, नेत्र, नोट, न्याय न्योता।

'प' वर्ग :-

पंख, पंडाल, पट, पड़ोस, पतन, पता, पत्थर, पत्र, पथ, पद, पदार्थ, पपीता, पर्दा, पराग, परिचय, परिवार, पर्व, परिश्रम, पाँव, पवन, पसीना, पाचन, पाजामा, पाठ, पान, पापड़, पारा, पार्क, पार्सल, पाँव, पिंजरा, पिल्लू, पीतल, पीपल, पुआ, पुरस्कार, पुल, पुलाव, पुष्प, पृष्ठ, पेट, पेट्रोल, पेड़ा, पेपर, पैर, पोस्टकार्ड, पौधा, प्याज, प्यार, प्रकाश, प्रचार, प्रण, प्रताप, प्रदर्शन, प्रमाण, प्रयत्न, प्रयास, प्रयोग, प्रवेश, प्रश्न, प्रसार, प्रस्ताव, प्रहार, प्रारंभ, प्रेम, प्रेस,

प्लास्टर, प्लेग, प्लेट, फंदा, फगुआ, फन, फफोला, फरसा, फरेब, फर्ज, पर्श, फल, फागुन, फारक, फारम, फीता, फील्ड, फूल, फूलदान, फूस, फेन, फेफड़ा, फेल, फैशन, फैसला, फोटो, फ्रॉक, बँटबारा, बंदरगाह, बगीचा, बगुला, बचपन, बचाव, बटोही, बड़प्पन, बदन, बम, बचाव, बरगद, बराती, बलिदान, बहाव, बहुमत, बाँस, बाज, बाजरा, बाजा, बाजार, बादल, बादाम, बालू, बिंदु, बिछौना, बिस्कुट, बीज, बीमा, बुखार, बेर, बेल, बेलन, बोर्ड, भंडा, भंडार, भँवर, भजन, भत्ता, भय, भरोसा, भक्त, भस्म, भाग, भाड़ा, भात, भार, भुजिया, भुवन, भूकंप, भूत, भेद, भोज, भोर, भोजन, भोलापन, भौरा, भ्रम, भंडार, मंत्र, मंदिर, मकबरा, मकान, मक्खन, मजा, माथा, मार्ग, मास, मिस्त्री, मुँह, मुहाँसा, मुकुट, मुख, मुरब्बा, मुहावरा, मेला, मैच, मैदान, मोम, मौका।

अन्तःस्थ :-

यंत्र, यकीन, यक्ष्मा, यज्ञ, यत्न, यम, यश, याक, यात्री, युग, युद्ध, युद्धोपरान्त, योग, योगफल, योगी, यौगिक, यौवन, रंग, रक्षाबंधन, रथ, रेडियो, रेफ, रोंगटा, लंगूर, लंच, लंबोदर, लकवा, लगाव, लड्डू, लटटू, लतीफा, लवण, लहँगा, लहसुन, लाभ, लालच, लावारिस, लिंग, लिफाफा, लिवर, लीडर, लेख, लेखन, लेनदेन, लेप, लोभ, लोहिया, वंश, वकील, वक्त, वजन, वस्त्र, वाक्य, वाग, वातावरण, वाद्य, वायुमंडल, वाहन, विकास, विचार, विज्ञान, विमान, विवाद, विनाश, विवाह, विश्राम, विश्वास, विष, विषय, विसर्जन, वृक्ष, रोग, वेग, वेतन, व्यय, व्यवहार, व्याज, व्यापार, व्यायाम।

उष्म :-

शंख, शकरकंद, शत्रु, शब्द, शख्त, शरीर, शलजम, शाप, शास्त्र, शिकार, शिखर, शिलान्यास, शिष्टाचार, शीर्षक, शीशम, शीशा, शतुरमुर्ग, शुल्क,श्रृंगार, शेष, शोला, शौक, श्राद्ध, श्लोक, श्वेत, षट्चक्र, षडंग, संकेत, संकोच, संग, संगठन, संगीत, संग्रह, संतोष, संदेश, संदेह, सम्बन्ध, संवाद, सखुआ, सत्कार, सत्तू, सपना, सफर, सबक, सबूत, समर्थन, समाचार, समारोह, सम्मेलन, सरकार, सलाद, सवेरा, सहयोग, सहारा, सागर, साबुन, सारांश, सावन, साहस, सिंदूर, सिंध, सिक्का, सितार, सिनेमा, सिर, सींग, सीप, सुख, सुहाग, सूप, सेतु, सेब, सोफा, सौदर्य, स्कूल, स्टीमर, स्टेशन, स्थान, स्नान, स्मरण, स्वप्न, स्वर्ग, स्कूल, स्वास्थ्य, हंगामा, हकदार, हजम, हुजूम, हक, हंस, हड़कंप, हथियार, हमला, हर्ज, हर्ष, हल, हलवा, हल्ला, हवन, हवाईजहाज, हस्तकौशल, हलकापन, हंस।

स्त्रीलिंग शब्द

स्वर :-

अँगराई, अँगुली, अग्नि, अठन्नी, अदालत, अड़चन, अनबन, अनुमति, अपेक्षा, अपवाह, अफीम, अभिरुचि, अभिलाषा, अरहर, आलमारी, अवज्ञा, अवधि, अवस्था,

अशर्फी, अष्टमी, असभ्यता, असलियत, अहिंसा, अस्थिरता, असुविधा, आँख, आँत, आँधी, आग, आजादी, आज्ञा, आतिशबाजी, आत्मा, आदत, आनबान, आपत्ति, आफत, आबादी, आय, आरजू, आरी, आलपिन, आवश्यकता, आवाज, आशा, आसानी, आहट, आहुति, इंद्रा, इकन्नी, इकाई, इजाजत, इज्जत, इनसानियत, इमली, इमारत, इलायची, इस्तिरी, ईंट, ईर्ष्या, उँगली, उठान, उतराई, उत्का, उपमा, उदासीनता, उधेड़बुन, उन्नति, उपज, उपमा, उपयोगिता, उपलब्धि, उपस्थिति, उपाधि, उम्मीद, उम्र, उल्का, उस्तादी, ऊँचाई, ऊष्मा, ऋक्, ऋचा, ऋजुता, ऋतु, एकता, एकन्नी, एकाग्रता, एड़ी, ऐंठ, ऐंठन, ऐनक, ऐय्याशी, ओखली, ओठ, ओढ़नी, ओर, औषधि, ओस, औलाद।

'क' वर्ग :-

कंघी ककड़ी, कचौड़ी, कटाई, कठिनाई, कठोरता, कड़ी, कढ़ी, कतार, कपास, कबड्डी, कब्जियत, कब्र, कमर, कमाई, कमीज, करतूत, करामात, कलम, कला, कलाई, कल्पना, कविता, किरण, कसम, कस्तूरी, कहानी, कहावत, काँख, काँच, काँटी, कॉपी, कविता, किशमिश, किश्ती, किस्मत, कील, कुदाल, कुल्फी, कुल्हाड़ी, कुशलता, कुँजी, कृपा, कैंची, कैद, कोठरी, कोशिश, क्यारी, क्रूरता, क्षमता, खटाई, खटिया, खड़ाऊँ, खोपड़ी, खबर, खराबी, खरीद, खरोंच, खलबली, खाँसी, खाई, खाज, खाट, खाद, खाल, खिचड़ी, खिड़की, खीर, खील, खुजली, खुदकुशी, खुश्क, खुशखबरी, खुशबू, खुशामद, खुशी, खूँटी, खूबसूरती, खूबी, खेती, खोज, खोट, गंगा, गंजी, गंध, गंधक, गठिया, गंदा, गरमी, गरीबी, गलती, गली, गहराई, गाँठ, गाजर, गाली, गिन्नी, गिरफ्तारी, गुफा, गुमटी, गुलामी, गुल्ली, गूँज, गेंद, गोद, गोभी, घड़ी, घाटी, घास, घिन, घिरनी, घुघनी, घुड़दौड़, घुड़साल, घुसपैठ, घूँठी, घूस, घृणा, घोषणा।

'च' वर्ग :-

चटनी, चटाई, चट्टान, चढ़ाई, चतुरता, चपाती, चमक, चमेली, चरबी, चर्चा, चलती, चवन्नी, चाँदनी, चाँदी, चाट, चादर, चाबी, चाय, चाल, चालाकी, चासनी, चाह, चिंता, चिकनाई, चिकित्सा, चिट्ठी, चिड़िया, चिता, चिनगारी, चिमनी, चीज, चीनी, चुगली, चुटकी, चुनौती, चेचक, चोंच, चोरी, चौकी, छलिया, छड़, छड़ी, छतरी, छत, छपाई, छवि, छीट, छाँट, छाँह, छाती, छानबीन, छाप, छाया, छाल, छल्ला, छिपकली, छींक, छुआछूत, छुट्टी, छुरी, छाती, छानबीन, छाप, जंग, छेनी, छूट, जंजीर, जई, जगह, जरा, जड़ी, जनता, जनसंख्या, जवाब, जमानत, जमीन, जय, जलेबी, जल्दी, जवानी, जहर, जाँघ, जाजिम, जाति, जादूगरी, जान, जासूसी, जिंदगी, जिद, जिल्द, जीत, जीभ, जीवनी, जीविका, जुदाई, जूँ, जूठन, जूही, जोंक, जोड़ी, जोत, ज्यादती, ज्योति, ज्वार, ज्वाला, झंझट, झड़प, झड़ी, झमक, झमझम, झरझर, झरी, झलक, झलझल, झाँकी, झाड़ी, झालर, झिझक, झिड़की, झींसी, झील, झुग्गी, झोपड़ी, झोली।

'ट' वर्ग :-

टंकी, टकटकी, टक्कर, टट्टी, टन, टनख, टमटम, टहनी, टहल, टाँक, टाँग, टाँय, टोकरी, टोपी, टोली, टोह, ट्राम, ठंढ, ठंढक, ठकठक, ठगी, ठटरी, ठनठन, ठमक, ठसक, ठाकुरबाड़ी, ठान, ठुमकी, ठुमरी, ठेपी, ठोकर, डंडी, डकैती, डगर, डफली, डलिया, डली, डाँट, डाक्टरी, डाल, डायरी, डाह, डिबिया, डींग, डीह, डुबकी, डोर, डोरी, डोलची, डोली, ड्योढ़ी, ढकनी, ढाल, ढिलाई, ढिबरी, ढील, ढेकी, ढोलक।

'त' वर्ग :-

तकदीर, तकली, तकलीफ, तबीयत, तमन्ना, तमीज, तरंग, तरकारी, तरकीब, तरक्की, तरफ, तारीफ, तलवार, तलाश, तलाशी, तसवीर, तह, ताँत, ताजगी, ताड़ी, तितली, तिथि, तिपाई, तिलौरी, तीली, तुला, तैयारी, तोंद, तोप, तोशक, तौलिया, त्रुटि, त्वचा, थकान, थाली, थाह, थैली, दंगा, दया, दयालुता, दरार, दरिद्रता, देरी, दवात, दशा, दहाड़, दीवार, दीवाली, दुकान, दुनिया, दुर्गंध, दुर्घटना, दुर्दशा, दिनचर्या, दिल्लगी, दुर्बलता, दुविधा, दुश्मनी, दुष्टता, दूध, दूरबीन, दूरी, दृष्टि, दैवी, देन, देर, देह, दोपहर, दोस्ती, दौड़, दौलत, धड़कन, धमकी, धमनी, धरती, धाँधली, धाक, धारणा, धारा, धुंध, धुलाई, धूमधाम, धूर्तता, धूल, धोखेबाजी, धोती, धौंस, ध्वजा, ध्वनि, नकल, नक्काशी, नगीना, नग्नता, नजर, नत्थी, नथ, नपुंसकता, नफरत, नब्ज, नमाज, नमी, नरक, नरमी, नली, नवाबी, नस, नहर, नाद, नाक, नाड़ी, निद्रा, निमकी, नियुक्ति, निराशा, निर्धनता, निष्ठा, नींद, नीचता, नीति, नीयत, नोक, नौकरी, नौका।

'प' वर्ग :-

पंक्ति, पंचमी, पंचायत, पगड़ी, पट्टी, पढ़ाई, पतझड़, पतवार, पताका, पत्तल, पत्ती, पत्रिका, पन्नी, पपड़ी, परछाई, परत, परवाह, पराजय, परात, परीक्षा, परेड, परेशानी, पलक, पसली, पहचान, पहुँच, पहेली, पाजेब, पाठशाला, पाबंदी, पायल, पार्टी, पालकी, पॉलिश, पीढ़ी, पुकार, पुचकार, पुतली, पुलिस, पुस्तक, पूँछ, पूँजी, पूजा, प्रकृति, पेचिश, पेटी, पेंसिल, पैदावार, पैरवी, पोशाक, पोस्ट, प्यास, प्रगति, प्रजा, प्रतिज्ञा, प्रतिमा, प्रतियोगिता, प्रतिष्ठा, प्रतीक्षा, प्रदर्शनी, प्रधानता, प्रशंसा, प्रश्नोत्तरी, प्रसन्नता, पहेली, प्राप्ति, प्रार्थना, फटकार, फसल, फफूँदी, फाँक, फाँसी, फ्रिक, फिटकरी, फीस, फुँसी, फुनगी, फुफकार, फुरती, फुलझड़ी, फुलवारी, फुलौरी, फूस, फुहार, फूँक, फूट, फुलगोभी, फौज, बड़ी, बंदगोभी, बंदूक, बकबक, बगल, बचत, बड़ाई, बदहजमी, बधाई, बनावट, बरफी, बरवादी, बरसात, बर्फ, बवासीर, बस्ती, बहार, बहाली, बाँसुरी, बाँह, बाइबिल, बागवानी, बाजी, बाढ़, बात, बातचीत, बाधा, बारिश, बारी, बारूद, बिंदी, बिक्री, बिजली, बुद्धि, बुनाई, बुनावट, बुराई, बूँद, बूँदी,

बेंच, बैठक, बोतल, बोलचाल, बोली, भक्ति, भगदड़, भनक, भरती, भरमार, भलाई, भाँग, भाप, भाषा, भिंडी, भिक्षा, भिड़ंत, भुजा, भूख, भूमि, भूमिका, भूल, भेंट, भेड़, भौंह, मंजिल, मंजूरी, मखमल, मशाल, मशीन, मस्ती, मदद, मदिरा, मधुरता, ममता, मरम्मत, मलमल, महक, महामारी, माँग, मात्रा, मारपीट, माला, मालिश, मिट्टी, मिठास, मिरगी, मूर्ति, मूली, मृत्यु, मेज, मेथी, मेंहदी, मेहनत, मैना, मैल, मोच,

अन्तःस्थ :-

यमुना, यात्रा, याद, यादगार, याददाश्त, युक्ति, योग्यता, योजना, रंजिश, रकम, रग, रगड़, रचना, रचाई, रस, रसीद, राई, राख, रात, राशि, राह, रिश्वत, रिहाई, रीढ़, रीति, रुकावट, रुचि, रूई, रूढ़ि, रूह, रेख, रेजगी, रेती, रेल, रेवड़ी, रोक, रोकथाम, रोशनी, रौनक, लंका, लंबाई, लक्ष्मी, लगन, लगाम, लज्जा, लड़ाई, लत, लता, लपट, ललकार, लहर, लाइट, लाइन, लात, लाट, लालटेन, लालसा, लालिमा, लिपि, लिखावट, लीची, लीद, लीला, लुंगी, लुगदी, लुटिया, लू, लूट, लई, लेखनी, लोटपोट, लोमड़ी, लौ, वंदना, वकालत, वर्षा, वस्तु, वागी, वायु, विजय, विदाई, विद्या, विद्युत, विनती, विनय, विपत्ति, विभक्ति, विशेषता, वीणा, वीरता।

उष्म :-

शंका, शक्कर, शक्ति, शतरंज, शताब्दी, शरण, शराफत, शराब, शर्ट, शर्त, शहनाई, शांति, शाखा, शादी, शपथ, शाम, शिकायत, शिक्षा, शीघ्रता, शीशी, शोभा, श्रद्धा, श्रेणी, श्रेष्ठता, षष्ठी, षोडश, षोडशी, संख्या, संज्ञा, संधि, संपत्ति, संसद, सच्चाई, सजावट, सड़क, सफलता, सफाई, सफेदी, सब्जी, सभा, समस्या, समाधि, समानता।

❑❑❑

20

वचन

वचन का अर्थ होता है - बोली, लेकिन हिन्दी व्याकरणों में वचन संख्याबोधक होता है। संज्ञा, सर्वनाम, विशेषण और क्रिया के जिस रूप से संख्या का बोध होता हो, उसे **वचन** कहते हैं। जैसे -

लड़का, लड़की, कुत्ता, घोड़ा, आप आदि। - एक का बोध
लड़के, लड़कियाँ, कुत्ते, घोड़े, आपलोग आदि। - अनेक का बोध

वचन के भेद

वचन के दो भेद हैं :-

(क) एकवचन (ख) बहुवचन

(क) एकवचन -

शब्द के जिस रूप से एक व्यक्ति या वस्तु का बोध हो, उसे एकवचन कहते हैं। जैसे - लड़का, घोड़ा, कुत्ता, कलम, बहन, लड़की, शाखा, मैं, तू आदि।

(ख) बहुवचन -

शब्द के जिस रूप से एक से अधिक व्यक्तियों या वस्तुओं का बोध हो, उसे बहुवचन कहते हैं। जैसे - लड़के, घोड़े, कुत्ते, कलमें, बहनें, लड़कियाँ, शाखाएँ, हम, तुम, आदि।

बहुवचन बनाने के नियम

बहुवचन दो प्रकार के बनते हैं- विभक्ति रहित और विभक्ति सहित।

एकवचन	बहुवचन विभक्ति रहित	बहुवचन विभक्ति सहित
लड़का	लड़के	लड़कों
बालक	बालकें	बालकों
गाय	गायें	गायों

एक घोड़ा	दो घोड़े	एक लड़का	कई लड़के
एकवचन	बहुवचन	एकवचन	बहुवचन

यहाँ विभक्ति रहित और विभक्ति सहित बहुवचन बनाने के विभिन्न नियमों की चर्चा की जाएगी।

एकवचन से बहुवचन बनाने के निम्नलिखित नियम हैं :-

पुल्लिंग शब्दों के बहुवचन

(1) आकारांत पुल्लिग संज्ञा के 'आ' को 'ए' में बदलने से बहुवचन होता है। जैसे-

एकवचन - लड़का, कमरा, घोड़ा, कुत्ता, सोफा, पहिया, पूआ।

बहुवचन - लड़के, कमरे, घोडे, कुत्ते, सोफे, पूए।

कुछ ऐसे शब्द हैं-

मेला, केला, चेला, गमला, ताला, मसाला, बकरा, बछड़ा, कपड़ा, भेंड़ा, जूता, छाता, रास्ता, कुरता, आरा, काँटा, बेटा, पराँठा, अँगूठा, चना, खिलौना, गन्ना, पंखा, चरखा, चश्मा, तारा, चौराहा, आदि।

अब विभक्ति रहित या विभक्ति सहित उपर्युक्त संज्ञा-शब्दों को वाक्य-प्रयोग की दृष्टि से देखें :-

एकवचन (विभक्ति रहित) - लड़का दौड़ता है। कमरा साफ है।

बहुवचन (विभक्ति रहित) - लड़के दौड़ते हैं। कमरे साफ हैं।

लेकिन, एकवचन में विभक्ति का प्रयोग हो तो ऐसे आकारांत पुल्लिग शब्द एकारांत हो जाते है। जैसे -

एकवचन (विभक्ति सहित) - एक लड़के ने, एक कमरे में, एक सोफे पर, एक बच्चे को, एक पूए के लिए रोते देखा।

उपर्युक्त वाक्यों में 'ने' और 'में' आदि विभक्तियाँ हैं। ऐसे शब्दों का प्रयोग बहुवचन में विभक्ति के साथ करना हो, तो इस प्रकार करें -

बहुवचन (विभक्ति सहित) - लड़कों ने, कमरों में, सोफों पर, बच्चों को, पूओं के लिए रोते देखा।

अपवाद - लेकिन कुछ आकारांत पुल्लिग संज्ञा दोनों वचनों में विभक्ति रहित एक ही रूप में प्रयुक्त होते हैं। जैसे - बाबा, दादा, नाना, काका, चाचा, मामा, पिता, कर्त्ता, दाता, योद्धा, युवा, राजा, आदि।

एकवचन - उसका एक मामा है। मामा ने कहा- मैं राजा हूँ।

बहुवचन - उसके दो मामा हैं। दोनों मामा ने कहा- हमलोग राजा हैं।

नोट :- (क) ऐसे शब्दों का प्रयोग इस प्रकार न करें -

एकवचन - दादे ने, नाने से, मामे की - गलत प्रयोग।

बहुवचन - दादाओं ने, नानाओं से, मामाओं की - गलत प्रयोग।

लेकिन संस्कृत के आकारांत शब्दों के अंत में 'ओ' लगाकर विभक्ति सहित बहुवचन बनाए जाते है। जैसे -

राजाओं ने, राजाओं को, राजाओं के लिए राजाओं से, योद्धा के लिए

(ख) विभक्ति रहित या विभक्ति सहित आकारांत पुंलिंग संज्ञा-शब्दों के एकवचन एवं बहुवचन के प्रयोग में सावधानी रखें।

एकवचन - लड़का खाता है। लड़के को खिलाओ। लड़के ने कहा।

बहुवचन - लड़के खाते हैं। लड़कों को खिलाओ। लड़कों ने कहा।

(2) एकवचन आकारांत पुल्लिग संज्ञाओं को छोड़कर अन्य स्वरों (अ, इ, ई, उ, ऊ, ए, ओ, औ) से अंत होने वाले शब्द दोनो वचनो में एक ही रूप में रहते हैं और वचन की पहचान वाक्य में प्रयुक्त क्रिया से होती है। जैसे-

एकवचन - बालक पढ़ता है। कवि कहता है। भाई आया।

बहुवचन - (दो) बालक पढ़ते हैं। (सभी) कवि कहते हैं।

ऐसे कुछ शब्द हैं - बालक, नर, घर, कवि, ऋषि, मुनि, स्वामी, सिपाही, गुरु, कृपालु, भालू, डाकू, दूबे, चौबे, कोदो, रासो, जौं, गौ, सरसों आदि।

इनका विभक्ति सहित बहुवचन रूप होगा -

बालक - बालकों ने, बालकों को, बालकों से आदि।

कवि - कवियों ने, कवियों को, कवियों से आदि।

सिपाही - सिपाहियों ने, सिपाहियों को, सिपाहियों से आदि।

गुरु - गुरुओं ने, गुरुओं को, गुरुओं से आदि।

डाकू - डाकुओं ने, डाकुओं को, डाकुओं से आदि।

चौबे - चौबों ने, चौबों को, चौबों से आदि।

(3) एकवचन पुंल्लिग शब्दों के 'आँ' को 'एँ' में बदलने से विभक्ति रहित बहुवचन बनता है। जैसे - रोआँ-रोएँ, धुआँ-धुएँ, कुआँ-कुएँ।

विभक्ति सहित बहुवचन का रूप होगा - रोओं, धुओं, कुओं आदि।

एकवचन - मुझे एक कुआँ है। उस कुएँ का पानी मीठा है।

बहुवचन - मुझे दो कुएँ हैं। उसे कुओं का पानी मीठा है।

स्त्रीलिंग शब्दों के बहुवचन

(1) एकवचन आकारांत स्त्रीलिंग संज्ञा के अंतिम 'आँ' को 'एँ' में बदल देने से बहुवचन बनता है।

एकवचन - गाय, पुस्तक, झील, लाल, बहन, आँख।

बहुवचन – गायें, पुस्तकें, झीलें, लालें, बहनें, आँखें।

ऐसे कुछ शब्द हैं –

आह, राह, मेज, मंजिल, दाल, खाल, मूँछ, पूँछ, फसल, गजल, रात, बात, आफत, आदत, जान, खान, लाश, घास, नहर, लहर, खबर, कलम, जोंक, आदि।

एकवचन – यह गाय मेरी है। इसकी एक आँख आ गयी है।

बहुवचन (विभक्ति रहित) – ये गायें मेरी हैं। इनकी आँख आ गयी हैं।

बहुवचन (विभक्ति सहित) – इन गायों की आँखों में लाली आ गयी है।

(2) एकवचन आकारांत, उकारांत एवं ऊकारांत स्त्रीलिंग संज्ञा के अंत में एँ जोड़ने से बहुवचन बनता है। जैसे –

एकवचन – लता, शाखा, भाषा, समस्या ऋतु, बहु।

बहुवचन – लताएँ, शाखाएँ, भाषाएँ, समस्याएँ, ऋतुएँ, बहुएँ।

ऐसे कुछ शब्द हैं –

घटना, रचना, सूचना, कामना, इच्छा, शिक्षा, दीक्षा, परीक्षा, माला, ज्वाला, पाठशाला, बालिका, अध्यापिका, परिचारिका, वस्तु, धान, हवा, दवा, वार्ता, कविता, विशेषता, क्रिया, संख्या, विद्या आदि।

एकवचन – वृक्ष की लता को मत तोड़ो। मैं एक भाषा जानता हूँ।

बहुवचन (विभक्ति रहित) – ये लताएँ कमजोर हैं। मैं दो भाषाएँ जानता हूँ

बहुवचन (विभक्ति सहित) – वृक्ष की लताओं को मत तोड़ो। संस्कृत अनेक भाषाओं की जननी है। लेकिन आकारांत भाववाचक संज्ञा के बहुवचन रूप प्रायः नहीं होते है। जैसे–

मुझे राम की मित्रता पर गर्व है।

मुझे राम और श्याम की मित्रता पर गर्व है।

ऐसे कुछ शब्द हैं –

दया, माया, छाया, वेदना, वंदना, याचना, घृणा, करुणा, कल्पना, क्षमा, गरिमा, महिमा, कालिमा, शत्रुता, मूर्खता, एकता, दासता, हिंसा, अहिंसा, आशा, निराशा आदि।

(3) एकवचन स्त्रीलिंग संज्ञा के अंतिम ई या इ को इयाँ तथा या को याँ में बदल देने से बहुवचन बनता है। जैसे –

एकवचन – तिथि, लड़की, मिठाई, कठिनाई, चिड़िया।

बहुवचन – तिथियाँ, लड़कियाँ, मिठाइयाँ, कठिनाइयाँ, चिड़ियाँ।

ऐसे कुछ शब्द हैं –

गाड़ी घंटी, ताली, मंडी, पकौड़ी, कचौड़ी, चूड़ी, पूड़ी, नारी, साड़ी, उपाधि,

समाधि, जाति, चपाती, नारंगी, सारंगी, रीति, नीति, घड़ी, छड़ी, डोली बोली, थाली, गाली, साली, प्याली, रोटी, बेटी, झाड़ी, नारी, तिजोरी, कमजोरी, डिबिया, कुटिया, गुड़िया, बच्ची, बूढ़ी आदि।

एकवचन - गलत रीति का विरोध करें। मुझे एक मिठाई दो।

बहुवचन (विभक्ति रहित) - ये रीतियाँ गलत हैं। मुझे दो मिठाइयाँ दो।

बहुवचन (विभक्ति सहित) - उन रीतियों को समझें। उन मिइाइयों को दो।

वचन से संबद्ध कुछ विशेष बातें :-

(1) कुछ स्त्रीलिंग या पुल्लिग एकवचन में शब्दों में गण, वर्ग, जन, जाति, वृन्द, लोग आदि शब्द लगाने से भी बहुवचन बनता है। जैसे -

गण - पाठकगण, छात्रगण, नेतागण, मंत्रिगण आदि।

वर्ग - शासकवर्ग, अधिकारीवर्ग, शोषकवर्ग, शोषितवर्ग आदि।

जन - वृद्धजन, स्त्रीजन, भक्तजन, गुरुजन आदि।

जाति - मनुष्यजाति, स्त्रीजाति, पुरुषजाति, मानवजाति आदि।

वृन्द - नारीवृन्द, शिक्षकवृन्द, पाठकवृन्द आदि।

लोग - आपलोग, डॉक्टरलोग, विद्यार्थीलोग आदि।

एकवचन - मैं इस पुस्तक के एक पाठक से मिला। यह बड़े घर की नारी है। प्रत्येक मनुष्य समस्याग्रस्त है।

बहुवचन - हजारों पाठकगण इस पुस्तक से प्रभावित हैं। यह सभा नारीवृन्द के लिए है। मनुष्य जाति संकट में है।

(2) आदर दिखाने के लिए कभी-कभी एकवचन संज्ञा का प्रयोग बहुवचन जैसा होता है। जैसे -

दादी जी आयीं। मेरे पिताजी लम्बे हैं।

उसकी माँजी आयीं। एक गुरुजी आ रहे हैं।

(3) कुछ पुल्लिग संज्ञाएँ सदा बहुवचन में प्रयुक्त होती हैं। जैसे - आँसू, अक्षत, दर्शन, ओंठ, प्राण, लोग, बाल, दाम, भाग्य, आदि।

आपके दर्शन हुए। अक्षत पड़े।

उनके आँसू बहे। मोहन के भाग्य खुले।

उनके प्राण निकले। इसके कितने दाम हैं।

मेरे ओंठ खुले। सोहन के बाल पके।

(4) इसके विपरीत - हर, हरएक, प्रत्येक, कोई, जनता, वर्फ, आग आदि शब्दों का प्रयोग सदा एकवचन में होता है।

हर व्यक्ति यही करेगा। हर एक लड़का यही कहेगा।

यहाँ प्रत्येक व्यक्ति आया। कोई आ रहा है।

(5) विदेशज भाषा के जो शब्द हिन्दी में प्रयुक्त होते हैं, उनके बहुवचन रूप हिन्दी व्याकरण के अनुसार बनाए जाते हैं।

(क) अँग्रेजी शब्द - फ्रूट, पेंसिल, डॉक्टर, स्कूल, आदि को अँग्रेजी के अनुसार क्रमशः - फीट, पेंसिल्स, डॉक्टर्स, स्कूल्स न लिखें।
इनका बहुवचन में प्रयोग होता है।

ये पेंसिल नयी हैं।	विभक्ति रहित
उन पेंसिलों को रखो।	विभक्ति सहित
मेरे निकट दो डॉक्टर रहते हैं।	विभक्ति रहित
उन डॉक्टरों से मेरी पहचान है।	विभक्ति सहित

(ख) उर्दू शब्द (अरबी-फारसी) - कागज, मकान, वकील आदि।
अरबी - फारसी के नियमों से इन्हें क्रमशः कागजात, मकानात, वकालत न लिखें। इनका बहुवचन में प्रयोग होगा :-

यहाँ कई प्रकार के कागज मिलते हैं।	विभक्ति रहित
मुझे सभी कागजों को दिखलाएँ।	विभक्ति सहित
आज दो वकील आये।	विभक्ति रहित
दोनों वकीलों को बुलाओ।	विभक्ति सहित

(6) द्रव्यवाचक संज्ञा का प्रयोग प्रायः एकवचन में होता है, लेकिन द्रव्य के प्रकारों का बोध कराना हो, तो बहुवचन में प्रयोग किया जा सकता है। जैसे

मेर पास थोड़ा बहुत सोना है।	विभक्ति रहित
अफ्रीका में कई तरह के सोने मिलते हैं।	विभक्ति सहित
उस तेली के पास बहुत तेल है।	विभक्ति रहित
वहाँ कई तरह के तेल मिलते हैं।	विभक्ति सहित

❑❑❑

21

काल

क्रिया के जिस रूप से समय का बोध हो, उसे **काल** कहते हैं।
जैसे -

मैंने खाया था।	(खाया था - भूत काल)
मैं खा रहा हूँ।	(खा रहा हूँ - वर्तमान काल)
मैं कल खाऊँगा।	(खाऊँगा - भविष्यत् काल)

यहाँ क्रिया के इन रूपों - खाया था, खा रहा हूँ, और खाऊँगा से भूत, वर्तमान, भविष्यत् काल (समय) का बोध होता है।

काल के भेद

काल के तीन भेद हैं :-

(1) वर्तमान काल	(2) भूतकाल	(3) भविष्यत काल
(Present Tense)	(Past Tense)	(Future Tense)

वर्तमान काल

वर्तमान समय में होने वाली क्रिया से वर्तमान काल का बोध होता है।
जैसे -

मैं खाता हूँ।	वह पढ़ रहा है।
सूरज पूर्व में उगता है।	सीता खेल रही होगी।

वर्तमान काल के मुख्यतः तीन भेद हैं-

(क) सामान्य वर्तमान (ख) तात्कालिक वर्तमान (ग) संदिग्ध वर्तमान

(क) सामान्य वर्तमान :-

इससे वर्तमान समय में किसी काम के करने की सामान्य आदत, स्वभाव, प्रकृति या अवस्था इत्यादि का बोध होता है। जैसे -

कुत्ता माँस खाता है।	(प्रकृति का बोध)
मैं रात में रोटी खाता हूँ।	(आदत का बोध)

पिताजी हमेशा डाँटते हैं। (स्वभाव का बोध)

वह बहुत दुबला है। (अवस्था का बोध)

(ख) तात्कालिक वर्तमान :-

इससे वर्तमान में किसी कार्य के लगातार जारी रहने का बोध होता है। जैसे-

कुत्ता माँस खा रहा है। (खाने की क्रिया जारी है।)

पिताजी डाँट रहे हैं। (इसी क्षण, कहने के समय)

(ग) संदिग्ध वर्तमान :-

इससे वर्तमान समय में होने वाले संदेह या अनुमान का बोध होता है। जैसे-

अमिता पढ़ रही होगी। (अनुमान)

माली फूल तोड़ता होगा। (संदेह या अनुमान)

भूतकाल

बीते समय में घटित क्रिया से भूतकाल का बोध होता है। जैसे -

मैंने देखा। वह लिखता था। राम ने पढ़ा होगा।

मैंने देखा है। वह लिख रहा था। मैं देख चुका हूँ।

वह लिख चुका है। यदि श्याम पढ़ता तो अवश्य सफल होता।

भूतकाल के छः भेद हैं-

(क) सामान्य भूत (ख) आसन्न भूत (ग) पूर्णभूत

(घ) अपूर्ण भूत (ङ) संदिग्ध भूत (च) हेतुहेतु मद्भूत

(क) सामान्य भूत :-

इससे मात्र इस बात का बोध होता है कि बीते समय में कोई काम सामान्यतः समाप्त हुआ। जैसे -

मैंने पत्र लिखा। (बीते समय में)

वे पटना गये। (बीते समय में, कब गये पता नहीं)

(ख) आसन्न भूत :-

इससे बीते समय में क्रिया के तुरंत या कुछ देर पहले समाप्त होने का बोध होता है। जैसे -

मैं खा चुका हूँ। (कुछ देर पहले, पेट भरा हुआ है)

सीता रोयी है। (आँसू सूख चुके हैं, लेकिन चेहरा उदास है)

(ग) पूर्ण भूत :-

इससे बीते समय में क्रिया की पूर्ण समाप्ति का बोध होता है।

जैसे -

वह पटना गया था। (जाने का काम पहले पूरा हो चुका था)

राम खा चुका था। (पूर्णतः खा चुका था)

(घ) अपूर्ण भूत :-

इससे बीते समय में क्रिया की अपूर्णता का बोध होता है। जैसे -

वह पढ़ता था। (पढ़ने का काम जारी था।)

वह पढ़ रहा था। (पूरा नहीं हुआ था।)

(ङ) संदिग्ध भूत :-

इससे बीते समय में किसी क्रिया के होने में संदेह का बोध होता है। जैसे-

पिताजी गये होंगे। (गये या नहीं, संदेह है।)

सोहन ने खाया होगा। (खाया या नहीं, संदेह है)

(च) हेतु-हेतु मद्‌भूत :-

इससे इस बात का बोध होता है कि कोई क्रिया बीते समय मे होने वाली थी, लेकिन किसी कारणवश न हो सकी। जैसे -

राधा आती तो मैं जाता। (न राधा आयी, न मैं गया)

श्याम मेहनत करता तो अवश्य सफल होता।

(न मेहनत किया, न सफल हुआ)

भविष्यत् काल

इससे भविष्य में किसी काम के होने का बोध होता है। जैसे -

तुम कल पढ़ोगे। शायद वह कल आएगा।

आप खेलते रहेंगे। वह आए तो मैं जाऊँ।

वे जा चुकेगें। तुम पढ़ोगे, तो पास करोगे।

भविष्यत् काल के पाँच भेद हैं-

(क) सामान्य भविष्यत् (ख) संभाव्य भविष्यत्

(ग) पूर्ण भविष्यत् (घ) अपूर्ण भविष्यत्

(ङ) हेतु हेतु मद भविष्यत्

(क) सामान्य भविष्यत् :-

इससे यह पता चलता है कि कोई काम सामान्यतः भविष्यत् काल में होगा। जैसे -

वह आएगा। तुम खेलोगे। मैं सफल होऊँगा।

(ख) संभाव्य भविष्यत् :-

इससे भविष्य में होनेवाली क्रिया के होने की संभावना का बोध होता है। जैसे-

संभव है कल सुरेश आएगा। (संभावना)

मोहन परीक्षा में उत्तीर्ण हो जाए। (संभावना)

(ग) पूर्ण भविष्यत् :-

इससे यह बोध होता है कि कोई काम भविष्य में पूर्णतः समाप्त हो जाएगा। जैसे-

मैं लिख चुकूँगा। वह पढ़ चुकेगा। वे जा चुकेंगे।

(घ) अपूर्ण भविष्यत् :-

इससे यह बोध होता है कि भविष्य में कोई काम जारी रहेगा।

जैसे- मैं लिखता रहूँगा। तुम खेलती रहोगी।

(ङ) हेतुहेतुमद् भविष्यत् :-

यदि भविष्य में एक क्रिया का होना, दूसरी क्रिया के होने पर निर्भर करे, तो उसे हेतुहेतुमद् भविष्यत् कहेंगे। जैसे -

राम पढ़ेगा तो पास करेगा। (पड़ने पर निर्भर है, पास करना)

रहीम आये तो मैं जाऊँ। (आने पर निर्भर है, जाना)

क्रिया की अवस्थाएँ

प्रत्येक वाक्य में कम-से-कम एक क्रिया अवश्य होती है। कभी तो क्रिया घटित प्रतीत होती है और कभी अघटित (जो घटित नहीं हुई)। जैसे -

वह खा रहा है। (क्रिया घटित प्रतीत होती है)

वह खाएगा। (क्रिया घटित प्रतीत नहीं होती है)

जब क्रिया घटित प्रतीत होती है, तो उसके घटित होने में कुछ-न-कुछ समय अवश्य लगता है। यह समय एक क्षण का भी हो सकता है और एक युग का भी। जैसे -

उसने उसे पुकारा। (यह क्रिया एक क्षण में हो गयी)

ईरान-इराक में युद्ध हुआ था। (इस क्रिया में लगभग एक युग लगा)

क्रिया के घटित होने में जो समय लगता है, वह समय क्रिया का 'पक्ष' कहलाता है। पक्ष सूचक प्रत्ययों से क्रिया के घटित होने का बोध होता है। इस दृष्टि से क्रिया के तीन पक्ष हैं:-

(1) नित्य पक्ष (2) सातत्य पक्ष (3) पूर्ण पक्ष

(1) नित्य पक्ष :-

इस अवस्था में कार्य नित्य (हमेशा) घटित होने का बोध होता है।

जैसे - मैं स्कूल जाता हूँ अथवा स्कूल जाता था।

कार्य नित्य होता है या होता था। इसमें ता / ते / ती प्रत्यय लगाया जाता है। यहाँ 'ता' (जा-ता) प्रत्यय लगा हुआ है।

(2) सातत्य पक्ष :-

सातत्य का अर्थ 'निरंतरता' है। इसमें कोई क्रिया लगातार जारी है।

जैसे –मैं स्कूल जा रहा हूँ। अथवा मैं स्कूल जा रहा था।

(क्रिया निरंतर चल रही है या चल रही थी। इसमें रहा / रहे / रहेगी प्रत्यय लगता है)

यहाँ 'रहा' (जा–रहा) प्रत्यय लगा हुआ है।

(3) पूर्ण पक्ष :-

जहाँ कार्य पूर्ण होने की सूचना मिलती है, वहाँ पूर्ण पक्ष होता है।

जैसे –

मैं स्कूल गया हूँ / मैं स्कूल गया था / मैं स्कूल जा चुका था।

(क्रिया की पूर्णता को सूचित करता है। इसमें या / आ प्रत्यय लगा हुआ है।)

यहाँ 'या' (ग-या) तथा आ (चुक-आ) प्रत्यय लगे हुए हैं।

❑❑❑

22

कारक

संज्ञा या सर्वनाम का वह रूप जो वाक्य के अन्य शब्दों (खासकर क्रिया) से अपना सम्बन्ध प्रकट करता है **कारक** कहलाता है। जैसे -

राम ने रावण को मारा। उसने उसको पढ़ाया।

प्रथम वाक्य में दो संज्ञा शब्द (राम और रावण) और एक क्रिया शब्द (मारा) है। दोनों संज्ञा शब्दों का आपस में तो सम्बन्ध है ही, मुख्य रूप से इनका सम्बन्ध क्रिया (मारा) से है। जैसे -

रावण को किसने मारा ? - राम ने

राम ने किसको मारा ? - रावण को

यहाँ मारने की क्रिया राम करता है, अत: 'राम ने' कर्त्ताकारक और मारने (क्रिया) का फल रावण पर पड़ता है, अत: 'रावण को' कर्मकारक कहेंगे।

स्पष्ट है कि करने वाला कर्त्ताकारक हुआ। इसका चिह्न 'ने' है। जिस पर फल पड़ा वह कर्मकारक हुआ। इसका चिह्न 'को' है।

कारक के भेद

कारक के निम्नलिखित आठ भेद हैं :-

विभक्ति	**कारक**	**कारक-चिह्न**
प्रथमा	कर्त्ता	ने
द्वितीया	कर्म	को
तृतीया	करण	से, द्वारा
चतुर्थी	संप्रदान	को, के, लिए
पंचमी	अपादान	से,
पष्ठी	सम्बन्ध	का, के, की
सप्तमी	अधिकरण	में, पर
अष्टमी	संबोधन	हे, अरे, आदि।

कारक के भेद : अर्थ एवं प्रयोग

(1) **कर्त्ताकारक :-**

जो काम (क्रिया) करता है, उसे कर्त्ता कहते हैं। संस्कृत में कर्त्ता को ही कर्त्ताकारक कहते हैं। इसका चिह्न अर्थात इसकी विभक्ति 'ने' है। जैसे :-

सोहन खाता है। (0 ' विभक्ति)

सोहन ने खाया। (ने - विभक्ति)

दोनों वाक्यों से स्पष्ट है कि खाने का काम (क्रिया) सोहन ही करता है। जहाँ पहले वाक्य में 'ने' चिह्न लुप्त या छिपा हुआ है , वहाँ दूसरे वाक्य में यह चिह्न स्पष्ट है।

(2) **कर्म कारक :-**

कर्त्ता द्वारा संपादित क्रिया का प्रभाव जिस व्यक्ति या वस्तु पर पड़े, उसे कर्मकारक कहते हैं। इसका चिह्न 'को' है। जैसे -

मोहन आम खाता है। (0 - विभक्ति)

मोहन सोहन को पीटता है। (को - विभक्ति)

यहाँ खाना (क्रिया) का फल आम पर और पीटना (क्रिया) का फल सोहन पर पड़ता है, अत: आम और सोहन कर्मकारक हैं। आम के साथ 'को' चिह्न छिपा है और सोहन के साथ 'को' चिह्न स्पष्ट है।

(3) **करण कारक :-**

जो वस्तु क्रिया के संपादान में साधन का काम करे, उसे करण कहते हैं। इसके चिह्न हैं - 'से' और 'द्वारा।' जैसे -

मैं कलम से लिखता हूँ। (कलम-लिखने का साधन)

उसकी उँगली चाकू द्वारा कट गयी। (चाकू-काटने का साधन)

यहाँ 'कलम से' और 'चाकू द्वारा' - करण कारक हैं, क्योंकि ये वस्तुएँ क्रिया संपादन में साधन के रूप में प्रयुक्त हैं।

(4) **संप्रदान कारक :-**

जिसके लिए कोई क्रिया (काम) की जाए, उसे संप्रदानकारक कहते हैं। इसके दो चिह्न हैं - 'को' और 'के' लिए। जैसे -

राम ने श्याम को पुस्तक दी।

राम ने श्याम के लिए पुस्तक खरीदी।

यहाँ देने और खरीदने की क्रिया श्याम के लिए है। अत: श्याम को एवं श्याम के लिए संप्रदान कारक है।

(5) अपादान कारक :-

अगर क्रिया के संपादन में कोई वस्तु अलग हो जाए, तो उसे अपादान कारक कहते हैं। इसका चिह्न 'से' है। जैसे -

पेड़ से पत्ते गिरते हैं। (पत्ते का अलगाव - पेड़ से)

छात्र कमरे से बाहर गया। (छात्र का अलगाव - कमरे से)

यहाँ 'पेड़ से' और 'कमरे से' अपादान कारक हैं, क्योंकि गिरते समय पत्ते पेड़ से और जाते समय छात्र कमरे से अलग हो गये।

(6) सम्बन्ध कारक :-

जिस संज्ञा या सर्वनाम से किसी वस्तु का सम्बन्ध जान पड़े, उसे सम्बन्ध कारक कहते हैं। इसके चिह्न हैं - का, के, की। जैसे -

चंदन का घोड़ा दौड़ता है। उसका घोड़ा दौड़ता है।

चंदन के घोड़े दौड़ते हैं। उसके घोड़े दौड़ते हैं।

चंदन की घोड़ी दौड़ती है। उसकी घोड़ी दौड़ती है।

यहाँ चंदन (का, के, की) या उस (का, के, की) सम्बन्ध कारक है। क्योंकि 'का घोड़ा', 'के घोड़े', 'की घोड़ी' का सम्बन्ध चंदन (संज्ञा) या उस (सर्वनाम) से है। यही एक कारक है जिसका क्रिया से सम्बन्ध न होकर व्यक्ति या वस्तु से रहता है।

(7) अधिकरण कारक :-

जिससे क्रिया के आधार का ज्ञान प्राप्त हो, उसे अधिकरण कारक कहते हैं। इसके चिह्न हैं - 'मैं' और 'पर'। जैसे -

शिक्षक कक्षा में पढ़ा रहे हैं। रमेश छत पर बैठा है।

यहाँ 'कक्षा में' और 'छत पर' अधिकरण कारक है, क्योंकि इनसे पढ़ाने और बैठने की क्रिया के आधार का ज्ञान होता है।

(8) संबोधन कारक :-

जिस संज्ञा से किसी के पुकारने या संबोधन का बोध हो, उसे संबोधन कारक कहते हैं। इसके चिह्न हैं - हे, अरे, अजी, ऐ, ओ, आदि। जैसे -

हे, ईश्वर, मेरी सहायता करो। अरे दोस्त, जरा उधर आओ।

यहाँ 'हे, ईश्वर,' और 'अरे दोस्त' संबोधन कारक हैं।

'ने' चिह्न का प्रयोग कहाँ-कहाँ होता है :-

(1) जब क्रिया सकर्मक हो तो, सामान्य भूत, आसन्न भूत, पूर्ण भूत, संदिग्ध भूत और हेतु हेतु मद्‌भूत कालों में इस चिह्न का प्रयोग होता है। जैसे-

सामान्य भूत - उसने रोटी खायी।

आसन्न भूत - उसने रोटी खायी है।

पूर्ण भूत - उसने रोटी खायी होगी।
संदिग्ध - उसने रोटी खायी थी।
हेतुहेतु मद्भूत - अगर उसने रोटी खायी होगी, तो पेट भरा होगा।

(2) अकर्मक क्रिया में कर्त्ता के 'ने' चिह्न का प्रयोग प्रायः नहीं होता है, लेकिन नहाना, खाँसना, छींकना, थूकना, भौंकना, आदि अकर्मक क्रियाओं में इस चिह्न का प्रयोग उपर्युक्त भूतकालों में होता है। जैसे -

राम ने नहाया। उसने छींका था।
उसने खाँसा है। मैने थूका होगा।

(3) जब अकर्मक क्रिया सकर्मक बन जाती है, तो, इस चिह्न का प्रयोग उपर्युक्त भूतकालों में होता है। जैसे -

उसने बच्चे को रुलाया। कुत्ते को मैंने जगाया था।
माँ ने बच्चे को रुलाया। उसने बच्चे को सुलाया था।

(4) यदि अकर्मक क्रिया के साथ कोई सजातीय कर्म आ जाए तो उपर्युक्त भूतकालिक प्रयोगों में यह चिह्न प्रयुक्त होगा। जैसे -

उसने तीखी बोलियाँ बोली। (बोली बोलना)
उसने टेढ़ी चाल चली है। (चाल चलना)

(5) यदि संयुक्त क्रिया का अंतिम खंड सकर्मक हो, तो उपर्युक्त भूतकालों में इस चिह्न का प्रयोग होगा। जैसे -

उसने जी भरकर टहल लिया।
उसने जी भर कर टहल लिया है।
उसने दिल खोलकर रो लिया होगा।

(6) 'देना' या ' डालना' क्रिया के पहले यदि कोई अकर्मक क्रिया भी हो तो अपूर्ण भूत और हेतुहेतु मद् भूतकालों को छोड़कर सभी भूतकालों में इस चिह्न का प्रयोग होगा। जैसे -

सामान्य भूत - उसने घंटों सो डाला।
आसन्न भूत - उसने घंटों सो डाला है।
पूर्ण भूत - उसने घंटो सो डाला था।
संदिग्ध भूत - उसने घंटो सो डाला होगा।

'ने' चिह्न का प्रयोग कहाँ-कहाँ नहीं होता है

(1) वर्तमान काल और भविष्यत् काल के सभी भेदों तथा मात्र अपूर्णभूत काल में इस चिह्न का प्रयोग नहीं होता है। जैसे -

वह खाता है।　　　　　　　　वे खेलेगें।

वह खा रहा है।　　　　　　　　वे खेलते रहेंगे।

वह खा रहा था।　　　　　　　　मैं पढ़ चुका होऊँगा।

(2) वैसे तो सिर्फ अपूर्ण भूतकाल को छोड़कर सभी भूतकालों में सकर्मक क्रिया रहने पर इस चिह्न का प्रयोग होता है, लेकिन पूर्वकालिक क्रिया रहने पर इन चिह्न का प्रयोग नहीं होता है। जैसे –

वह आकर पढ़ा।　　　　　　　　मैं नहाकर खाया था।

वह बैठकर गया है।　　　　　　　　वह सो कर लिखा होगा।

(3) वैसे तो एक सकर्मक क्रिया रहने पर भूतकालिक प्रयोग में 'ने' चिह्न लगता है, लेकिन कुछ सकर्मक क्रियाओं – बकना, बोलना, भूलना, समझना, आदि के रहने पर इस चिह्न का प्रयोग न करें। जैसे –

वह मुझसे बोली।　　　　　　　　तुम नहीं समझे थे।

श्याम गाली बका है।　　　　　　　　वह मुझे भूल गया होगा।

(4) अकर्मक क्रियाओं के भूतकालिक प्रयोग में इस चिह्न का प्रयोग करें। जैसे –

वह आया।　　　　　　　　राम दौड़ा।

तुम नहीं गये।　　　　　　　　वह सो गया था।

(5) चुकना, जाना और सकना के भूतकालिक प्रयोग में इस चिह्न का प्रयोग न करें। जैसे –

वह लिख चुका।　　　　　　　　राम बोल न सका।

तुम खा गये।　　　　　　　　तू गा न सका।

'के' चिह्न का प्रयोग कहाँ-कहाँ होता है

'को' कर्म कारक का चिह्न है। इसका प्रयोग कर्म कारक के अतिरिक्त कुछ दूसरे कारकों में भी होता है। जैसे –

(1) कर्म कारक के रूप में :-

राम ने रावण को मारा।　　　　　　　　('रावण को' कर्म कारक)

(2) कर्म कारक के रूप में प्रेरणार्थक क्रिया के गौणकर्म में :-

शिक्षक छात्र को हिन्दी पढ़ाते हैं।　　　　　　　　('छात्र को' गौणकर्म)

माँ बच्चे को खाना खिलाती है।　　　　　　　　('बच्चे को' गौणकर्म)

(3) यदि अस्तित्व के अर्थ में 'होना' क्रिया का प्रयोग हो, तो कर्म कारक के 'को' का रूपांतर 'के' में हो जाता है। जैसे –

सोहन के पुत्र हुआ है।　　　　　　　　(को, के बदले 'के')

उसके दो पत्नियाँ हैं।　　　　　　　　(को, के बदले 'के')

(4) कर्त्ता कारक के रूप में क्रिया की अनिवार्यता प्रकट करने के लिए -
राम को पटना जाना होगा। ('राम को' कर्त्ता कारक)
मोहन को पत्र लिखना है। ('मोहन को' कर्त्ता कारक)

(5) कर्त्ता कारक के रूप में कै, दस्त आदि शरीरिक आवेग की अभिव्यक्ति के लिए-
रोगी को बिछावन पर कै हो गयी। ('रोगी को' - कर्त्ताकारक)

(6) कर्त्ता कारक के रूप में मानसिक आवेगों की अभिव्यक्ति के लिए -
सीता को चिंता सता रही है। गीता को दु:ख हुआ।

(7) कर्त्ता कारक में यदि 'दे' सहायक क्रिया के रूप में प्रयुक्त हो -
सोहन को आम खाने दो। ('सोहन को' - कर्त्ता कारक)
मोहन को किताब पढ़ने दो। ('मोहन को' - कर्त्ता कारक)

(8) संप्रदान कारक के रूप में :-
राम ने श्याम को पुस्तक दी। ('श्याम को' - संप्रदान कारक)
बच्चे ने शिक्षक को घड़ी दी। ('शिक्षक को' - संप्रदान कारक)

(9) इच्छासूचक के रूप में यदि मन, जी, आदि का प्रयोग हो :-
गीता पढ़ने को मन करता है। ('पढ़ने को' - संप्रदान कारक)
रामायण सुनने को जी करता है। ('सुनने को' - संप्रदान कारक)

(10) अधिकरण के रूप में, समय सूचक शब्दों के साथ :-
वह प्रतिदिन रात को आता है। ('रात को' - अधिकरण कारक)
वह चार बचे सुबह को आता है। ('सुबह को'-अधिकरण कारक)

'से' चिह्न का प्रयोग कहाँ-कहाँ होता है

(1) अपादान और करण दोनों कारको का चिह्न 'से' है लेकिन दोनों में अर्थ की दृष्टि से बहुत अंतर है। जहाँ करण का 'से' साधन का अर्थ सूचित करता है, वहाँ अपादान का 'से' अलगाव का। जैसे -
वह कलम से लिखता है। (कलम से - करण कारक)
पेड़ से पत्ते गिरते हैं। (पेड़ से - अपादान कारक)

(2) करण का प्रयोग 'हेतु' के अर्थ में :-
वह किसी काम से आया है। (काम से - काम हेतु)

(3) करण का प्रयोग कारण बतलाने के अर्थ में :-
वह प्लेग से मर गया। (मरने के कारण - प्लेग)

(4) करण का प्रयोग प्रेरणार्थक क्रिया में :-
जेलर कैदी से काम करवाता है। (कर्त्ता जेलर है, कैदी नहीं)

संपादक लेखक से किताब लिखवाता है।

(कर्त्ता संपादक है, लेखक नहीं)

(5) अपादान का प्रयोग दिशा बोध कराने में :-
बिहार झारखण्ड से उत्तर है। मोहन सोहन से लंबा है।

(6) अपादान का प्रयोग समय-बोध कराने में :-
मैं सुबह से पढ़ रहा हूँ। वह दो वर्षों से तबला सीख रहा है।

(7) कर्त्ता कारक के रूप में जब अशक्ति प्रकट करनी हो :-
राम से रोटी खायी नहीं जाती। (कर्मवाच्य)
सीता से चला नहीं जाता। (भाववाच्य)

(8) कर्म कारक के रूप में जब क्रिया द्विकर्मक रहती है :-
छात्र गुरु से हिन्दी सीख रहा है।
सीता गीता से वीणा सीख रही है।

(9) जाति, स्वभाव, प्रकृति, लक्षण आदि प्रकट करने में :-
राम जाति से क्षत्रिय है। वे स्वभाव से दयालु हैं।

'में' और 'पर' का प्रयोग कहाँ-कहाँ होता है

'में' और 'पर' अधिकरण कारक के चिह्न हैं। इनका प्रयोग निम्नलिखित स्थितियों में होता है :-

(क) 'में' का प्रयोग :-

(1) अधिकरण कारक के रूप में वस्तु, स्थान आदि के भीतर की स्थिति बतलाने में :-
छात्र कमरे में है। पानी में मछली है।

(2) अधिकरण कारक के रूप में प्रेम, घृणा, दोस्ती, दुश्मनी, आदि भावों को प्रकट करने में :-
मोहन और सोहन में मित्रता है। दोनों में बहुत प्रेम है।
आपमें शराफत कूट-कूटकर भरी है।

(3) अधिकरण कारक के रूप में, समय का बोध कराने हेतु :-
मैं सुबह में व्यायाम करता हूँ।

(4) अधिकरण कारक के रूप में वस्त्र या पोशाक के भाव प्रकट करना
औरतें साड़ी में अच्छी लगती हैं। आप धोती में अच्छे लगते हैं।

(5) अधिकरण कारक के रूप में जगह, स्थान आदि बतलाने में :-
वह मुम्बई रहता है। (में - लुप्त है)
मैं अब दिल्ली नहीं रहता। (में - लुप्त है)

(6) करण कारक के रूप में किसी वस्तु का मूल्य बतलाने हेतु :-
वह वस्त्र कितने रूपये में है ?

(ख) 'पर' का प्रयोग :-

अधिकरण कारक में निम्नांकित स्थितियों में होता है -

(1) ऊपर का बोध कराने के लिए :-
वह छत पर बैठा है। (छत के ऊपर)

(2) समय, दूरी तथा अवधि का बोध कराने के लिए :-
वह दस बज कर पाँच मिनट पर स्कूल गया। (समय)
राँची यहाँ से दस मील पर है। (दूरी)
वह पाँच दिनों पर लौटा। (अवधि)

(3) संप्रदान कारक के रूप में मूल्य बताने के लिए :-
वह एक हजार रुपये मासिक पर काम नहीं करेगा।
आपका ईमान पैसे पर बिक गया।

संज्ञा की कारक-रचना

बालक

कारक	एकवचन	बहुवचन
कर्त्ता	बालक, बालक ने	बालक, बालकों ने
कर्म	बालक, बालक को	बालक, बालकों को
करण	बालक (से, द्वारा)	बालकों (से, द्वारा)
संप्रदान	बालक के लिए	बालकों के लिए
अपादान	बालक से	बालकों से
सम्बन्ध	बालक (का, के, की)	बालकों (का, के की)
अधिकरण	बालक (में, पर)	बालकों (में, पर)
संबोधन	हे बालक	हे बालकों

लड़का

कारक	एकवचन	बहुवचन
कर्त्ता	लड़का, लड़का ने	लड़के, लड़कों ने
कर्म	लड़का, लड़का को	लड़के, लड़कों को
करण	लड़के	लड़कों
संप्रदान	लड़का के लिए	लड़कों के लिए
अपादान	लड़का से	लड़कों से
सम्बन्ध	लड़का (का, के, की)	लड़कों (का, के की)

अधिकरण	लड़का (में, पर)	लड़कों (में, पर)
संबोधन	हे लड़का	हे लड़कों

नदी

कारक	एकवचन	बहुवचन
कर्त्ता	नदी, नदी ने	नदियाँ, नदियों ने
कर्म	नदी, नदी को	नदियाँ, नदियों को
करण	नदी (से द्वारा)	नदियाँ (से द्वारा)
संप्रदान	नदी के लिए	नदियों के लिए
अपादान	नदी से	नदियों से
सम्बन्ध	नदी (का, के, की)	नदियों (का, के की)
अधिकरण	नदी (में, पर)	नदियों (में, पर)
संबोधन	हे नदी	हे नदियों

बन्धु

कारक	एकवचन	बहुवचन
कर्त्ता	बन्धु, बन्धु ने	बन्धु, बन्धुओं ने
कर्म	बन्धु, बन्धु को	बन्धु, बन्धुओं को
करण	बन्धु	बन्धुओं
संप्रदान	बन्धु के लिए	बन्धुओं के लिए
अपादान	बन्धु से	बन्धुओं से
सम्बन्ध	बन्धु (का, के, की)	बन्धुओं (का, के की)
अधिकरण	बन्धु (में, पर)	बन्धुओं (में, पर)
संबोधन	हे बन्धु	हे बन्धुओं

❑❑❑

23

वाक्य-विचार

सार्थक शब्दों का क्रमबद्ध संगठन **वाक्य** कहलाता है। अथवा वाक्य सार्थक शब्दों का सुव्यवस्थित समूह है।

एक वाक्य के निर्माण में शब्दों का एक ऐसा व्यवस्थित एवं संगठित समुदाय होना आवश्यक है, जिसके द्वारा वक्ता या लेखक अपने विचारों या भावों को समुचित ढंग से व्यक्त कर सके।

वाक्य के अंग

वाक्य के मुख्यतः दो अंग हैं :-

(1) उद्देश्य (2) विधेय

(1) उद्देश्य :-

वाक्य में जिस वस्तु या व्यक्ति के विषय में कुछ कहा जाए, उसे उद्देश्य कहते हैं।

(2) विधेय :-

वाक्य में उद्देश्य के विषय में जो कुछ कहा जाता है उसे विधेय कहते हैं।

उद्देश्य का विस्तार :-

उद्देश्य की विशेषता बताने या उसे स्पष्ट करने के लिए जो विशेषण या विशेषण-सूचक वाक्यांश आदि उसके साथ जोड़े जाते हैं, उन्हें उद्देश्य का विस्तार कहते हैं।

जैसे- मेरी पुस्तक नई है। 'मेरी', 'पुस्तक' उद्देश्य का विस्तार है।

पद-बंध :-

उद्देश्य और विधेय के विस्तार में पद-बंधों का महत्त्वपूर्ण स्थान है।

एक साथ बँधे अनेक पद 'पद-बंध' कहलाते हैं या, जब एक से अधिक पद मिलकर या बँधकर एक व्याकरणिक इकाई (संज्ञा, विशेषण, क्रिया विशेषण आदि) का काम करते हैं, तब उस बँधी इकाई को पद-बंध कहते हैं।

उपवाक्य और वाक्यांश :-

अपने अर्थ को पूरी तरह प्रकट करने के लिए जो वाक्य दूसरे वाक्य पर आश्रित या निर्भर रहता है, उसे उपवाक्य या खण्ड वाक्य कहते हैं।

वाक्य के ऐसे परस्पर सम्बन्धित दो या दो से अधिक पदों को, जिनसे पूरी बात या कथन न जाना जाये, वाक्यांश कहा जाता है।

वाक्य के भेद

वाक्य के मुख्यतः तीन भेद हैं :-

(1) साधारण वाक्य (2) मिश्रवाक्य (3) संयुक्त वाक्य

(1) साधारण वाक्य :-

जिस वाक्य में एक ही क्रिया होती है, उसे साधारण वाक्य या सरल वाक्य कहते हैं।

(2) मिश्र वाक्य :-

जिस वाक्य में एक प्रधान वाक्य अपने आश्रित अथवा सहायक अन्य उपवाक्यों से संगठित या मिश्रित हो, उसे मिश्र वाक्य कहते हैं।

(3) संयुक्त वाक्य :-

जिस वाक्य में एक से अधिक प्रधान उपवाक्य अपना स्वतंत्र अस्तिव एवं पूर्ण अर्थ रखते हों, उसे संयुक्त वाक्य कहते हैं।

वाक्य-रचना के सामान्य नियम

(1) वाक्य में पहले उद्देश्य और पीछे विधेय रखा जाता है।
जैसे - राम आम खाता है।

(2) उद्देश्य के विस्तार को उद्देश्य से पूर्व और विधेय के विस्तार को विधेय से पूर्व रखा जाता है।
जैसे - परिश्रमी छात्र सदैव अच्छे अंक प्राप्त करते हैं।

(3) क्रिया विशेषण का स्थान प्रायः क्रिया से पूर्व होता है।
जैसे - रेलगाड़ी तेज दौड़ रही थी।

(4) कर्म सदा क्रिया से पूर्व आता है।
जैसे - राम आम खाता है।

(5) द्विकर्मक क्रिया में गौण कर्म पहले और मुख्य कर्म बाद में आता है।
जैसे - मोहन सोहन को पुस्तक देता है।

(6) करण, सम्प्रदान, अपादान और अधिकरण कारक, कर्त्ता और कर्म के बीच विपरीत क्रम में आते हैं।

जैसे – रमेश ने बाजार जाकर दुकान से घर के लिए चीजें खरीदीं।

(7) यदि अधिकरण एक से अधिक हों, तो कालवाचक शब्द पहले आता है।

जैसे – 'आजकल' रात को उसके घर में वीडियो फिल्म चलती रहती है। 'आजकल' – कालवाचक

(8) सम्बोधन वाक्य में पहले आता है।

जैसे – भाइयो ! शान्त बैठें।

(9) सम्बन्ध कारक सम्बन्धी से पहले रखा जाता है।

जैसे – यह रमेश की पुस्तक है।

(10) विशेषण विशेष्य से पूर्व भी आता है और पश्चात् भी।

जैसे – काली गाय घास चरती है। राम की गाय काली है।

(11) उपनाम और उपाधि का प्रयोग विशेष्य के बाद होता है।

जैसे – डॉ० शिव मंगल सिंह 'सुमन'

(12) पदवी एवं व्यवसाय सूचक शब्द विशेष्य से पूर्व रखे जाते हैं।

जैसे – महामना मदन मोहन मालवीय।
डॉक्टर मनमोहन सिंह।

(13) पूर्वकालिक क्रिया और तात्कालिक क्रिया मुख्य क्रिया से पहले आती है।

जैसे – शेर को सामने देखकर वह घबरा गया।

(14) विस्मयबोधक शब्द वाक्य के प्रारम्भ में आता है।

जैसे – शाबाश ! खूब गोल किया।
हाय ! यह क्या कर डाला।

(15) भी, ही, तो, भर आदि शब्द उन शब्दों के बाद आते हैं, जिनका निश्चय करना होता है।

जैसे – हमारे साथ वह भी जाएगा।
मुझे रात भर रुकना है।

(16) योजक शब्द उन शब्दों के बीच आते हैं जिन्हें वे जोड़ते या अलग करते हैं।

जैसे – उषा और पुष्पा सहेलियाँ हैं।

(17) यदि वाक्य में कर्त्ता विभक्ति रहित हो, तो उसकी क्रिया के लिंग, वचन, पुरुष, कर्त्ता के लिंग, वचन, पुरुष के अनुसार होते हैं।

जैसे – मोहन पुस्तक पढ़ता है।
सीता पुस्तक पढ़ती है।

(18) यदि वाक्य में एक ही लिंग, वचन और पुरुष के अनेक विभक्ति रहित कर्त्ता हों और अंतिम कर्त्ता के पहले 'और' संयोजक आया हो, तो इन

कर्त्ताओं की क्रिया उसी लिंग के बहुवचन में होगी।

जैसे - गीता, सीता, नीता कॉलेज में पढ़ती हैं।

दिनेश और सुरेश कानपुर गये हैं।

(19) यदि वाक्य में विभक्ति-रहित अनेक कर्त्ता भिन्न-भिन्न वचनों और लिंगों के हों तो क्रिया बहुवचन होती है, परन्तु उसका लिंग अंतिम कर्त्ता के अनुसार होता है।

जैसे - आज मैंने कुछ केले, कुछ संतरे, कुछ ककड़ियाँ लीं।

आज के बाद विवाह में अनेक लड़के और लड़कियाँ भाग लेंगे।

(20) यदि विभक्ति रहित कत्ताओं के पश्चात् समूहवाचक शब्द आए, तो क्रिया का लिंग उस समूहवाचक शब्द के अनुसार होता है।

जैसे - सैकड़ों बच्चों, बूढ़ों, स्त्रियों और पुरुषों की भीड़ रथयात्रा के साथ चल रही थी।

(21) सम्मानसूचक में क्रिया सदा बहुवचन रहती है।

जैसे - गुरुजी कक्षा में आ रहे हैं।

मेरे पिताजी दिल्ली गये हैं।

(22) यदि वाक्य में तीनों पुरुष एक साथ आयें तो क्रिया उत्तम पुरुष के नुसार होती है।

जैसे - वह, तुम और हम साथ-साथ विद्यालय चलेंगे।

रमा, तुम और मैं सिनेमा देखने चलेंगे।

(23) यदि वाक्य में मध्यम व अन्य पुरुष का मेल हो, तो क्रिया मध्यम पुरुष के अनुसार होती है।

जैसे - अब तुम और वह जा सकते हैं।

(24) यदि वाक्य में अनेक कर्त्ताओं के बीच विभाजक समुच्चयबोधक अव्यय 'या' अथवा 'वा' रहे, तो क्रिया अंतिम कर्त्ता के अनुसार होगी।

जैसे - आज आलू के पराठे या आलू की पूरी बनेगी।

(25) यदि कर्त्ता 'ने' विभक्ति सहित हो और कर्म की 'को' विभक्ति न हो तो उसकी क्रिया कर्म के लिंग, वचन और पुरुष के अनुसार होगी।

जैसे - मैंने यह पुस्तक पढ़ ली। तुमने खाना खा लिया।

(26) यदि कर्त्ता और कर्म दोनों विभक्ति चिह्नों से युक्त हों, तो क्रिया सदा एकवचन, पुल्लिग और अन्य पुरुष में होगी।

जैसे - राम ने रावण को मारा।

मैंने पुष्पा को बुलाया।

(27) यदि वाक्य में भिन्न-भिन्न लिंगों के अनेक कर्म आएँ, तो क्रिया पुल्लिग और बहुवचन में होगी।

जैसे – मैंने मिठाई और पापड़ खाये।

(28) यदि कर्त्ता विभक्ति चिह्न से युक्त हो और कर्म के स्थान पर कोई क्रियार्थक संज्ञा आए, तो क्रिया सदा पुल्लिग, एकवचन और अन्यपुरुष में होगी।

जैसे – उस लड़की को तो रोटी बनाना भी नहीं आता।
तुम्हें बड़ों से बात करना नहीं आता।

(29) यदि एक ही लिंग, वचन के अनेक अप्राणिवाचक कर्म एक साथ, एकवचन में आयें तो क्रिया भी एकवचन में होगी।

जैसे – मैंने दो पुस्तकें, चार कॉपियाँ और दो कलमें खरीदीं।
बारात में एक घोड़ा और एक हाथी था।

(30) सर्वनाम के लिंग, वचन उसी संज्ञा के समान होते हैं, जिसके स्थान पर वह आता है।

जैसे – राम आज विद्यालय नहीं जाएगा, वह बीमार है।
लड़के कक्षा में शोर मचा रहे थे, उन्हें सजा मिली।

(31) यदि वाक्य में अनेक संज्ञाओं के स्थान पर एक ही सर्वनाम आए, तो उसके लिंग और वचन संज्ञाओं के लिंग, वचन के अनुसार होंगे।

जैसे – राम और श्याम बाजार गये। वे अभी तक वापस नहीं लौटे।

(32) कुछ ऐसी संज्ञाएँ हैं, जिनका प्रयोग सदैव बहुवचन में ही होता है।

जैसे – उसके प्राण निकल गए।
मेरे आँसू बहने लगे।

(33) लेखक, संपादक, संस्था के प्रतिनिधि 'मैं' के स्थान पर 'हम' का प्रयोग करते हैं।

जैसे – हमने यह पहले ही कह दिया था।

(34) विशेषण के लिंग और वचन प्रायः विशेष्य के अनुसार होते हैं।

जैसे – अच्छी पुस्तक। काली गाय। नीला आकाश इत्यादि।

(35) यदि एक विशेषण के अनेक विशेष्य हों तो विशेषण के लिंग, वचन उसके निकटम शब्द के अनुसार होते हैं।

जैसे – अच्छे बालक और बालिकाएँ।

(36) यदि व्यक्तिवाचक संज्ञा कर्त्ता है तो उसके लिंग, वचन के अनुसार क्रिया के लिंग और वचन होंगे।

जैसे – कलकत्ता भारत की राजधानी थी।

वाक्य-विश्लेषण (सरल वाक्य)

सामान्य पद्धति :-

इस पद्धति में वाक्य के उद्देश्य, विधेय का विश्लेषण निर्धारित क्रम से कर दिया जाता है।

उदाहरण - आगरे का ताजमहल सुन्दरतम इमारत है।

विश्लेषण :-

(क) उद्देश्य - कर्त्ता - ताजमहल
कर्त्ता का विस्तार - आगरे का

(ख) विधेय - कर्म - x (इसमें कर्म नहीं है।)
क्रिया - है
पूरक - इमारत
पूरक का विस्तार - सुन्दरतम

सारणी पद्धति

उदाहरण :-

आगरे का ताजमहल सुन्दरतम इमारत है।

उद्देश्य		विधेय					
कर्त्ता	कर्त्ता का विस्तार	कर्म	कर्म का विस्तार	क्रिया	क्रिया का विस्तार	पूरक	पूरक का विस्तार
ताज महल	आगरे का	.....	......	है	......	इमारत	सुन्दरतम

वाक्य-विश्लेषण (मिश्र वाक्य)

उदाहरण :-

यह वही छात्र है जिसने परीक्षा में सर्वोत्तम अंक प्राप्त किए हैं।

विश्लेषण (साधारण पद्धति) :-

यह वही छात्र है - प्रधान उपवाक्य

(जिसने) परीक्षा में सर्वोत्तम अंक प्राप्त किए हैं।
- आश्रित विशेषण उपवाक्य

जिसने - संयोजक

यह एक मिश्र वाक्य है।

सारणी पद्धति

वाक्य क्रमांक	उपवाक्य	उपवाक्य का प्रकार	सम्बन्ध	संयोजक शब्द	सम्पूर्ण वाक्य का प्रकार
1.	यह वही बालक है।	प्रधान उपवाक्य			मिश्रवाक्य
2.	जिसने परीक्षा में सर्वोत्तम अंक प्राप्त किये हैं।	विशेषण उपवाक्य	प्रधान उपवाक्य के कर्त्ता की विशेषता बताता है।	जिसने	

वाक्य विश्लेषण (संयुक्त वाक्य) :-

उदाहरण :-

तुमने इस वर्ष कठिन परिश्रम किया है अतः तुम उत्तीर्ण तो हो जाओगे, किन्तु श्रेणी के सम्बन्ध में कुछ नहीं कहा जा सकता।

साधारण पद्धति :-

(1) तुमने इस वर्ष कठिन परिश्रम किया है - प्रधान उप वाक्य

(2) (अतः) तुम उत्तीर्ण तो हो जाओगे - समानाधिकरण उपवाक्य (परिणाम सूचक)

(3) (किन्तु) श्रेणी के सम्बन्ध में कुछ नहीं कहा जा सकता - समानाधि करण उपवाक्य (विभाजन)

(4) अतः, किन्तु - 1 को 2 से तथा 2 को उसे जोड़ने वाले समुच्चय बोधक अव्यय

सम्पूर्ण वाक्य संयुक्त वाक्य है।

वाक्य-परिवर्तन

साधारण वाक्य :- मुझे उसकी बात पर विश्वास नहीं है।

मिश्र वाक्य :- जो कुछ वह कहता है, मुझे उस पर विश्वास नहीं है।

साधारण वाक्य :- परिश्रमी व्यक्ति के लिए संसार में कुछ भी दुर्लभ नहीं है।

मिश्र वाक्य	:-	जो मनुष्य परिश्रमी है, उसके लिए संसार में कुछ भी दुर्लभ नहीं है।
साधारण वाक्य	:-	मैं अखबार पढ़ कर उसकी प्रतीक्षा करने लगा।
मिश्र वाक्य	:-	मैंने अखबार पढ़ लिया है और (मैं) उसकी प्रतीक्षा करने लगा।
साधारण वाक्य	:-	वे गरीब होते हुए भी ईमानदार हैं।
मिश्र वाक्य	:-	वे गरीब हैं, किन्तु ईमानदार हैं।
साधारण वाक्य	:-	जब युवावस्था आती है, तो व्यक्ति भटक जाता है।
मिश्र वाक्य	:-	युवावस्था आने पर व्यक्ति भटक जाता है।
साधारण वाक्य	:-	उसने जो कुछ पढ़ा था, सब प्रश्नपत्र में आ गया।
मिश्र वाक्य	:-	उसका पढ़ा हुआ सब प्रश्नपत्र में आ गया।
साधारण वाक्य	:-	वह पुस्तकालय में गया और पुस्तक ले आया।
मिश्र वाक्य	:-	वह पुस्तकालय में जाकर पुस्तक ले आया।
साधारण वाक्य	:-	उषा आज इंदौर से आने वाली थी, किन्तु आई नहीं।
मिश्र वाक्य	:-	उषा, जो आज इंदौर से आने वाली थी, नहीं आई।
साधारण वाक्य	:-	जैसे ही सूर्य उदय हुआ, चिड़ियाँ चहकने लगीं।
मिश्र वाक्य	:-	सूर्य उदित हुआ और चिड़ियाँ चहचहाने लगीं।

वाच्य

संज्ञा का अपना लिंग, वचन तथा पुरुष होता है, लेकिन क्रिया यदि शुद्ध रूप में हो, तो उसका कोई लिंग, वचन या पुरुष नहीं होता है। उसका लिंग, वचन और पुरुष संज्ञा या सर्वनाम के लिंग, वचन और पुरुष पर निर्भर करता है। इसकी जानकारी हमें वाच्य के अध्ययन से मिलती है।

वाच्य :-

कर्त्ता, कर्म या भाव (क्रिया) के अनुसार क्रिया के रूप में परिवर्तन को **वाच्य** कहते हैं। दूसरे शब्दों में वाक्य में किसकी प्रधानता है, अर्थात्- क्रिया का लिंग, वचन और पुरुष कर्त्ता के अनुसार होगा या कर्म के अनुसार अथवा स्वयं भाव के अनुसार इसका बोध वाच्य है। जैसे -

राम रोटी खाता है। कर्त्ता के अनुसार क्रिया-कर्त्ता की प्रधानता। यहाँ कर्त्ता के अनुसार क्रिया का अर्थ है -

राम (कर्त्ता) - खाता है। (क्रिया)

राम (पुल्लिग) एकवचन, अन्य पुरुष

खाता है, (पुल्लिंग) एकवचन, अन्य पुरुष

राम ने रोटी खायी। कर्म के अनुसार क्रिया-कर्म की प्रधानता। यहाँ कर्म के अनुसार क्रिया का अर्थ है -

रोटी (कर्म) - खायी (क्रिया)

रोटी - स्त्रीलिंग, एकवचन, अन्य पुरुष

खायी - स्त्रीलिंग, एकवचन, अन्यपुरुष

सीता से चला नहीं जाता। भाव के अनुसार क्रिया-भाव की प्रधानता।

यहाँ भाव (क्रिया) के अनुसार क्रिया का अर्थ है -

चला (भाव या क्रिया) - जाता (क्रिया)।

चला - पुल्लिग, एकवचन, अन्यपुरुष

जाता -पुल्लिग, एकवचन, अन्यपुरुष

वाच्य के भेद

वाच्य के तीन भेद है :-

(1) कर्तृवाच्य (2) कर्मवाच्य (3) भाववाच्य

(1) कर्तृवाच्य :-

कर्त्ता के अनुसार यदि कर्म में परिवर्तन हो, तो उसे कर्तृवाच्य कहते हैं। जैसे -

कर्त्ता	**कर्म**	**क्रिया**	
राम	(रोटी)	खाता है।	कर्त्ता के अनुसार क्रिया
सीता	(भात)	खाती है।	
लड़के	(संतरे)	खाते हैं।	

ऊपर क्रियाएँ कर्त्ता के अनुसार हैं, अतः कर्तृवाच्य।

यहाँ प्रयुक्त क्रियाएँ हैं- खाता है, खाती है, खाते हैं। यहाँ कर्त्ता की प्रधानता है। अतः यहाँ कर्तृवाच्य हुआ। इसमें कर्म की कोई महत्ता नहीं रहती है। उदाहरणस्वरूप कुछ और वाक्य देखिए -

राम रोटी खाता है।

सीता रोटी खाती है।

लड़के रोटी खाते है।

(2) कर्मवाच्य :-

कर्म के अनुसार यदि क्रिया में परिवर्तन हो, तो उसे कर्मवाच्य कहते हैं।

जैसे –

कर्त्ता	कर्म	क्रिया	
(राम ने)	रोटी	खायी।	कर्म के अनुसार क्रिया
(सीता ने)	भात	खाया।	इसलिए कर्मवाच्य
(गीता ने)	सन्तरे	खाये।	

यहाँ प्रयुक्त क्रियाएँ हैं – खायी, खाया, खाये। ये क्रियाएँ कर्म के अनुसार हैं क्योंकि यहाँ कर्म की प्रधानता है। अतः यह कर्मवाच्य हुआ। इसमें कर्त्ता से कुछ मतलब नहीं है। कर्त्ता कुछ भी हो सकता है।

जैसे –

(राम ने / सीता ने / लड़के ने / लड़कों ने / कुत्ते ने / मैंने / उसने/ रोटी खायी)

(राम ने / सीता ने / लड़के ने / लड़कों ने / कुत्ते ने / मैंने / उसने/ भात खाया)

(राम ने / सीता ने / लड़के ने / लड़कों ने / कुत्ते ने / मैंने / उसने/ संतरे खाये)

(3) भाववाच्य :-

भाव (क्रिया) के अनुसार यदि क्रिया में परिवर्तन हो, तो उसे भाववाच्य कहते हैं। जैसे –

कर्त्ता	**कर्म**	**क्रिया**
राम से / राम द्वारा	चला नहीं	जाता।
सीता से / सीता द्वारा	चला नहीं	जाता।
लड़कों से / लड़कों द्वारा	चला नहीं	जाता।

यहाँ प्रयुक्त क्रियाएँ – जाता, जाता, जाता, भाव (क्रिया) के अनुसार आयी है। क्योंकि यही भाव (क्रिया) की प्रधानता है, अतः यह भाववाच्य हुआ। इसमें कर्म नहीं होता है और कर्त्ता से भी कुछ लेना-देना नहीं। सिर्फ भाव की प्रधानता रहती है।

मुझसे / उससे / आपसे / कुत्ते से / कुत्तों से / लड़कियों से / चला नहीं जाता।

मुझसे / उससे / आपसे / कुत्ते से / कुत्तों से / लड़कियों से / सोया नहीं जाता।

नोट :- भाववाच्य में कर्म नहीं होता है। इसमें अकर्मक क्रिया का प्रयोग होता है।

यहाँ प्रयुक्त 'चला' या 'सोया' शब्द अकर्मक क्रिया है।

स्मरणीय :-

कर्त्ता के अनुसार क्रिया	–	कर्तृवाच्य
कर्म के अनुसार क्रिया	–	कर्मवाच्य
भाव (क्रिया) के अनुसार क्रिया	–	भाववाच्य

वाच्य-रूपान्तर (परिवर्तन)

एक वाच्य से दूसरे वाच्य में परिवर्तन वाच्य परिवर्तन या रूपान्तर कहलाता है।

ध्यातव्य :-

ऐसे परिवर्तन से वाक्य के अर्थ या क्रिया के कारण पर कोई प्रभाव नहीं पड़ना चाहिए।

कर्तृवाच्य	**कर्मवाच्य**
मैं रोटी खाता हूँ।	मेरे द्वारा रोटी खायी जाती है।
मैं रोटियाँ खाता हूँ।	मेरे द्वारा रोटियाँ खायी जाती हैं।
गीता भात खाती है।	गीता द्वारा भात खाया जाता है।
तुम अंडे खाती हो।	तुम्हारे द्वारा अंडे खाये जाते हैं।
आप अंडे खा रहे थे।	आपके द्वारा अंडे खाये जा रहे थे।
वह अंडा खाएगा।	उसके द्वारा अंडा खाया जाएगा।
माँ बच्चों को खिला रही है।	माँ द्वारा बच्चे खिलाए जा रहे हैं।
मैं आपको हिन्दी पढ़ाता हूँ।	मेरे द्वारा आपको हिन्दी पढ़ायी जाती है।
कुत्ता भाग रहा है।	कुत्ता भगाया जा रहा है।
बिल्लियाँ सो रही हैं।	बिल्लियाँ सुलायी जा रही हैं।
वे मुझे अंग्रेजी पढ़ाते हैं।	उनके द्वारा मुझे अंग्रेजी पढ़ाई जाती है।
राम आम खा चुका है।	राम द्वारा आम खाया जा चुका है।

❑❑❑

24

वाक्य-सम्बन्धी अशुद्धियाँ

	अशुद्ध वाक्य		शुद्ध वाक्य
(1)	सौ रुपये सधन्यवाद पाया।	–	सौ रुपये पाया। धन्यवाद।
(2)	कुत्ता दरबान की तरह दुम हिलाता हुआ दरवाजे पर खड़ा था।	–	कुत्ता दुम हिलाता हुआ दरबान की तरह दरवाजे पर खड़ा था।
(3)	मैं बिल्कुल भी बात नहीं करना चाहता था।	–	मैं बिल्कुल बात करना नहीं चाहता था।
(4)	कृष्ण और सुभद्रा भाई-बहन थीं।	–	कृष्ण और सुभद्रा भाई-बहन थे।
(5)	गोपाल, गोविन्द या श्याम जाएँगे।	–	गोपाल, गोविन्द या श्याम जाएगा।
(6)	हो सकता है वह अवश्य पास हो जाये।	–	हो सकता है वह पास हो जाये।
(7)	शायद वे जरूर आएँगे।	–	वे जरूर आएँगे।
(8)	किसी और दूसरे आदमी को भेज दीजिए।	–	किसी और को भेज भेज दीजिए। या किसी दूसरे को भेज दीजिए।
(9)	मेरी स्त्री बीमार है।	–	मेरी पत्नी बीमार है।
(10)	मैं आपकी श्रद्धा करता हूँ।	–	मैं आप पर श्रद्धा रखता हूँ।
(11)	उसकी गर्दन शर्म से नीचे थी।	–	उसकी गर्दन शर्म से नीची थी।
(12)	जाकर कोई काम कर लो।	–	जाकर कुछ काम कर लो।
(13)	मेरी निगाह मेरे मित्र की ओर थी।	–	मेरी निगाह अपने मित्र की ओर थी।
(14)	प्रधानाध्यापक लड़के चुनेंगे।	–	प्रधानाध्यापक लड़कों को चुनेंगे। या लड़के प्रधानाध्यापक को चुनेंगे।

	अशुद्ध वाक्य		शुद्ध वाक्य
(15)	वे गुनगुने गरम पानी से स्नान करते हैं।	–	वे गुनगुने पानी से स्नान करते हैं। या, वे गरम पानी से स्नान करते हैं।
(16)	कई रेलवे के कर्मचारियों की गिरफ्तारी हुई है।	–	रेलवे के कई कर्मचारियों की गिरफ्तारी हुई।
(17)	यह दवा बहुत तत्काल असर दिखाती है।	–	यह दवा तत्काल असर दिखाती है।
(18)	इस काम में बड़ा लाभ है।	–	इस काम में बहुत लाभ है।
(19)	ईश्वर उसकी मृत आत्मा को शांति दे।	–	ईश्वर उसकी दिवंगत आत्मा को शांति दे।
(20)	साहित्य और जीवन में घोर सम्बन्ध है।	–	साहित्य और जीवन में घनिष्ठ सम्बन्ध है।
(21)	पूज्यनीय पिताजी को प्रणाम।	–	पूजनीय या पूज्य पिताजी को प्रणाम।
(22)	भिखारी ने राजा को आशीर्वाद प्रदान किया।	–	भिखारी ने राजा को आशीर्वाद दिया।
(23)	प्राणीमात्र पर दया करो।	–	प्राणि मात्र पर दया करो।
(24)	उसकी मृत्यु से नगर की अपूर्व क्षति हुई।	–	उसकी मृत्यु से नगर की अपूरणीय क्षति हुई।
(25)	शुद्ध गाय का दूध पीना लाभदायक है।	–	गाय का शुद्ध दूध पीना लाभदायक है।
(26)	उसने ऊपर को देखकर कहा।	–	उसने ऊपर देखकर कहा।
(27)	मैंने इसको तैयार कर दिया।	–	मैंने इसे तैयार कर दिया।
(28)	इस जयन्ती के मनाने में दस हजार हजार रुपये लगे।	–	यह जयन्ती मनाने में दस रुपये लगे।
(29)	सीधी-सादी जनता के अन्दर यह भावना है।	–	सीधी-सादी जनता में यह भावना है।
(30)	शब्द केवल संकेत मात्र होते हैं।	–	शब्द केवल संकेत होते हैं।
(31)	मैं यह हरगिज भी सहन नहीं कर सकता।	–	मैं यह हरगिज सहन नहीं कर सकता।
(32)	चाहे जैसे भी हो तुम वहाँ जाओ।	–	चाहे जैसे हो, तुम वहाँ जाओ।

	अशुद्ध वाक्य		शुद्ध वाक्य
(33)	इस व्यवस्था के बावजूद भी उसने शिकायत की।	–	इस व्यवस्था के बावजूद उसने शिकायत की।
(34)	फिर कुछ देर से उसने कहा।	–	फिर कुछ देर बाद उसने कहा।
(35)	वे लगन के साथ देश की सेवा कर रहे हैं।	–	वे लगनपूर्वक देश की सेवा कर रहे हैं।
(36)	उसकी दृष्टि चित्र में गड़ी थी।	–	उसकी दृष्टि चित्र पर गड़ी थी।
(37)	सभी प्रकार की चीज मौजूद थी।	–	सभी प्रकार की चीजें मौजूद थीं।
(38)	इन दोनों में केवल यही अंतर है।	–	इन दोनों में यही अंतर है।
(39)	कल विपक्षी दल ने बजट के ऊपर बहस की।	–	कल विपक्षी दलों ने बजट पर बहस की।
(40)	वह अच्छा भाषण देता है।	–	वह भाषण अच्छा करता है।
(41)	अधिकांश उर्दू के कवि शृंगारी कविता लिखते हैं।	–	उर्दू के अधिकांश कवि शृंगारी कविता लिखते थे।
(42)	प्रतिदिन एक चिट्‌ठी लिखना चाहिए।	–	प्रतिदिन एक चिट्‌ठी लिखनी चाहिए।
(43)	कोयला जलकर राख हो गयी।	–	कोयला जल कर राख हो गया।
(44)	मेरी आँखों पर मेरा विश्वास नहीं।	–	अपनी आँखों पर मेरा विश्वास नहीं।
(45)	सारे देश भर में यह बात फैल गयी।	–	सारे देश में यह बात फैल गयी। 'अथवा' देशभर में यह बात फैल गयी।
(46)	आप अपनी ताकत के बल काम पर यह काम करना चाहते हैं।	–	आप अपने बल पर यह करना चाहते हैं।
(47)	वह अनेकों प्रकार के बहाने बनाने लगा।	–	वह अनेक प्रकार के बहाने बनाने लगा।
(48)	वह कहते हैं।	–	वे कहते हैं।

	अशुद्ध वाक्य		शुद्ध वाक्य
(49)	वे परस्पर एक दूसरे को संदेह की नजर से देखते हैं।	–	वे एक दूसरे को संदेह की नजर से देखते हैं। 'अथवा' वे परस्पर संदेह की नजर से देखते हैं।
(50)	इससे मर्यादा की सीमा टूट गयी।	–	इससे मर्यादा टूट गयी।
(51)	आपका दर्शन करने आया हूँ।	–	आपके दर्शन के लिए आया हूँ।
(52)	तुम्हारा सब काम गलत होता है।	–	तुम्हारे सब काम गलत होते हैं
(53)	उन्होंने हाथ जोड़ा।	–	उन्होंने हाथ जोड़े।
(54)	कालिदास ने कुमुद का दर्शन शरत् काल में किया।	–	कालिदास ने कुमुद का उल्लेख शरत्काल में किया।
(55)	कालचक्र का पहिया निरंतर घूमता है।	–	कालचक्र निरंतर घूमता है।
(56)	गाँधी का देश सदैव आभारी रहेगा।	–	देश गाँधी का सदैव आभारी रहेगा।
(57)	वह अपनी विद्या समाप्त कर के ही नौकरी खोजेगा।	–	वह अपनी शिक्षा समाप्त करके ही नौकरी खोजेगा।
(58)	शत्रु उस पर टूट गये।	–	शत्रु उस पर टूट पड़े।
(59)	मैंने यह बात उनके द्वारा सुनी थी।	–	मैंने यह बात उनसे सुनी थी।
(60)	भीष्म पितामह आजन्म ब्रह्मचारी रहे।	–	भीष्म पितामह आजीवन ब्रह्मचारी रहे।
(61)	यह शब्दकोश का छोटा संस्करण है।	–	यह शब्दकोश का संक्षिप्त संस्करण है।
(62)	सावधान ! गोलियों की बाढ़ कर दूँगा।	–	सावधान गोलियों की बौछार कर दूँगा।
(63)	उससे ही झगड़े का श्री गणेश हुआ।	–	उससे ही झगड़े का आरंभ हुआ।
(64)	घड़ा और लोटा में पानी है।	–	घड़े और लोटे में पानी है।
(65)	मैं तुम्हारे साथ खा कर चलूँगा।	–	मैं खाकर तुम्हारे साथ चलूँगा।

	अशुद्ध वाक्य		शुद्ध वाक्य
(66)	अनेकों बार समझाने पर भी भी वह नहीं समझा।	–	अनेक बार समझाने पर वह नहीं समझा।
(67)	उन्हें व्यर्थ रुपये देने से कोई लाभ नहीं।	–	उन्हें रुपये देने से कोई लाभ नहीं। 'अथवा' उन्हें रुपये देना व्यर्थ है।
(68)	एक-एक कर के सभी चले गये।	–	एक-एक कर सभी चले गये।
(69)	शोक है कि आपने मेरे पत्रों का उत्तर नहीं दिया।	–	खेद है कि आपने मेरे पत्रों के उत्तर नहीं दिये।
(70)	सिवाय आपको छोड़कर कोई ऐसी बात नहीं करता।	–	आपको छोड़कर कोई ऐसी नहीं करता। 'अथवा' सिवाय आपके कोई ऐसी बात नहीं करता।
(71)	वे महर्षि धन्य हैं, जिन्होंने ये ग्रंथ बनाए।	–	वे महर्षि धन्य हैं, जिन्होनें ये ग्रंथ रचे।
(72)	इस बात के कहने में किसी को संकोच न होगा।	–	यह बात कहने में किसी को संकोच न होगा।
(73)	ऐसी एकाध बातें और देखने में आती हैं	–	ऐसी एकाध बात और देखने में आती है।
(74)	मैं अपनी बात का स्पष्टीकरण करने के लिए तैयार हूँ।	–	मैं अपनी बात के स्पष्टीकरण के लिए तैयार हूँ।
(75)	लड़का मिठाई लेकर भागता घर आया।	–	लड़का मिठाई लेकर दौड़ता हुआ घर आया।
(76)	उन्हें मृत्युदण्ड की सजा मिली।	–	उन्हें मृत्युदण्ड मिला।
(77)	परीक्षा की प्रणाली बदलना चाहिए।	–	परीक्षा की प्रणाली बदलनी चाहिए।
(78)	वह व्यक्ति ही क्या, जो कभी दुःख नहीं उठाता।	–	वह व्यक्ति ही क्या जिसने कभी दुःख नहीं झेला।
(79)	देश की वर्तमान मौजूदा अवस्था अच्छी नहीं।	–	देश की वर्तमान अवस्था अच्छी नहीं है।

	अशुद्ध वाक्य		शुद्ध वाक्य
			'अथवा' देश की मौजूदा अवस्था अच्छी नहीं है।
(80)	नौकर से कहो कि अपना सामान तैयार रखे।	–	नौकर से कहो कि मेरा सामान तैयार रखे।
(81)	वह धर्मशाले में गया है।	–	वह धर्मशाला गया है।
(82)	सबों ने यही राय दी।	–	सबने यही राय दी।
(83)	उसकी यौवनावस्था समाप्त हो चकी है	–	उसका यौवन समाप्त हो चुका है। 'अथवा' उसकी युवावस्था समाप्त हो चुकी है।
(84)	हमारे बाप-दादाओं ने कभी ऐसा नहीं किया।	–	हमारे बाप-दादों ने कभी ऐसा नहीं किया।
(85)	आपकी राय से यह काम जरूरी है।	–	आपकी राय में यह काम जरूरी है।
(86)	सभी श्रेणी के लोग वहाँ आये थे।	–	सभी श्रेणियों के लोग वहाँ आये थे।
(87)	महादेवी विद्वान महिला थीं।	–	महादेवी विदुषी महिला थीं।
(88)	मेरी सौभाग्यवती कन्या का विवाह होगा।	–	मेरी सौभाग्यकांक्षिणी कन्या का विवाह होगा।
(89)	उसकी दाहिनी ओर लड़का खड़ा था।	–	उसके दाहिनी ओर लड़का खड़ा था।
(90)	पंडितजी कहे हैं कि कल छुट्टी रहेगी।	–	पंडितजी ने कहा है कि कल छुट्टी रहेगी।
(91)	नगरपालिका की ओर से प्रधानमंत्री को अभिनन्दन पत्र प्रदान किया गया।	–	नगरपालिका की ओर से प्रधानमंत्रीको अभिनन्दन-पत्र अर्पित किया गया।
(92)	वह दण्ड देने योग्य है।	–	वह दण्ड पाने योग्य है। 'अथवा' वह दण्डित होने योग्य है।

अशुद्ध वाक्य		शुद्ध वाक्य
(93) ये बातें केवल दिखावा भर थीं।	–	ये बातें केवल दिखावा थीं।
(94) हताहत सैनिकों के लिए रक्त का प्रबन्ध है।	–	आहत सैनिकों के लिए रक्त का प्रबन्ध है।
(95) एक गेदें की माला लाओ।	–	गेंदे की एक माला लाओ।
(96) हम निम्नलिखित काशी के विद्यार्थी हिन्दी प्रयोग के लिए कृतसंकल्प हैं।	–	हम काशी के निम्नलिखित विद्यार्थी हिन्दी प्रयोग के लिए कृतसंकल्प हैं।
(97) इसका तो कोई अर्थ नहीं होता।	–	इसका तो कुछ अर्थ नहीं होता।
(98) इस काम में बड़ा लाभ है।	–	इस काम में बहुत लाभ है।
(99) जाकर कोई काम करो।	–	जाकर कुछ काम कर लो।
(100) उनकी मृत्यु से नगर की अपूर्व क्षति हुई।	–	उनकी मृत्यु से नगर की अपूर्ण क्षति हुई।

❑❑❑

25

उपसर्ग

उपसर्ग वह शब्दांश है, जो किसी शब्द के पहले जुड़कर एक नया शब्द बनाता है। 'हार' का अर्थ होता है – पराजय या माला। यदि इसके पहले 'प्र' 'आ', 'उप' आदि उपसर्ग जोड़े जाएँ, तो नये शब्द इस प्रकार बनेंगे –

प्र + हार = प्रहार (चोट पहुँचाना)
उप + हार = उपहार (भेंट)
आ + हार = आहार (भोजन)
सम् + हार = संहार (नाश)

स्पष्ट है कि उपसर्ग जोड़ने से नये–नये शब्दों की उत्पत्ति होती है। हिन्दी में चार प्रकार के उपसर्ग प्रयुक्त होते हैं। ये हैं –

(क) संस्कृत के उपसर्ग
(ख) हिन्दी के उपसर्ग
(ग) उर्दू के उपसर्ग (अरबी + फारसी)
(घ) अंग्रेजी के उपसर्ग

संस्कृत के उपसर्ग

उपसर्ग		**अर्थ**		**उपसर्ग लगे शब्द**
अति	–	अधिकता, ज्यादती	–	अतिरिक्त, अतिशय, अतिचार, सीमा का उल्लंघन अत्यंत, अत्युत्तम, अत्याचार, इत्यादि।
अधि	–	ऊपर, ऊँचा, पर,	–	अधिराज, अधिकरण, अधिमास, अध्यक्ष, अधिभौतिक, अध्यादेश इत्यादि।
अनु	–	पीछे, सदृश, साथ,	–	अनुगामी,अनुसरण, अनुकूल, अनुकंपा, अनुभव, अनुग्रह, अनुपान इत्यादि।

उपसर्ग		अर्थ		उपसर्ग लगे शब्द
अप	–	उल्टा, विरुद्ध, बुरा, हीन, अधिक	–	अपकार, अपमान, अपयश, अपहरण, अपकीर्ति आदि।
अपि	–	निकट, सन्बन्ध	–	अपिधान, अपिकक्ष, अपिकर्ण इत्यादि।
अभि	–	सामने, बुरा, अधिक, दूर, समीप, बारंबार, ऊपर	–	अभ्युत्थान, अभिसारिका, अभ्यास, अभ्युदय, अभिलाषा, अभियुक्त इत्यादि।
अव	–	निश्चय, अनादर, व्यक्ति अवमान, न्यूनता, गहराई	–	अवधारणा, अवज्ञा, अवघात, अवतार, अवकाश, अवक्षेप इत्यादि।
आ	–	अर्थ में विशेषता लाता है, विपरीत अर्थ देता है।	–	आपात, आरोहण, आगमन, आनयन, आदान इत्यादि।
उद्/उत्	–	ऊपर, अतिक्रमण, उत्कर्ष प्राबल्य, प्राधान्य, अभाव, प्रकाश, दोष	–	उत्तीर्ण, उद्बोधन, उद्वेग, उद्देश्य, उच्चारण, उन्मार्ग इत्यादि।
उप	–	समीपता, सामर्थ्य, न्यूनता	–	उपनयन, उपकार, उपमंत्री, व्याप्ति उपकूल, इत्यादि।
दुर	–	बुरा, निषेध, कठिन	–	दुर्दिन, दुर्बल, दुर्गम, दुर्लभ, दुराचार, दुर्दशा, दुर्जन इत्यादि
दुस्	–	बुरा, कठिन	–	दुष्कर्म, दुष्कर, दुस्साहस दुश्शासन इत्यादि।
नि	–	समूह, अधोभाव, अत्यंत, आदेश, नित्य, कौशल	–	निकर, निदेश, निपुण, निबंध इत्यादि।
निर्	–	बंधन, अन्तर्भाव बाहर, निषेध, रहित	–	निर्भय, निर्वाह, निराकरण, निरपराध इत्यादि।
निस्	–	बाहर, निषेध, रहित	–	निष्काम, निश्चल, निश्छल, निस्संग इत्यादि।
प्र	–	आगे, सामने, दूर	–	प्रयाण, प्रभु, प्रसन्न, प्रकर्ष इत्यादि।
प्रति	–	विरुद्ध, सामने, समान बदले में, मुकाबले का	–	प्रतिध्वनि, प्रतिदिन, प्रतिलिपि, प्रतिहिंसा, प्रत्यक्ष, प्रतिकार, प्रतिनिधि इत्यादि।
परा	–	अधिक, उल्टा	–	पराजय, पराजित, पराक्रम इत्यादि।

उपसर्ग		अर्थ		उपसर्ग लगे शब्द
परि	–	अच्छी तरह, चारों ओर, परिवाद, अतिशय, नियम, पूर्णता	–	परिक्रमण, परिभ्रमण, परिहास, परिपूर्ण इत्यादि।
वि	–	पृथकता, भाग, क्रम, विशेषता	–	वियोग, विधवा, विभाग, विक्रय, विहीन, विज्ञान इत्यादि।
सु	–	सुन्दर, अच्छा, पूरी तरह, आसानी से, अत्यधिक	–	सुकर्म, सुगम, सुकेशी, सुवास, सुगंधित, सुलभ, सुदीर्घ इत्यादि
सम् (सं)	–	पूर्णता, सुन्दर	–	संतोष, संभोग, संयोग, संताप, संग्रह इत्यादि।

हिन्दी के उपसर्ग

उपसर्ग		अर्थ		उपसर्ग लगे शब्द
अ	–	अभाव, दूषित, निषेध	–	अन्याय, अभाग्य, अकाल, अमोल, इत्यादि।
अध	–	आधा	–	अधजला, अधपका, अध मरा, अधखिला, अधसेरा इत्यादि।
अन	–	अभाव, निषेध	–	अनबन, अनहोनी, अनमोल अनजान, इत्यादि।
औ-(अब)	–	निषेध, हीनता	–	औगुन, औढर, औघट इत्यादि
उन	–	एक कम	–	उनतीस, उनचालीस उनसठ उनचास इत्यादि।
दु	–	बुरा, कम, हीन	–	दुकाल, दुबला इत्यादि
नि	–	निषेध, अभाव	–	निकम्मा, निगोड़ा, निडर, निहत्था इत्यादि।
बिन	–	बिना, अभाव, निषेध	–	बिनदेखा, बिनबोया, बिनव्याहा इत्यादि।
भर	–	पूरा	–	भरपेट, भरपूर, भरसक, भरदिन, इत्यादि।
क, कु	–	बुरा, हीनता	–	कपूत, कुमार्ग, कुपात्र, कुख्यात इत्यादि।
स, सु	–	के साथ, श्रेष्ठ	–	सजीव, सूपत, सरल, सुजान, सुपात्र, इत्यादि।

उर्दू (फारसी) के उपसर्ग

उपसर्ग		अर्थ		उपसर्ग लगे शब्द
आ	–	साथ	–	आगाह, आवारा इत्यादि।
कम	–	थोड़ा, हीन	–	कमअक्ल, कमजोर, कमसिन कमबख्त इत्यादि।
खुश	–	अच्छा	–	खुशकिस्मत, खुशखबरी, खुशदिल, खुशबू, खुशहाल इत्यादि।
दर	–	में	–	दरअसल, दरकार, दरमियान इत्यादि।
ना	–	नहीं, अभाव	–	नाउम्मीद, नाचीज, नादान, नापाक, नापसंद, नालायक नासमझ इत्यादि।
नेक	–	अच्छा	–	नेकनीयत, नेकदिल, नेकनाम इत्यादि।
बद	–	बुरा	–	बदहाल, बदतमीज, बदकिस्मत बदनाम, बदबू, इत्यादि।
बर	–	बाहर, ऊपर	–	बरबख्त, बरखिलाफ, बरदाश्त, बरबाद इत्यादि।
बा	–	साथ, वाला, पूर्ण	–	बाअदब, बाअसर, बाईमान, बाइज्जत, बाकलम इत्यादि।
बे	–	बिना, बगैर	–	बेअक्ल, बेइज्जत, बेइमान बेवफा, बेशुमार इत्यादि।
सर	–	सिर, मुख्य	–	सरपरस्त, सरताज, सरदार सरहद इत्यादि।
हम	–	साथ, आपस में	–	हमउम्र, हमसफर, हमदर्द बराबार हमराह इत्यादि।
हर	–	प्रत्येक	–	हरकारा, हरगिज, हरतरफ हररोज, हरसाल इत्यादि।

उर्दू (अरबी) के उपसर्ग

उपसर्ग		अर्थ		उपसर्ग लगे शब्द
अल्	–	निश्चित, यहकि	–	अलगरज, अलबत्ता, अलमस्त इत्यादि।
ऐन	–	ठीक, सटीक	–	ऐनमौका, ऐनवक्त इत्यादि।

गैर	–	निषेध, विरोध, विपरीत	गैरकानूनी, गैरमुमकिन गैरमुनासिब, गैरसरकारी, गैरहाजिर इत्यादि।
फी	–	प्रत्येक, हर एक	– फीसदी, फी रुपया, फीमर्द इत्यादि।
बिल	–	बिना	– बिलदिमाग, बिलाशक इत्यादि
ला	–	बिना, नहीं	– लाइलाज, लाजबाब, लापरवाह लावारिश, लाइल्म इत्यादि।

अंग्रेजी के उपसर्ग

उपसर्ग		**अर्थ**	**उपसर्ग लगे शब्द**
डबल	–	दुगुना, दोहरा	– डबल रोटी, डबल नाश्ता डबल ड्यूटी, डबल खुराक इत्यादि।
डिप्टी	–	उप	– डिप्टी इन्सपेक्टर, डिप्टी कमिश्नर डिप्टी साहब इत्यादि।
फुल	–	पूरा	– फुल स्वेटर, फुल कमीज, फुल पैण्ट, फुल शर्ट इत्यादि।
सब	–	अवर, छोटा	– सब–इन्सपेक्टर, सब–जज सब–रजिस्ट्रार, सब–डिवीजन इत्यादि।
हाफ	–	आधा	– हाफ कमीज, हाफ कुरता हाफ–शर्ट, हाफ–पैण्ट इत्यादि।
हेड	–	मुख्य, प्रधान	– हेडमास्टर, हेड ऑफिस, हेड कांस्टेबुल, हेड कलर्क, हेड मौलवी इत्यादि।

स्मरणीय

संस्कृत में कुछ ऐसे शब्द हैं, जिनमें दो या तीन उपसर्ग भी मिलते हैं। जैसे –

पर्यावरण	–	परि + आ + वरण
समालोचन	–	सम् + आ + लोचन
व्याकरण	–	वि + आ + करण
दुर्व्यवहार	–	दुर् + वि + अव + हार

(1) संस्कृत के उपसर्गो का प्रयोग संस्कृत शब्दों के साथ, हिन्दी का हिन्दी के साथ एवं उर्दू का उर्दू के साथ होना चाहिए।

जैसे –

हम (फारसी) + उम्र (अरबी) = हमउम्र (सही मेल)

हम (फारसी) + आयु (संस्कृत) = हम आयु (गलत मेल)

(2) अंग्रेजी के उपसर्गो के साथ ऊपर की बात सही नहीं बैठती है। हिन्दी में अंग्रेजी उपसर्ग के साथ हिन्दी का मेल चलता है।

जैसे – टिकट घर इत्यादि।

❑❑❑

26

प्रत्यय

प्रत्यय वह शब्दांश है, जो किसी धातु या अन्य शब्द के अंत में जुड़कर एक नया शब्द बनाता है। जैसे-

लड़ (धातु)	+	आका (प्रत्यय)	= लड़ाका
मनुष्य (संज्ञा)	+	ता (प्रत्यय)	= मनुष्यता
पागल (विशेषण)	+	पन (प्रत्यय)	= पागलपन

'प्रत्यय' धातु (क्रिया) या अन्य (संज्ञा, विशेषण आदि) शब्दों में जुड़ते हैं और नये-नये शब्दों की रचना करते हैं। उपसर्ग और प्रत्यय में यही अंतर है कि जहाँ उपसर्ग शब्द के शुरू में जुड़ते हैं, वहाँ प्रत्यय शब्द के अन्त में।

प्रत्यय के भेद

प्रत्यय के मुख्यतः दो भेद हैं -

(1) कृत प्रत्यय (2) तद्धित प्रत्यय

(1) कृत प्रत्यय :-

धातु से जुड़ने वाले प्रत्यय को 'कृत प्रत्यय' कहते हैं और इनके शब्द को 'कृदन्त' कहते हैं। जैसे -

लड़ + आका (कृत प्रत्यय) = लड़ाका (कृदन्त)

चाट + नी (कृत प्रत्यय) = चटनी (कृदन्त)

कृत प्रत्ययों के जुड़ने से संज्ञा या विशेषण शब्दों की रचना होती है।

कृत प्रत्यय के भेद

कृत प्रत्यय के मुख्यतः चार भेद हैं -

(क) कर्तृ वाचक कृदन्त (ख) कर्म वाचक कृदन्त

(ग) करण वाचक कृदन्त (घ) भाव वाचक कृदन्त

(क) कर्तृवाचक कृत प्रत्यय :-

जिन प्रत्ययों के जुड़ने से बनने वाले शब्द क्रिया के करने वाले कर्त्ता का बोध कराते हैं, उन्हें कर्तृ वाचक कृत् प्रत्यय कहते हैं। ये हैं- अंकू, अ, अक, अक्कड़, आऊ, आँक, आका, आकू, आड़ी, आलू, इयल, इया, उक, ऊ, एरा, ओड़, ओड़ा, ओर, टा, न, लू, वाला, वैया, हार इत्यादि। उदाहरण-

धातु	**प्रत्यय**	**शब्द (कृदंत)**	**क्रिया का कर्त्ता**
उड़	अंकू	उड़ंकू	जो उड़ता है।
भूल	अक्कड़	भुलक्कड़	जो भूलता है।
खा	आऊ	खाऊ	जो खाता है।
खेल	आड़ी	खिलाड़ी	जो खेलता है।
लूट	एरा	लुटेरा	जो लूटता है।

अंकू, अक्कड़, आऊ आदि प्रत्ययों के धातु में जुड़ने से जो शब्द बने हैं, उनका अर्थ है - क्रिया को करने वाला। इसलिए ऐसे प्रत्ययों को कर्तृ वाचक कृत् प्रत्यय कहते हैं।

(ख) कर्म वाचक कृत प्रत्यय :-

जिन प्रत्ययों के जुड़ने से बनने वाले शब्द क्रिया के कर्म का बोध कराते हैं, उन्हें कर्म वाचक कृत् प्रत्यय कहते हैं। ये हैं-अनीय, औना, ण्यत्, तव्य, भ, ना, नी, य आदि। जैसे -

धातु	**प्रत्यय**	**शब्द (कृदन्त)**	**क्रिया का कर्म**
स्मृ	अनीय	स्मरणीय	जिसे स्मरण किया जाए।
खेल	औना	खिलौना	जिसे खेला जाए।
कृ	तव्य	कर्तव्य	जिसे किया जाए।
गा	ना	गाना	जिसे गाया जाए।
सूँघ	नी	सुँघनी	जिसे सूँघा जाए।

अनीय, औना, तव्य आदि प्रत्ययों के धातु में जुड़ने से जो शब्द बने हैं - वे कर्म के रूप में प्रयुक्त हुए हैं। अतः ऐसे प्रत्यय कृत् प्रत्यय कहलाते हैं।

(ग) करण वाचक कृत प्रत्यय :-

जिन प्रत्ययों के जुड़ने से बनने वाले शब्द क्रिया के साधन (करण) का बोध कराते हैं, उन्हें करण वाचक कृत् प्रत्यय कहते हैं। ये हैं - अन, आ, आनी, औटी, इत्र, ई, ऊ, न, ना, नी आदि। जैसे -

धातु	**प्रत्यय**	**शब्द (कृदन्त)**	**क्रिया का साधन**
चर्	अन	चरण	जिससे चला जाए।
कस	औटी	कसौटी	जिससे कसा जाए।

रेत	ई	रेती	जिससे रेता जाए।
झाड़	ऊ	झाड़ू	जिससे झाड़ा जाए।
बेल	न	बेलन	जिससे बेला जाए।

अन, औटी, ई आदि प्रत्ययों के धातु में जुड़ने से जो शब्द बने हैं – वे 'करण' के रूप में प्रयुक्त हुए हैं। अतः ऐसे प्रत्यय करण वाचक कृत प्रत्यय कहलाते हैं।

(घ) भाव वाचक कृत प्रत्यय :-

जिन प्रत्ययों के जुड़ने से भाव वाचक संज्ञाएँ बनती हैं। उन्हें भाववाचक कृत प्रत्यय कहते हैं। ये हैं– अंत, अ, आ, आई, आन, आप, आपा, आव, आवट, आवा, आहट, औता, औती, औनी, औवल, ई, क, त, ति, ती, न, नी आदि। जैसे –

धातु	**प्रत्यय**	**शब्द (कृदन्त)**	**क्रिया की प्रक्रिया/भाव**
चढ़	आई	चढ़ाई	चढ़ने की क्रिया/भाव
पूज	आपा	पुजापा	पूजने की क्रिया/भाव
चिल्ल	आहट	चिल्लाहट	चिल्लाने की क्रिया/भाव
हँस	ई	हँसी	हँसने की क्रिया/भाव
छाँट	नी	छँटनी	छाँटने की क्रिया/भाव

आई, आपा, आहट आदि प्रत्ययों के जुड़ने से जो शब्द बने हैं, उनसे क्रिया की प्रक्रिया या भाव व्यक्त होते हैं। दूसरे शब्दों में इनसे भाववाचक संज्ञाएँ बनती हैं।

(2) तद्धित प्रत्यय :-

धातुओं को छोड़कर अन्य दूसरे शब्दों (संज्ञा, विशेषण आदि) में जुड़ने वाले प्रत्ययों को तद्धित प्रत्यय कहा जाता है तथा उनसे बनने वाले शब्दों को 'तद्धितांत' कहा जाता है। जैसे–

राष्ट्र (संज्ञा) + ईय (तद्धित प्रत्यय) – राष्ट्रीय (विशेषण) – तद्धितांत।
लघु (विशेषण) + अ (तद्धित प्रत्यय) – लाघव (विशेषण) – तद्धितांत।
पीछे (अव्यय) + ला (तद्धित प्रत्यय) – पिछला (विशेषण) – तद्धितांत।

तद्धित प्रत्यय – संज्ञा, विशेषण आदि शब्दों में लगते हैं और प्रायः संज्ञा या विशेषण बनाते हैं।

कृत् प्रत्यय और तद्धित प्रत्यय में यही अंतर है, जहाँ कृत प्रत्यय सिर्फ धातुओं में लगते हैं, वहाँ तद्धित प्रत्यय धातुओं को छोड़कर संज्ञा, विशेषण आदि शब्दों में लगते हैं।

तद्धित प्रत्यय के भेद

तद्धित प्रत्यय के मुख्यतः चार भेद हैं -

(क) लघुता वाचक (ख) भाववाचक

(ग) जाति वाचक या पेशा वाचक (घ) अपत्य वाचक या सम्बन्ध वाचक

(क) लघुता वाचक तद्धित प्रत्यय :-

इनमें छोटेपन या प्यार-दुलार का बोध होता है। ये प्रत्यय हैं - इया, ई, ड़ा, री आदि। जैसे -

शब्द (संज्ञा)	**प्रत्यय**	**तद्धितांत रूप (संज्ञा)**
खाट, बेटी	इया	खटिया, बिटिया
घंटा, रस्सा	ई	घंटी, रस्सी
दु:ख, मुख	ड़ा	दु:खड़ा, मुखड़ा
कोठा, छाता	री	कोठरी, छतरी

(ख) भाव वाचक तद्धित प्रत्यय :-

इनसे भाववाचक संज्ञाएँ बनती हैं। ये प्रत्यय हैं - आई, इया, ई, त, ता, त्व, पन, पा, स आदि। जैसे -

शब्द (संज्ञा)	**प्रत्यय**	**तद्धितांत रूप (संज्ञा)**
पंडित	आई	पंडिताई
खेत, दुश्मन	ई	खेती, दुश्मनी
पुरुष, मनुष्य	त्व	पुरुषत्व, मनुष्यत्व
मानव, शून्य	ता	मानवता, शून्यता
बच्चा, लड़का	पन	बचपन, लड़कपन
बूढ़ा, पूजा	पा	बुढ़ापा, पुजापा

(ग) जाति वाचक या पेशा वाचक तद्धित प्रत्यय :-

इससे जीविका चलाने वाले का बोध होता है। ये प्रत्यय हैं - आर, एरा, क, कार, गर, दार, वाला, वान, द्वारा इत्यादि। जैसे -

शब्द (संज्ञा)	**प्रत्यय**	**तद्धितांत रूप (संज्ञा)**
लोहा, सोना	आर	लोहार (लुहार), सोनार (सुनार)
चित, साँप	एरा	चितेरा, सँपेरा
लिपि, लेख	क	लिपिक, लेखक
जादू, सौदा	गर	जादूगर, सौदागर
लकड़ी, चूड़ी	हारा	लकड़हारा, चुड़िहारा

(घ) अपत्य वाचक या सम्बन्ध वाचक तद्धित प्रत्यय :-

इन प्रत्ययों से बने शब्द संतान (अपत्य) के अर्थ में प्रयुक्त होते हैं। वैदिक युग में ऐसे शब्दों का बहुत प्रचलन था, लेकिन ऐसे शब्द अब नहीं बन रहे हैं। ये प्रत्यय हैं – अ, इ, एय आदि। जैसे –

शब्द (संज्ञा)	**प्रत्यय**	**तद्धितांत रूप (संज्ञा)**
वसुदेव	आ	वासुदेव (वसुदेव की संतान)
दशरथ	इ	दाशरथि (दशरथ की संतान)
कुन्ती	एय	कौन्तेय (कुन्ती की संतान)
कुछ और शब्द हैं –	रघु	– राघव
	पाण्डु	– पाण्डव
	पृथा	– पार्थ
	सुमित्रा	– सौमित्र
	विनता	– वैनतेय इत्यादि।

विशेषण से संज्ञा :-

कुछ प्रत्यय ऐसे हैं, जो विशेषण शब्दों में लगकर भाव वाचक संज्ञा बनाते हैं। ऐसे भाव वाचक प्रत्यय हैं – आई, आस, आहट, ई, ता, त्व, पन, पा इत्यादि।

शब्द (विशेषण)	**प्रत्यय**	**तद्धितांत रूप (विशेषण)**
अच्छा, बुरा	आई	अच्छाई, बुराई
कडुवा, चिकना	आहट	कडुवाहट, चिकनाहट
खुश, गरीब	ई	खुशी, गरीबी
लघु, शुद्ध	ता	लघुता, शुद्धता
काला, पीला	पन	कालापन, पीलापन

संज्ञा से विशेषण

संज्ञा से विशेषण बनाने वाले प्रत्यय मुख्यतः चार प्रकार के होते हैं –

(क) गुण वाचक (ख) स्थान वाचक

(ग) रिश्ता वाचक (घ) सन्बन्ध वाचक

(क) गुण वाचक तद्धित प्रत्ययः-

इसमें गुण, धर्म आदि का बोध कराने वाले शब्द बनते हैं।

ये प्रत्यय हैं- आ, ई, ईन, ईला इत्यादि।

शब्द (संज्ञा)	**प्रत्यय**	**तद्धितांत रूप (विशेषण)**
भूख, प्यास	आ	भूखा, प्यासा
ऊन, गुलाब	ई	ऊनी, गुलाबी

नमक, शौक	ईन	नमकीन, शौकीन
काँटा, गाँठ	इला	कँटीला, गँठीला

(ख) स्थान वाचक तद्धित प्रत्यय :-

इन प्रत्ययों के लगने से स्थान से सम्बद्ध व्यक्ति वस्तु का बोध होता है। ये प्रत्यय हैं - इया, ई, ऊ, एलू इत्यादि। जैसे-

शब्द (संज्ञा)	**प्रत्यय**	**तद्धितांत रूप (विशेषण)**
कलकत्ता, पटना	इया	कलकतिया, पटनिया
लखनऊ, जापान	ई	लखनवी, जापानी
बाजार	ऊ	बाजारू

(ग) रिश्ता बोधक तद्धित प्रत्यय :-

इन प्रत्ययों के लगने से किसी-न-किसी रिश्ते का बोध होता है। जैसे -

शब्द (संज्ञा)	**प्रत्यय**	**तद्धितांत रूप (विशेषण)**
चाचा	एरा	चचेरा (चाचा से उत्पन्न)
मामा	एरा	ममेरा (मामा से उत्पन्न)
मौसा	एरा	मौसेरा (मौसा से उत्पन्न)
फूफा	एरा	फुफेरा (फूफा से उत्पन्न)

(घ) सम्बन्ध वाचक तद्धित प्रत्यय :-

इन प्रत्ययों के लगने से व्यक्ति या वस्तु से सम्बन्धित कुछ-न-कुछ सन्बन्ध ज्ञात होता है।

ये प्रत्यय हैं - अ, आना, इक इत्यादि। जैसे-

शब्द (संज्ञा)	**प्रत्यय**	**तद्धितांत रूप (विशेषण)**
शिव, शक्ति	अ	शैव, शाक्त
साल, मर्द	आना	सालाना, मर्दाना
धर्म, नीति	इक	धार्मिक, नैतिक

क्रिया विशेषण से विशेषण -

कुछ प्रत्यय क्रिया विशेषण में लगकर विशेषण भी बनाते हैं।

जैसे -

शब्द (क्रिया विशेषण)	**प्रत्यय**	**तद्धितांत रूप (विशेषण)**
आगे, पीछे, नीचे	ला	अगला, पिछला, निचला

❑❑❑

27

समास

समास का शाब्दिक अर्थ 'संक्षेप' या 'सम्मिलन' है। इसे दूसरे शब्दों में कहा जा सकता है कि दो या दो से अधिक पद जब अपनी विभक्ति-चिह्न या अन्य शब्दों को छोड़कर एक पद बन जाते हैं, तो इस क्रिया को **समास** कहते हैं और इस क्रिया से निर्मित शब्द को **सामासिक शब्द** कहते हैं।

जैसे- राजा की कन्या-राजकन्या (यहाँ 'की' विभक्ति छोड़ी गयी है)

भाई और बहन - भाई-बहन

(यहाँ 'और' विभक्ति छोड़ी गयी है)

यहाँ 'राजा की कन्या' या 'भाई और बहन' कहने से ज्यादा सटीक और संक्षिप्त है - 'राजकन्या' या 'भाई-बहन' कहना। 'राजकन्या' या भाई-बहन शब्द (पद) 'सामासिक शब्द' हैं। ऐसे सामासिक शब्दों को 'समस्तपद' भी कहा जाता है। ऐसे पदों में कभी पहला पद (पूर्वपद) प्रधान होता है, तो कभी दूसरा (उत्तर पद) और कभी दोनों पद प्रधान होता है।

कभी-कभी सभी पद गौण भी हो जाते हैं और एक नया अर्थ उत्पन्न हो जाता है। यहाँ 'राजकन्या' में उत्तर पद प्रधान है, अर्थात लिंग, वचन और पुरुष कन्या (उत्तर पद) के अनुसार होंगे। लिंग, वचन और पुरुष राज (पूर्व पद) के अनुसार नहीं होंगे। जैसे -

राजकन्या आ रही है। (अर्थात् राजा नहीं आ रहा है बल्कि उसकी कन्या (बेटी) आ रही है)

यदि सामासिक शब्दों को तोड़कर उनका पूर्व रूप दिखलाया जाए, तो वह **समास-विग्रह** कहलाएगा। जैसे-

समस्त पद				**समास-विग्रह**
भाई - बहन	-	भाई + बहन	-	भाई और बहन
राजकन्या	-	राज (राजा) + कन्या	-	राजा की कन्या
घुड़सवार	-	घुड़ (घोड़ा) + सवार	-	घोडे पर सवार
पनचक्की	-	पन (पानी) + चक्की	-	पानी से चलने वाली चक्की

समास के भेद

समास के मुख्यतः छः भेद हैं -

(1) तत्पुरुष समास	(2) कर्मधारय समास
(3) द्विगु समास	(4) द्वन्द्व समास
(5) बहुब्रीहि समास	(6) अव्ययीभाव समास

(1) तत्पुरुष समास

जिस समास में अंतिम शब्द (उत्तर पद) प्रधान हो, उसे तत्पुरुष समास कहते हैं। ऐसे पदों के बीच से (कर्म से अधिकरण तक के) विभक्ति-चिह्न का बोध होता है। जैसे -

कर्म तत्पुरुष समास -(द्वितीया तत्पुरुष समास) - ऐसे सामासिक पदों के बीच से 'को' चिह्न का लोप हो जाता है। जैसे -

सिरतोड़ - सिर + तोड़ - सिर को तोड़नेवाला।

पॉकेटमार - पॉकेट + मार - पॉकेट मार लेने वाला।

तत्पुरुष समास में प्रथम पद की जो विभक्ति होती है, उसी विभक्ति के नाम से समास को पुकारने की परम्परा है। अतः उपर्युक्त सामासिक शब्दों (समस्त पदों) में द्वितीया तत्पुरुष कहा जाएगा। इसी प्रकार दूसरे समासों को पुकारने की परम्परा है।

करण तत्पुरुष :- (तृतीया तत्पुरुष) - ऐसे सामासिक पदों के बीच से 'से' चिह्न का लोप हो जाता है। जैसे -

धर्मभीरु - धर्म + भीरु - धर्म से भीरु (डरने वाला)

देहचोर - देह + चोर - देह चुराने वाला

उपर्युक्त समासों में तृतीया तत्पुरुष है।

सम्प्रदान तत्पुरुष :- (चतुर्थी तत्पुरुष)- ऐसे पदों के बीच से 'के लिए' चिह्न का लोप हो जाता है। जैसे -

देवालय- देव + आलय = देव (देवता) के लिए आलय (घर)

किताबघर - किताब + घर = किताब के लिए घर

उपर्युक्त समासों में चतुर्थी तत्पुरुष है।

अपादान तत्पुरुष :- (पंचमी तत्पुरुष)- ऐसे सामासिक पदों के बीच से 'से' चिह्न का लोप हो जाता है। जैसे -

नेत्रहीन - नेत्र + हीन = (नेत्र से हीन अर्थात जिसे नेत्र नहीं हो)

पदच्युत - पद + च्युत = पद से च्युत (उतरा हुआ)

उपर्युक्त समासों में पंचमी तत्पुरुष है।

सन्बन्ध तत्पुरुष :- (षष्ठी तत्पुरुष)- ऐसे सामासिक पदों के बीच से 'का, के, की' चिह्न का लोप हो जाता है। जैसे -

राजकन्या - राज + कन्या = राजा की कन्या

श्रमदान - श्रम + दान = श्रम का दान

उपर्युक्त समासों में षष्ठी तत्पुरुष है।

अधिकरण तत्पुरुष :- (सप्तमी तत्पुरुष)- ऐसे सामासिक पदों के बीच से 'में' और 'पर' चिह्न का लोप हो जाता है। जैसे -

पुरुषोत्तम - पुरुष + उत्तम = पुरुषों में उत्तम

रणवीर - रण + वीर = रण में वीर

उपर्युक्त समासों में सप्तमी तत्पुरुष है।

(2) कर्मधारय समास

यह समास रचना की दृष्टि से तत्पुरुष है, क्योंकि इसमें भी दूसरा पद (उत्तर पद) प्रधान होता है। लेकिन दूसरी बात कि इससें प्रथम पद विशेषण और दूसरा पद विशेष्य या उपमा वाचक होता है। यह कई रूपों में पाया जाता है। जैसे -

(क) विशेषण वाचक :-

इसमें विशेष्य (संज्ञा) की विशेषता बतायी जाती है। जैसे -

वीरबाला - वीर (विशेषण + बाला (विशेष्य) = वीर है जो बाला

नीलकमल - नीला (विशेषण) + कमल (विशेष्य) = नीला है जो कमल

(ख) उपमा वाचक :-

इसमें एक वस्तु की उपमा दूसरी वस्तु से दी जाती है।

कमलनाथ - कमल (जिससे उपमा दी जा रही) +

नयन (जिसकी उपमा दी जा रही है) = कमल के समान नयन।

(ग) नकारात्मक (नञ् समास) :-

समास में यह नञ् (नकारात्मक) है। यह 'अ' अथवा 'अन' का अर्थ देता है। जैसे -

अकाल - अ + काल = न काल

अनदेखा - अन + देखा = न देखा हुआ

अज्ञान - अ + ज्ञान = न ज्ञान

अनजान - अन + जान = न जानने वाला

(3) द्विगु समास

यह समास रचना की दृष्टि से तत्पुरुष है, क्योंकि इसमें भी दूसरा पद (उत्तर पद) प्रधान होता है। लेकिन इसका पहला पद (पूर्व पद) संख्यावाचक विशेषण होता है। जैसे -

चौराहा - चार (संख्यावाचक विशेषण) राहों का समाहार।

नवग्रह - नौ (संख्यावाचक विशेषण) ग्रहों का समाहार।

(4) बहुव्रीहि समास

इसमें कोई भी पद प्रधान नहीं होता है। दोनो पद गौण होते है। इसलिए समस्त पद (सामासिक शब्द) से किसी अन्य शब्द (खास शब्द) का बोध होता है। जैसे-

वीणापाणि-वीणा + पाणि (हाथ) = वीणा है पाणि में जिसके अर्थात् सरस्वती।

त्रिलोचन- त्रि + लोचन (नेत्र) = तीन हैं लोचन जिसके अर्थात् शिव।

समास-विग्रह करने से दोनों पदों के अर्थ को छोड़कर एक तीसरा अर्थ सामने आता है। दूसरे शब्दों में दोनों पद गौण हैं।

(5) द्वन्द्व समास

इनमें दोनो पद प्रधान होते हैं। दो शब्दों के बीच - 'और' 'अथवा' 'तथा' 'एवं' 'या' जैसे योजक शब्दों के लोप होने से जुड़ने वाले समस्त पद में द्वन्द्व समास होता है। जैसे- माता-पिता, भाई-बहन, राजा-रानी, सीता-राम, भात-दाल, लोटा-डोरी, पाप-पुण्य, जन्म-मरण, सुख-दुख इत्यादि।

माता-पिता (माता और पिता) - मेरे माता-पिता अच्छे हैं।

पाप-पुण्य (पाप या पुण्य) - पाप-पुण्य का फल अवश्य मिलता है।

द्वन्द्व समास के भेद

द्वन्द्व समास के मुख्यत: तीन भेद हैं -

(क) इतरेतर द्वन्द्व (ख) समाहार द्वन्द्व (ग) वैकल्पिक द्वन्द्व

(क) इतरेतर द्वन्द्व :-

जिसमें दोनों पदों की प्रधानता हो, उसे इतरेतर द्वन्द्व कहते हैं।

जैसे - राम-कृष्ण, माँ-बाप, भाई-बहन, दाल-भात, लोटा-डोरी इत्यादि।

(ख) समाहार द्वन्द्व :-

जिस सामासिक शब्दों के समूह या इकट्ठा होने का अर्थ निकलता हो, उन्हें समाहार द्वन्द्व कहते हैं।

जैसे -जीव-जन्तु (जीव-जन्तु आदि सब)

दाल-रोटी (दाल-रोटी आदि खाद्यान्न पदार्थ)

(घ) वैकल्पिक द्वन्द्व :-

जिस समास के दोनों पदों के बीच विकल्प सूचक शब्द (या, अथवा) का लोप रहता है। उसे वैकल्पिक द्वन्द्व कहते हैं।

जैसे - पाप-पुण्य, ऊँच-नीच, भला-बुरा, हानि-लाभ इत्यादि।

उदाहरण - पाप-पुण्य (पाप या पुण्य, पाप अथवा पुण्य)

(6) अव्ययी भाव समास

इसमें पूर्वपद की प्रधानता रहती है। इसका पूर्वपद अव्यय होता है और समस्त पद प्राय: क्रिया विशेषण के रूप में प्रयुक्त होता है। जैसे -

भरपेट - भर + पेट = पेट भर।

आमरण - आ + मरण = मरण तक।

मैंने भर पेट खा लिया। (भर-अव्यय, पेट-संज्ञा, भरपेट-क्रिया विशेषण)

(क) कुछ अव्ययी भाव समास निम्नलिखित हैं - अकारण, अभूतपूर्व, अनायास, अनजाने, अनपूछे, आजन्म, नि:संदेह, निधड़क, निडर, बेकसूर, बेकार, बेकाम, बेफायदा, बेशक, बेहतर, व्यर्थ, यथाशीघ्र, यथासंभव, यथासमय इत्यादि।

(ख) कभी-कभी शब्दों की द्विरुक्ति से भी अव्ययीभाव समास होता है।
जैसे- कोठे-कोठे, घड़ी-घड़ी, दिनों-दिन, धड़ा-धड़, धीरे-धीरे, पल-पल, पहले-पहल, बार-बार, बीचों-बीच, रातों-रात, रोज-रोज, हाथों-हाथ इत्यादि।

(ग) कभी-कभी द्विरुक्त शब्दों के बीच 'ही, से, न, आ' आदि रहता है।
जैसे- आप-ही-आप, घर-ही-घर, मन-ही-मन, आप-से-आप, घर-से-घर, कहीं-न-कहीं, कुछ-न-कुछ, एकाएक (एक-आ-एक), मुहाँ-मुँह (मुँह-आ-मुँह), सरासर (सर-आ-सर)।

समास सूची

कर्म तत्पुरुष :-

समस्त पद		विग्रह
गिरिधर	–	गिरि (को) धारण करने वाला
हलधर	–	हल (को) धारण करने वाला
यश प्राप्त	–	यश (को) प्राप्त करने वाला
मनोहर	–	मन (को) हरने वाला
चिड़ीमार	–	चिड़ियों (को) मारने वाला
पॉकेटमार	–	पॉकेट (को) मारने वाला
कठफोड़वा	–	काठ (को) फोड़ने वाला
स्थानापन्न	–	स्थान को आपन्न
गगनचुम्बी	–	गगन को चूमने वाला
गृहागत	–	गृह (को) आगत
स्वर्गप्राप्त	–	स्वर्ग (को) प्राप्त करने वाला
वंशीधर	–	वंशी (को) धारण करने वाला

करण तत्पुरुष :-

समस्त पद		विग्रह
प्रेमासिक्त	–	प्रेम (से) सिक्त
मुँहमाँगा	–	मुँह (से) माँगा
शोकाकुल	–	शोक (से) आकुल
तुलसीकृत	–	तुलसी (द्वारा) कृत
नियमबद्ध	–	नियम (से) आबद्ध
रोगपीड़ित	–	रोग (से) पीड़ित
जलावृत	–	जल (से) आवृत
पददलित	–	पद (से) दलित
श्रमजीवी	–	श्रम (से) जीने वाला
रोगमुक्त	–	रोग (से) मुक्त
अकाल पीड़ित	–	अकाल (से) पीड़ित
दुःख संतप्त	–	दुःख (से) संतप्त
मदमाता	–	मद (से) माता
जन्मांध	–	जन्म (से) अंधा

धर्मांध	–	धर्म (से) अंधा
मेघाछन्न	–	मेघ (से) आच्छन्न
नियमबद्ध	–	नियम (से) आबद्ध
फलावेष्ठित	–	फल (से) आवेष्ठित

संप्रदान तत्पुरुष :–

समस्त पद		**विग्रह**
देवबलि	–	देव के लिए बलि
सभाभवन	–	सभा के लिए भवन
लोकहितकारी	–	लोक के लिए हितकारी
मार्गव्यय	–	मार्ग के लिए व्यय
गुरु दक्षिणा	–	गुरु के लिए दक्षिणा
देशभक्ति	–	देश के लिए भक्ति
शिवालय	–	शिव के लिए आलय
गोशाला	–	गाय के लिए शाला
धर्मशाला	–	धर्म के लिए शाला
पुत्रशोक	–	पुत्र के लिए शोक
न्यायालय	–	न्याय के लिए आलय
रसोईघर	–	रसोई के लिए घर
स्नानघर	–	स्नान के लिए घर
विधानसभा	–	विधान के लिए सभा
राहखर्च	–	राह के लिए खर्च
मालगोदाम	–	माल के लिए गोदाम
पितृशोक	–	पितृ (पिता) के लिए शोक
डाकमहसूल	–	डाक के लिए महसूल

अपादान तत्पुरुष :–

समस्त पद		**विग्रह**
धनहीन	–	धन से हीन
शक्तिहीन	–	शक्ति से हीन
दयाहीन	–	दया से हीन
नेत्रहीन	–	नेत्र से हीन
पथभ्रष्ट	–	पथ से भ्रष्ट
बंधनमुक्त	–	बंधन से मुक्त
धर्मविमुख	–	धर्म से विमुख

धनरहित	–	धन से रहित
पथभ्रष्ट	–	पथ से भ्रष्ट
पापमुक्त	–	पाप से मुक्त
कर्तव्यच्युत	–	कर्तव्य से च्युत
वनरहित	–	वन से रहित
क्रियाहीन	–	क्रिया से हीन
लोकेत्तर	–	लोक से इत्तर (परे)
मरणोत्तर	–	मरण से उत्तर (बाद)
ऋणमुक्त	–	ऋण से मुक्त

षष्ठी तत्पुरुष :-

समस्त पद		**विग्रह**
कन्यादान	–	कन्या का दान
भूदान	–	भू का दान
हिमालय	–	हिम का आलय
राजकन्या	–	राजा की कन्या
राजगृह	–	राजा का गृह
राजमहल	–	राजा का महल
राजभवन	–	राजा का भवन
राजपुत्र	–	राजा का पुत्र
धर्मयुग	–	धर्म का युग
राज दरबार	–	राजा का दरबार
राष्ट्रपति	–	राष्ट्र का पति
सभापति	–	सभा का पति
सभाध्यक्ष	–	सभा का अध्यक्ष
विद्यार्थी	–	विद्या का अर्थी
शिक्षार्थी	–	शिक्षा का अर्थी
वीरकन्या	–	वीर की है जो, कन्या
गुरुसेवा	–	गुरु की सेवा
देशसेवा	–	देश की सेवा
बालुका राशि	–	बालुका (बालू) की राशि
गंगाजल	–	गंगा का जल
गणेश	–	गण का ईश (मालिक)
देशभक्त	–	देश का भक्त

अमरस	–	आम का रस
विद्यासागर	–	विद्या का सागर
रामायण	–	राम का अयन
आनन्द मठ	–	आनन्द का मठ
कृष्णोपासक	–	कृष्ण का उपासक
अमृतपात्र	–	अमृत का पात्र

सप्तमी तत्पुरुष (अधिकरण तत्पुरुष) :-

समस्त पद		**विग्रह**
मुनिश्रेष्ठ	–	मुनियों में श्रेष्ठ
कुलश्रेष्ठ	–	कुलों में श्रेष्ठ
नरोत्तम	–	नर में उत्तम
पुरुषोत्तम	–	पुरुष में उत्तम
सर्वोत्तम	–	सर्व (सब) में उत्तम
दानवीर	–	दान में वीर
धर्मवीर	–	धर्म में वीर
रणवीर	–	रण में वीर
आपबीती	–	आप पर बीती
आत्मनिर्भर	–	आत्म (स्वयं) पर निर्भर
क्षत्रियाधम	–	क्षत्रियों में अधम
प्रेममग्न	–	प्रेम में मग्न
ध्यानमग्न	–	ध्यान में मग्न
हरफनमौला	–	हर फन (कला) में मौला (कुशल)
शास्त्रप्रवीण	–	शास्त्रों में प्रवीण
गृहप्रवेश	–	गृह में प्रवेश
कार्यकुशल	–	कार्य में कुशल
पुरुषसिंह	–	पुरुष में सिंह

कर्मधारय समास

(क) विशेषण वाचक :-

समस्त पद		**विग्रह**
महाकाव्य	–	महान् काव्य
महात्मा	–	महान् आत्मा

महापुरुष	–	महान् पुरुष
सद्भावना	–	सत् भावना
सज्जन	–	सत् जन
महावीर	–	महान् वीर
परमेश्वर	–	परम ईश्वर
नील कमल	–	नीला कमल
कापुरुष	–	कायर पुरुष
वीरबाला	–	वीर बाला
पीताम्बर	–	पीत अम्बर
श्वेताम्बर	–	श्वेत अम्बर
नीलाम्बर	–	नील अम्बर
नीलोत्पल	–	नील उत्पल

(ख) उपमा वाचक :-

समस्त पद		**विग्रह**
कर कमल	–	कमल के समान कर (हाथ)
कमल नयन	–	कमल के समान नयन
शोक सागर	–	शोक रूपी सागर
संसार सागर	–	संसार रूपी सागर
विरह सागर	–	सागर के समान विरह
घनश्याम	–	घन के समान श्याम
कीर्तिलता	–	कीर्ति रूपी लता
लौहपुरुष	–	लौह के समान पुरुष
मुखारविन्द	–	अरविन्द (कमल) के समान मुख
मृगनयनी	–	मृग के समान नयन वाली
शैलोन्नत	–	शैल (पर्वत) के समान उन्नत
कुसुम कोमल	–	कुसुम के समान कोमल
ज्ञान सागर	–	ज्ञान रूपी सागर

(ग) नञ् (नकारात्मक) :-

समस्त पद		**विग्रह**
अगोचर	–	न गोचर
अचल	–	न चल
अचेतन	–	न चेतन

अजात	–	न जात
अज्ञात	–	न ज्ञात
अतृप्त	–	न तृप्त
अछूत	–	न छूत
अदृश्य	–	न दृश्य
अधीर	–	न धीर
असभ्य	–	न सभ्य
असार	–	न सार
अहित	–	न हित
अव्यय	–	न व्यय
अपढ़	–	न पढ़
अधर्म	–	न धर्म
अनादि	–	न आदि
अनाचार	–	अन (न) आचार
अनिच्छुक	–	अन (न) इच्छुक
अमंगल	–	न मंगल

द्विगु समास

समस्त पद		**विग्रह**
त्रिलोक	–	तीन लोकों का समाहार
त्रिभुवन	–	तीन भुवनों का समाहार
त्रिफला	–	तीन फलों का समाहार
त्रिदेव	–	तीन देवों का समाहार
त्रिगुण	–	तीन गुणों का समाहार
दोपहर	–	दो पहरों का समाहार
चौमासा	–	चार मासों का समाहार
पंचवटी	–	पाँच वटों का समाहार
षट्रस	–	छह रसों का समाहार
सतसई	–	सात सौ (दोहों) का समाहार
सप्तशती	–	सात सौ (श्लोकों) का समाहार
अष्टाध्यायी	–	आठ अध्यायों का समाहार

चौराहा	–	चार राहों का समाहार
त्रिशूल	–	तीन शूलों का समाहार
पंचपात्र	–	पाँच पात्रों का समाहार
चतुर्वेद	–	चार वेदों का समाहार

बहुव्रीहि समास

समस्त पद		**विग्रह**
दशानन	–	दश हैं आनन जिसके (रावण)
दिगम्बर	–	दिक् (दिशा) है अम्बर जिसका (शिव)
नीलाम्बर	–	नीला है अम्बर जिसका
पीताम्बर	–	पीत है अम्बर जिसका (विष्णु)
नेकनाम	–	नेक है नाम जिसका
पंकज	–	पंक में जो जन्मता है (कमल)
वीणापाणि	–	वीणा है पाणि में जिसके (सरस्वती)
लम्बोदर	–	लम्बा है उदर (पेट) जिसका (गणेश)
चतुरानन	–	चार हैं आनन (मुख) जिसके (ब्रह्मा)
चन्द्रशेखर	–	चन्द्र (चन्द्रमा) है शिखर (ललाट) पर जिसके (शिव)

अव्ययी समास

समस्त पद		**विग्रह**
समक्ष	–	अक्षि (आँख) के सामने
बेखटके	–	बिना खटके का
यथाशक्ति	–	शक्ति के अनुसार
बखूबी	–	खूबी के साथ
आपादमस्तक	–	पैर से मस्तक तक
अनजाने	–	बिना जाने हुए
यथा संभव	–	जितना संभव हो
बेरहम	–	बिना रहम के
प्रतिमास	–	हर मास
निर्विवाद	–	बिना विवाद के

निर्विकार	–	बिना विकार के
बेकाम	–	बिना काम के
परोक्ष	–	अक्षि (आँख) से परे
प्रत्येक	–	हर एक

द्वन्द्व समास

समस्त पद		**विग्रह**
गौरीशंकर	–	गौरी और शंकर
राधाकृष्ण	–	राधा और कृष्ण
पाप-पुण्य	–	पाप और पुण्य
हानि-लाभ	–	हानि और लाभ
भाई-बहन	–	भाई और बहन
माँ-बाप	–	माँ और बाप
राजा-रानी	–	राजा और रानी
फल-फूल	–	फल और फूल
शीतोष्ण	–	शीत और उष्ण
लेन-देन	–	लेन और देन
अन्न-जल	–	अन्न और जल
देवासुर	–	देव और असुर

❑❑❑

28

संधि

दो अक्षरों के आपस में मिलने से उनके रूप और उच्चारण में जो परिवर्तन होता है, उसे **संधि** कहते हैं। जैसे- गण + ईश = गणेश (अ + ई = ए)

यहाँ 'गण' शब्द का 'आ' (अंतिम स्वर) एवं ईश शब्द का 'ई' (प्रारंभिक स्वर) दोनों स्वरों के मिलने से 'ए' स्वर की उत्पत्ति हुई, जिससे 'गणेश' शब्द बना। यह नया शब्द (गणेश) 'गण' और 'ईश' के उच्चारण एवं रूप से भिन्न है। यह भिन्नता या परिवर्तन संधि के कारण है।

जिन अक्षरों के बीच संधि हुई है, यदि उन्हें संधि के पहले वाले रूप में अलग-अलग कर रखा जाए, तो उसे 'संधि-विच्छेद' कहा जाएगा। जैसे -

संधि	संधि-विच्छेद
गणेश	गण + ईश
दिगम्बर	दिक् + अम्बर

संधि के भेद

संधि के मुख्यत: तीन भेद हैं -

(1) स्वर संधि (2) व्यंजन संधि (3) विसर्ग संधि

स्वर संधि

दो स्वरों के आपस में मिलने से जो रूप-परिवर्तन होता है, उसे स्वर संधि कहते हैं।

जैसे - भाव + अर्थ = भावार्थ

यहाँ 'भाव' शब्द का अंतिम स्वर 'अ' एवं 'अर्थ' शब्द का पहला स्वर 'अ' दोनों स्वरों के मिलने (अ+अ) से 'आ' स्वर की उत्पत्ति हुई, जिससे 'भावार्थ' शब्द का निर्माण हुआ। स्वर के ऐसे मेल को स्वर संधि कहते हैं।

स्वर संधि के भेद

स्वर संधि के मुख्यतः पाँच भेद हैं –

(क) दीर्घ संधि (ख) गुण संधि (ग) वृद्धि संधि

(घ) यण् संधि (ङ) अयादि संधि

(क) दीर्घ संधि :-

ह्रस्व-स्वर (अ, ई, उ) या दीर्घ स्वर (आ, ई, ऊ) के आपस में मिलने से यदि सवर्ण या उसी जाति के दीर्घ स्वर (आ, ई, ऊ) की उत्पत्ति हो, तो उसे दीर्घ-संधि कहते हैं। जैसे –

अ + अ = आ	–	भाव + अर्थ	– भावार्थ
अ + आ = आ	–	पुस्तक + आलय	– पुस्तकालय
आ + अ = आ	–	परीक्षा + अर्थी	– परीक्षार्थी
आ + आ = आ	–	प्रतीक्षा + आलय	– प्रतीक्षाल
इ + इ = ई	–	कवि + इन्द्र	– कवीन्द्र
इ + ई = ई	–	गिरि + ईश	– गिरीश
ई + इ = ई	–	मही + इन्द्र	– महीन्द्र
ई + ई = ई	–	नदी + ईश	– नदीश
उ + उ = ऊ	–	भानु + उदय	– भानूदय
उ + ऊ = ऊ	–	अंबु + ऊर्मि	– अंबूर्मि
ऊ + उ = ऊ	–	वधू + उत्सव	– वधूत्सव
ऊ + ऊ = ऊ	–	भू + ऊर्जा	– भूर्जा

(ख) गुण संधि :-

यदि 'अ' या 'आ' के बाद इ/ई, उ/ऊ, ऋ स्वर आते हैं, तो दोनों के मिलने से क्रमशः 'ए' 'ओ' तथा 'अर' हो जाते हैं। इसी मेल को गुण-संधि कहते हैं। जैसे-

अ + इ = ए	–	देव + इन्द्र	– देवेन्द्र
अ + ई = ए	–	गण + ईश	– गणेश
आ + इ = ए	–	यथा + इष्ट	– यथेष्ट
आ + ई = ए	–	महा + ईश	– महेश
अ + उ = ओ	–	ज्ञान + उदय	– ज्ञानोदय
अ + ऊ = ओ	–	शीत + ऊष्म	– शीतोष्म
आ + उ = ओ	–	महा + उत्सव	– महोत्सव
आ + ऊ = ओ	–	गंगा + ऊर्मि	– गंगोर्मि
अ + ऋ = अर्	–	सप्त + ऋषि	– सप्तर्षि
आ + ऋ = अर्	–	महा + ऋषि	– महर्षि

(ग) वृद्धि संधि :-

यदि अ/आ, के बाद ए/ऐ हो तो 'ऐ' में और अ/आ के बाद ओ/औ हो तो 'औ' में बदलना वृद्धि संधि के लक्षण हैं। जैसे –

अ + ए = ऐ	–	एक + एक	– एकैक
आ + ए = ऐ	–	तथा + एवं	– तथैव
अ + औ = औ	–	वन + औषधि	– वनौषधि
आ + औ = औ	–	महा + औषधि	– महौषधि

(घ) यण् संधि :-

यदि इ, ई, उ, ऊ या ऋ के बाद कोई भिन्न स्वर आए तो, इ/ई का 'य' उ/ऊ का य् और 'ऋ' का र् हो जाना यण् संधि है। जैसे –

इ + अ = य	–	यदि + अपि	– यद्यपि
इ + आ = या	–	इति + आदि	– इत्यादि
ई + आ = या	–	नदी + आगम	– नद्यागम
ई + उ = यु	–	उपरि + उक्त	– उपर्युक्त
इ + ऊ = यू	–	वि + ऊह	– व्यूह
इ + ए = ये	–	प्रति + एक	– प्रत्येक
उ + अ = व	–	अनु + अय	– अन्वय
उ + आ = वा	–	सु + आगत	– स्वागत
उ + ए = वे	–	अनु + एषण	– अन्वेषण
उ + अ = वि	–	अनु + इति	– अन्विति
ऋ + आ = रा	–	पितृ + आदेश	– पित्रादेश

(ङ) अयादि संधि :-

ए, ऐ, ओ तथा औ के बाद यदि कोई भिन्न स्वर आए, तो 'ए' का – अय, 'ऐ' का – आय, 'ओ' का – अय तथा 'औ' का – आव् हो जाना अयादि संधि है। जैसे –

ए + अ = अय	–	ने + अन– नयन	
ऐ + अ = आय	–	गै + अक	– गायक
ऐ + इ = आयि	–	नै + इका	– नायिका
ओ + अ = अव	–	पो + अन	– पवन
ओ + इ = अवि	–	पो + इत्र	– पवित्र
औ + अ = आव	–	पौ + अक	– पावक
औ + ई = आवि	–	नौ + इक	– नाविक

(2) व्यंजन संधि

यदि व्यंजन वर्ण के साथ व्यंजन वर्ण या स्वर वर्ण की संधि से व्यंजन में कोई विकार उत्पन्न हो, तो यह व्यंजन-संधि कहलाती है। जैसे -

सत् + गति - सद्गति (व्यंजन त् + व्यंजन ग)

वाक् + ईश - वागीश (व्यंजन क् + स्वर ई)

व्यंजन-संधि में अक्षरों में परिवर्तन इस प्रकार होते हैं -

(1) यदि क्, च्, ट्, त्, प् व्यंजन के बाद कोई स्वर हो या किसी वर्ग का तीसरा (ग ज ड द ब) या चौथा वर्ण (घ झ ढ ध य) हो अथवा य, र ल, व वर्णो में से कोई एक हो, तो फ, का - 'ग'

च् का - 'ज्'

ट् का - 'ङ'

त् का - 'द'

प् का - 'ब' हो जाता है।

अर्थात् तीसरा वर्ण आता है। जैसे -

दिक् + अम्बर	=	दिगम्बर	- (क् का ग्)	- तीसरा
दिक् + गज	=	दिग्गज	- (क् का ग्)	- " "
अच + अन्त	=	अजन्त	- (च् का ज्)	- " "
जगत + आनन्द	=	जगदानन्द	- (त् का द्)	- " "
षट् + दर्शन	=	षड्दर्शन	- (ट् का ड्)	- " "
सत् - बुद्धि	=	सद्बुद्धि	- (त् का द्)	- " "
अप् + ज	=	अब्ज	- (प् का ब्)	- " "

(2) यदि क् च् ट् त् प् के बाद न या म आए तो पहले वर्ण के स्थान पर उसी वर्ग का पंचमाक्षर (ङ्, ञ्, ण्, न्, म्) शुद्ध रूप में आता है। जैसे -

वाक् + मय	-	वाङ्मय (क - का - ङ्)
षट् + मास	-	षण्मास (ट् - का - ण्)
जगत् + नाथ	-	जगन्नाथ (त् का न)
अप् + मय	-	अम्मय (प् का म्)

(3) यदि त् या द् के बाद कोई भी व्यंजन अक्षर (च ज ट ड द न ल) आये तो उस आने वाले व्यंजन के साथ वही व्यंजन उसमें हल् (शुद्ध व्यंजन) के रूप में एक और जुड़ जाता है तथा त् या द् लुप्त हो जाता है। जैसे -

उत् + चारण	=	उच्चारण (च्‌ च)
शरद + चन्द्र	=	शरच्चन्द्र (च्‌ च)

सत् + जन	=	सज्जन (ज् ज)
विपद् + जाल	=	विपज्जाल (ज् ज)
तत् + टीका	=	तट्टीका (ट् ट)
उत् + डयन	=	उड्डयन (ड् ड)
उत् + दाम	=	उद्दाम (द् द)
जगत् + नाथ	=	जगन्नाथ (न् न)
उत् + लास	=	उल्लास (ल् ल)

(4) यदि त् या द् के बाद 'श्' हो तो त् या द् का च् और श् का छ् हो जाता है। जैसे –

उत् + शिष्ट	=	उच्छिष्ट (त् का च् – श् का छ्)
सत् + शास्त्र	=	सच्छास्त्र (त् का च् – शा का छा)

(5) यदि त् या द् के बाद ह् या ध् हो तो त् या द् के स्थान पर द् और ह् के स्थान पर ध् हो जाता है।

लेकिन ध् का ध ही रह जाता है। जैसे –

उत् + हरण	=	उद्धरण (या उद्धरण)
तत् + हित	=	तद्धित (या तद्धित)
उत् + घाटन	=	उद्घाटन

(6) त् और द् के बाद यदि 'झ' हो तो त/द का ज् हो जाता है।

जैसे –

उद् + झटिका	=	उज्झटिका

(7) यदि ह्रस्व स्वर के बाद 'छ' आए तो छा – 'च छ' में बदल जाता है

जैसे –

छत्र + छाया	=	छत्रच्छाया
परि + छेद	=	परिच्छेद

(8) यदि ष् के बाद त या थ आए तो त का 'ट' तथा थ का ठ हो जाता है

जैसे –

उत्कृष् + त	=	उत्कृष्ट
पृष् + थ	=	पृष्ठ

(9) यदि 'म' के बाद अंतस्थ व्यंजन (य, र, ल, व) या ऊष्म व्यंजन (श ष, स, ह) आए तो 'म्' अनुस्वार में बदल जाता है। जैसे –

सम् + योग = संयोग		सम् + शय = संशय
सम् + भोग = संभोग		सम् + हार = संहार
सम् + तोष = संतोष		सम् + सार = संसार

सम् + ताप	= संताप	सम् + वाद	= संवाद
सम् + तान	= संतान	सम् + लाप	= संलाप
सम् + भावना	= संभावना	सम् + रक्षण	= संरक्षण
सम् + तुष्ट	= संतुष्ट		

यदि 'म' के बाद कोई स्पर्श व्यंजन आए तो 'म्' के बदले उसी वर्ग का पंचमाक्षर लिखा जाता है। जैसे–

सम् + कल्प = संकल्प/ सङ्कल्प

सम् + चय = संचय / सञ्चय

(10) यदि 'म' के बाद 'म' हो तो अनुस्वार न होकर द्वित्व का प्रयोग किया जाता है। जैसे– सम् + मति = सम्मति (यहाँ संमति नहीं लिखा जाएगा)

णत्व, षत्व-लोप, निपात

(1) यदि ऋ र् ष के ठीक बाद अथवा दोनों के बीच कोई स्वरवर्ण / कवर्ण अथवा पवर्ग में से कोई हो तो 'न' के स्थान पर 'ण' हो जाता है। जैसे–

ऋ + न	= ऋण	भूष् + अन	= भूषण
कृष + न	= कृष्ण	भर् + अन	= भरण
उष् + न	= उष्ण	राम + अयन	= रामायण
तृष + ना	= तृष्णा	परि + नाम	= परिणाम

(2) अकार अथवा आकार को छोड़कर किसी स्वर के बाद 'स' अथवा 'स्' हो तो 'स' अथव 'स्' का 'ष' हो जाता है। जैसे –

वि + सम = विषम

सु + सुप्ति = सुषुप्ति

नि + सिद्ध = निषिद्ध

अभि + सेक = अभिषेक

प्रति + स्थान = प्रतिष्ठान

'विस्मरण' और 'अनुस्वार' शब्दों में यह नियम लागू नहीं होता है। ये अपवाद हैं।

(3) तत्सम (संस्कृत) के यौगिक शब्दों में प्रथम शब्द के अंत में यदि 'न्' हो तो उसका लोप हो जाता है। जैसे –

मंत्रिन् (मंत्री) + परिषद् = मंत्रि परिषद्

हस्तिन् (हाथी) + दन्त = हस्तिदन्त

प्राणिन् (प्राणी) + शास्त्र = प्राणिशास्त्र

ब्रह्मन् (ब्रह्म) + पिशाच = ब्रह्मपिशाच

(यहाँ सब में 'न' का लोप हो गया है)

(4) यदि अहन् शब्द के बाद कोई शब्द आए, तो 'न' का – 'र' हो जाता है। लेकिन 'रात्र' और 'रूप' शब्द आने पर 'न' का – 'ओ' हो जाता है। इस परिवर्तन को निपात कहते हैं। जैसे –

अहन् + मुख = अहर्मुख (अहः मुख)
अहन् + पति = अहर्पति (अहः पति)
अहन् + रात्र = अहोरात्र
अहन् + रूप = अहोरूप

विसर्ग संधि

विसर्ग के साथ स्वर अथवा व्यंजन की संधि विसर्ग संधि कहलाती है। जैसे –

दुः + आत्मा = दुरात्मा (: + आत्मा)
दुः + गन्ध = दुर्गन्ध (: + ग)

विसर्ग संधि के निम्नलिखित नियम हैं :-

(1) विसर्ग से पहले कोई स्वर (अ और आ को छोड़कर) आये और विसर्ग के बाद कोई स्वर रहे अथवा किसी वर्ग का तीसरा या चौथा वर्ग या य, र, ल, व, ह, में से कोई व्यंजन हो तो विसर्ग–'र' में बदल जाता है। जैसे–

निः + अर्थक = निरर्थक
दुः + आत्मा = दुरात्मा
निः + धन = निर्धन
आशीः + वाद = आशीर्वाद

(2) विसर्ग से पहले अ हो और उसके बाद यदि कोई स्वर हो तो विसर्ग का 'र' हो जाता है। जैसे –

पुनः + अवलोकन = पुनरावलोकन
पुनः + इच्छा = पुनरीच्छा

(3) यदि विसर्ग से पहले इ या उ हो तो विसर्ग के बाद क ख प फ के रहने पर विसर्ग का 'ष्' हो जाता है। जैसे –

दुः + कर्म = दुष्कर्म
निः + कपट = निष्कपट
दुः + प्रकृति = दुष्प्रकृति
निः + फल = निष्फल

दुः के बाद ख रहने पर विसर्ग ज्यों–का–त्यों रह जाता है। जैसे –

दुः + ख = दुःख

अ अथवा आ के बाद विसर्ग हो और उसके बाद क, ख, प, फ, आए तो भी विसर्ग ज्यों-का-त्यों रह जाता है। जैसे -

पयः + पान = पयःपान

प्रातः + काल = प्रातःकाल

प्रातः + कमल = प्रातःकमल

(4) यदि विसर्ग से पहले अ हो और बाद में अ, वर्गीय व्यंजन का तीसरा, चौथा, पाँचवा अथवा य, र, ल, व, ह, में कोई एक हो, तो विसर्ग 'ओ' में बदल जाता है। जैसे -

मनः + अनुकूल = मनोनुकूल

मनः + मोहन = मनमोहन

अधः + गति = अधोगति

मनः + योग = मनयोग

यशः + धरा = यशोधरा

वयः + वृद्ध = वयोवृद्ध

(5) विसर्ग के बाद क या ख हो तो विसर्ग; ग, ट या ठ हो तो विसर्ग; 'ष' त या थ हो तो विसर्ग 'स' में बदल जाता है। जैसे -

निः + चय = निश्चय

निः + छल = निश्छल

निः + ठुर = निष्ठुर

निः + तार = निस्तार

विः + तार = विस्तार

धनुः + टंकार = धनुष्टंकार

(6) विसर्ग के बाद श् ष् या स् हो, तो विसर्ग ज्यों-का-त्यों रह जाता है। अथवा उसके स्थान पर विसर्ग के आगे वाला वर्ण एक और हलंत रूप में आ जाता है। जैसे -

दुः + शासन = दुश्शासन

निः + संतान = निस्संतान

(7) यदि अ अथवा आ के बाद विसर्ग हो और उसके बाद क, ख अथवा प फ आए तो विसर्ग ज्यों-का-त्यों रह जाता है या कुछ शब्दों में वह विसर्ग 'स' बन जाता है। जैसे -

रजः + कण = रजःकण

पुरः + कार = पुरस्कार

नमः + कार = नमस्कार

तिरः + कार = तिरस्कार

भाः + पति = भास्पति

पयः + पान = पयःपान

(8) यदि विसर्ग के बाद 'र' हो तो विसर्ग का लोप हो जाता है और विसर्ग से पूर्व का ह्रस्व 'इ' दीर्घ 'ई' हो जाता है। जैसे –

निः + रस = नीरस

निः + रज = नीरज

निः + रोग = नीरोग

(9) यदि विसर्ग से पहले और बाद 'अ' हो तो पहला 'अ' और विसर्ग मिलकर ओकार हो जाता है और बाद वाले 'अ' के स्थान पर लुप्ताक्षर (ऽ) का चिह्न लग जाता है। जैसे –

प्रथमः + अध्याय = प्रथमोऽध्यायः

यशः + अभिलाषी = यशोऽभिलाषी

मनः + अनुकूल = मनोऽनुकूल

ऊपर वर्णित विसर्ग संधि के नियम संस्कृत पर आधारित हैं। नीचे हिन्दी में प्रचलित विसर्ग संधि के उदाहरण हैं –

(क) शब्द के अन्त में अल्पप्राण ध्वनि के आगे यदि 'ह' ध्वनि हो, तो यह अल्पप्राण ध्वनि महाप्राण हो जाती है। जैसे –

कब + ही = कभी   जब + ही = जभी

अब + ही = अभी   तब + ही = तभी

(ख) कभी-कभी दो शब्दों में से किसी एक ध्वनि (स्वर या व्यंजन) का लोप हो जाता है।   जैसे –

यहाँ + ही = यहीं   किस + ही = किसी

वहाँ + ही = वहीं   जिस + ही = जिसी

यह + ही = यही   नाक + कटा = नकटा

वह + ही = वही   दूध + हाँड़ी = दुधाँड़ी

(ग) कभी-कभी दो स्वरों के बीच 'य' का आगमन हो जाता है।

जैसे –

मुनि + ओं = मुनियों   नदी + ओं = नदियों

छड़ी + ओं = छड़ियों   तिथि + ओं = तिथियों

(घ) सामासिक पदों में पूर्व पद का दीर्घ स्वर प्रायः ह्रस्व स्वर में बदल जाता है। जैसे–

हाथ + कड़ी = हथकड़ी

हाथी + सार = हथिसार

डाकू + ओं = डाकुओं

(ङ) दो भिन्न ध्वनियाँ एक रूप हो जाती हैं।

जैसे – पोत + दार = पोद्दार

(च) विशेष रूप से यह सामासिक पदों में देखने को मिलता है। जैसे –

पानी + घट = पनघट

घोड़ा + दौड़ = घुड़दौड़

संधि-शब्दों की सूची

संधि		विग्रह
अन्त:करण	=	अन्त: + करण
अजन्त	=	अच् + अन्त
अतएव	=	अत: + एव
अत्यन्त	=	अति + अन्त
अन्नाभाव	=	अन्न + अभाव
अभ्युदय	=	अभि + उदय
अभ्यागत	=	अभि + आगत
अहंकार	=	अहम् + कार
अहर्निश	=	अह: + निश
आकृष्ट	=	आकृष् + ट
आच्छादन	=	आ + छादन
अन्याय	=	अ + नि + आय
आशीर्वाद	=	आशी: + वाद
इत्यादि	=	इति + आदि
उमेश	=	उमा + ईश
उन्मूलन	=	उत् + मूलन
उल्लास	=	उत् + लास
उपर्युक्त	=	उपरि + उक्त
उच्छिष्ट	=	उत् + शिष्ट
उज्ज्वल	=	उत् + ज्वल
उदन्त	=	उत् + अन्त
उदग्र	=	उत् + अग्र
उद्दंड(उद्दंड)	=	उत् + दंड
अन्यान्य	=	अन्य + अन्य
अन्वय	=	अनु + अय
अन्वेषण	=	अनु + एषण
अम्बूर्मि	=	अम्बु + ऊर्मि
अत्यधिक	=	अति +अधिक
अधोगति	=	अध: + गति
अधीश्वर	=	अधि + ईश्वर
अत्याचार	=	अति + आचार
अन्त:पुर	=	अन्त: + पुर
अन्तर्निहित	=	अन्त: +निहित
आद्यन्त	=	आदि + अन्त
आविष्कार	=	आवि: + कार
आत्मोत्सर्ग	=	आत्म + उत्सर्ग
ईश्वरेच्छा	=	ईश्वर + इच्छा
उपेक्षा	=	उप + इच्छा
उल्लंघन	=	उत् + लंघन
उल्लेख	=	उत् + लेख
उच्चारण	=	उत् + चारण
उच्छ्वास	=	उत् + श्वास
उड्डयन	=	उत् + डयन
उद्भव	=	उत् + भव
उद्घोष	=	उत् + घोष
उद्वेग(उद्वेग)	=	उत् + वेग

संधि		विग्रह
उद्दाम	=	उत् + दाम
उद्गार	=	उत् + गार
उद्धत	=	उत् + हत
उद्धृत	=	उत् + हृत
उद्गम	=	उत् + गम
उन्माद	=	उत् + माद
उन्मीलन	=	उत् + मिलन
कवीन्द्र	=	कवि + इन्द्र
कपीश	=	कपि + ईश
करुणामृत	=	करुण + अमृत
किंचित्	=	किम् + चित्
कृदन्त	=	कृत् + अन्त
कृपाचार्य	=	कृपा + आचार्य
खगेन्द्र	=	खग + इन्द्र
गंगोर्मि	=	गंगा + ऊर्मि
गजेन्द्र	=	गज + इन्द्र
गायक	=	गै + अक
गायिका	=	गै + इका
गिरीन्द्र	=	गिरि + इन्द्र
गुर्वोदन	=	गुरु + ओदन
चतुष्पाद	=	चतुः + पाद
चिन्मय	=	चित् + मय
चरणारविन्द	=	चरण + अरविन्द
चिरायु	=	चिर + आयु
छत्रच्छाया	=	छत्र + छाया
जन्मोत्सव	=	जन्म + उत्सव
जलाशय	=	जल + आशय
जितेन्द्रिय	=	जित + इन्द्रिय
जगदानन्द	=	जगत् + आनन्द
जगदीश	=	जगत् + ईश
जन्मांतर	=	जन्म + अन्तर
तपोवन	=	तपः + वन

संधि		विग्रह
उद्विग्न(उद्विग्न)	=	उत् + विग्न
उन्नयन	=	उत् + नयन
उन्नायक	=	उत् + नायक
उन्नति	=	उत् + नति
उन्मत्त	=	उत् + मत्त
उन्मुख	=	उत् + मुख
किन्नर	=	किन् + नर
कंसारि	=	कंस + अरि
कमलेश	=	कमल + ईश
कवीश्वर	=	कवि + ईश्वर
क्लिष्ट	=	क्लिश् + त
कृपाकांक्षी	=	कृपा+ आकांक्षी
कृष्ण	=	कृष् + न
खगेश	=	खग + ईश
गजानन	=	गज + आनन
गणेश	=	गण + ईश
गायन	=	गै + अन
ग्रामोद्धार	=	ग्राम + उद्धार
गीतांजलि	=	गीता + अंजलि
धनानंद	=	धन + आनंद
चयन	=	चे + अन
चन्द्राकार	=	चन्द्र + आकार
चरित्रांकन	=	चरित्र + अंकन
छात्रावास	=	छात्र + आवास
जिह्वाग्र	=	जिह्वा + अग्र
जरायु	=	जरा + आयु
जलोदर	=	जल + उदर
जगदाधार	=	जगत् + आधार
जगन्नाथ	=	जगत् + नाथ
जनाश्रय	=	जन + आश्रय
जन्माष्टमी	=	जन्म + अष्टमी
तपोभूमि	=	तपः + भूमि

संधि		विग्रह
तपेश्वर	=	तप + ईश्वर
तारकेश्वर	=	तारक + ईश्वर
त्रिगुणातीत	=	त्रिगुण + अतीत
तुषारावृत	=	तुषार + आवृत
तेजोमय	=	तेजः + मय
तुरीयावस्था	=	तुरीय + अवस्था
दक्षिणायन	=	दक्षिण + अयन
दर्शनेच्छा	=	दर्शन + इच्छा
दावानल	=	दाव + अनल
दिग्भ्रम	=	दिक् + भ्रम
दिव्यास्त्र	=	दिव्य + अस्त्र
दीपावली	=	दीप + अवली
दुर्ग	=	दुः + ग
दुर्गम	=	दुः + गम
दुर्दिन	=	दुः + दिन
दुश्शासन	=	दुः + शासन
दुस्तर	=	दुः + तर
दूतावास	=	दूत + आवास
देवर्षि	=	देव + ऋषि
देवालय	=	देव + आलय
देवोत्थान	=	देव + उत्थान
देशांतर	=	देश + अंतर
द्रोणाचार्य	=	द्रोण + आचार्य
धनुष्टंकार	=	धनुः + टंकार
धर्मांध	=	धर्म + अन्ध
धर्मोपदेश	=	धर्म + उपदेश
धर्मांतरण	=	धर्म + अंतरण
धारोष्ण	=	धार + उष्ण
धीरोद्धत्त	=	धीर + उद्धत
ध्वजारोहण	=	ध्वज + आरोहण
ध्वन्यात्मक	=	ध्वनि + आत्मक
नदीश	=	नदी + ईश

संधि		विग्रह
तल्लीन	=	तत् + लीन
तिरस्कार	=	तिरः + कार
तीर्थोद्धार	=	तीर्थ + उद्धार
तृष्णा	=	तृष + ना
तेजोराशि	=	तेजः + राशि
दंडकारण्य	=	दंडक + अरण्य
दध्योदन	=	दधि + ओदन
दशाश्वमेध	=	दश + अश्वमेध
दासानुदास	=	दास + अनुदास
दिगम्बर	=	दिक् + अम्बर
दीक्षांत	=	दीक्षा + अंत
दीपोत्सव	=	दीप + उत्सव
दर्जन	=	दुः + जन
दुर्लभ	=	दुः : लभ
दुर्वह	=	दुः + वह
दुष्कर	=	दुः + कर
दुर्नीति	=	दुः + नीति
दूरागत	=	दूर + आगत
देवांगना	=	देव + अंगना
देवेश	=	देव + ईश
देव्यागम	=	देवी + आगम
देशाटन	=	देश + अटन
द्वैताद्वैत	=	द्वैत + अद्वैत
धनेश	=	धन + ईश
धर्माधर्म	=	धर्म + अधर्म
धर्मावतार	=	धर्म + अवतार
धर्माधिकारी	=	धर्म + अधिकारी
धीरोदात्त	=	धीर + उदरत्त
धूमाच्छन्न	=	धूम + आच्छन्न
ध्वजोत्तोलन	=	ध्वज + उत्तोलन
नगेन्द्र	=	नग + इन्द्र
नमस्कार	=	नमः + कार

संधि		विग्रह	संधि		विग्रह
नमस्ते	=	नमः + ते	नयन	=	ने + अन
नयनाभिराम	=	नयन + अभिराम	नरेन्द्र	=	नर + इन्द्र
नरेश	=	नर + ईश	नागेन्द्र	=	नाग + इन्द्र
नायक	=	नै + अक	नारीश्वर	=	नारी + ईश्वर
निगमागम	=	निगम + आगम	निरक्षर	=	निः + अक्षर
निरहंकार	=	निः + अहंकार	निराशा	=	निः + आशा
निरुपाय	=	निः + उपाय	निरर्थक	=	निः + अर्थक
निरुत्तर	=	निः + उत्तर	निरुद्देश्य	=	निः + उद्देश्य
निरीक्षण	=	निः + ईक्षण	निरीह	=	निः + ईह
निरंतर	=	निः + अंतर	निराधार	=	निः + आधार
निर्गन्ध	=	निः + गन्ध	निर्बल	=	निः + बल
निर्जन	=	निः + जन	निर्मम	=	निः + मम
निर्धन	=	निः + धन	निर्झर	=	निः + झर
निर्भर	=	निः + भर	निर्मल	=	निः + मल
निर्विकार	=	निः + विकार	निश्चय	=	निः + चय
निश्चल	=	निः + चल	निच्छल	=	निः + छल
निश्चिंत	=	निः + चिंत	निश्शब्द	=	निः + शब्द
निष्कपट	=	निः + कपट	निष्काम	=	निः + काम
निर्बुद्धि	=	निः + बुद्धि	निष्पाप	=	निः + पाप
निष्प्राण	=	निः + प्राण	निस्सार	=	निः + सार
निस्तार	=	निः + तार	निस्सहाय	=	निः + सहाय
निरुपाय	=	निः + उपाय	नीचाशय	=	नीच + आशय
नीलोत्पल	=	नील + उत्पल	नीरव	=	निः + रव
नीरोग	=	निः + रोग	नीरस	=	निः + रस
नीरज	=	निः + रज	न्यून	=	निः + ऊन
न्यायालय	=	न्याय + आलय	न्यायोचित	=	न्याय + उचित
न्यायाधीश	=	न्याय + अधीश	पंचाग्नि	=	पंच + अग्नि
पंचानन	=	पंच + आनन	पंचामृत	=	पंच + अमृत
पंचायत	=	पंच + आयत	पक्वान्न	=	पक्व + अन्न
पत्राचार	=	पत्र + आचार	परमौदार्य	=	परम + औदार्य
पतनोन्मुख	=	पतन + उन्मुख	पदाक्रांत	=	पद + आक्रांत
पदाधिकारी	=	पद + अधिकारी	पदार्पण	=	पद + अर्पण

संधि		विग्रह
पदावलि	=	पद + अवलि
पद्माकर	=	पद्म + आकार
पद्यात्मक	=	पद्य + आत्मक
पयोधर	=	पयः + धर
परन्तु	=	परम् + तु
परमौषध	=	परम + औषध
परमात्मा	=	परम + आत्मा
परमौजस्वी	=	परम + ओजस्वी
पराधीन	=	पर + अधीन
परिच्छेद	=	परि + छेद
परिणाम	=	परि + नाम
परोपकार	=	पर + उपकार
पवन	=	पो + अन
पाठांतर	=	पाठ + अंतर
पित्रानुमति	=	पितृ + अनुमति
प्राणिशास्त्र	=	प्राणिन् + शास्त्र
प्रत्यय	=	प्रति + अय
पूर्वानुराग	=	पूर्व + अनुराग
पुनरूक्ति	=	पुनः + उक्ति
पुनराकलन	=	पुनः + आकलन
पीताम्बर	=	पीत + अम्बर
प्राणिमात्र	=	प्राणिन् + मात्र
प्रातःकाल	=	प्रातः + काल
पृथ्वीश	=	पृथ्वी + ईश
फलाकांक्षा	=	फल + आकांक्षा
फेनोज्ज्वल	=	फेन + उज्ज्वल
बहुलांश	=	बहुल + अंश
भाग्योदय	=	भाग्य + उदय
भावन	=	भौ + अन
भाषान्तर	=	भाषा + अंतर
भूर्ध्व	=	भू + ऊर्ध्व
ब्रह्मास्त्र	=	ब्रह्म + अस्त्र

संधि		विग्रह
पदोन्नति	=	पद + उन्नति
पद्मासन	=	पद्म + आसन
पयोद	=	पय + द
पयोधि	=	पयः + धि
परमानन्द	=	परम + आनन्द
परमार्थ	=	परम + अर्थ
परमेश्वर	=	परम + ईश्वर
परार्थ	=	पर + अर्थ
परीक्षा	=	परि + ईक्षा
परिष्कार	=	परिः + कार
पर्वतेश्वर	=	पर्वत + ईश्वर
पवित्र	=	पो + इत्र
पश्चिमोत्तर	=	पश्चिम + उत्तर
पित्रादेश	=	पितृ + आदेश
प्रातःकाल	=	प्रातः + काल
प्रथमोऽध्याय	=	प्रथमः + अध्याय
प्रत्येक	=	प्रति + एक
पुरोहित	=	पुरः : हित
पुनर्जन्म	=	पुनः + जन्म
पुनरावलोकन	=	पुनः + अवलोकन
प्राणाधार	=	प्राण + आधार
प्राणेश्वर	=	प्राण + ईश्वर
पृष्ठ	=	पृष् + थ
फणीन्द्र	=	फणि + इन्द्र
फलोत्पत्ति	=	फल + उत्पत्ति
बद्धांजलि	=	बद्ध + अंजलि
बालेन्दु	=	बाल + इन्दु
भानूदय	=	भानु + उदय
भावुक	=	भौ + उक
भुवनेश्वर	=	भुवन + ईश्वर
ब्रह्मवाक्य	=	ब्रह्मण् + वाक्य
भगवद्गीता	=	भगवत् + गीता

संधि		विग्रह
भगवद्भक्ति	=	भगवत् + भक्ति
भोजनालय	=	भोजन + आलय
मनोज	=	मनः + ज
मनोभाव	=	मनः + भाव
मतानुसार	=	मत + अनुसार
मनोबल	=	मनः + बल
मरणासन्न	=	मरण + आसन्न
महर्षि	=	महा + ऋषि
महाशय	=	महा + आशय
महेश्वर	=	महा + ईश्वर
महोत्सव	=	महा + उत्सव
मातृण	=	मातृ + ऋृण
मृगांक	=	मृंग + अंक
मृण्मय	=	मृत् + मय
यक्षाधिपति	=	यक्ष + अधिपति
यद्यपि	=	यदि + अपि
यशोभिलाषी	=	यशः + अभिलाषी
योगेन्द्र	=	योग + इन्द्र
रजनीश	=	रजनी + ईश
रत्नावली	=	रत्न + अवली
रसात्मक	=	रस + आत्मक
राघवेन्द्र	=	राघव + इन्द्र
रावणेश्वर	=	रावण + ईश्वर
रेखांकित	=	रेखा + अंकित
लम्बोदर	=	लम्बा + उदर
लिंगानुशासन	=	लिंग + अनुशासन
लुप्तोपमा	=	लुप्त + उपमा
लोकाचार	=	लोक + आचार
लोचनाभिराम	=	लोचन + अभिराम
वंशानुक्रम	=	वंश + अनुक्रम
व्यायाम	=	वि + आयाम
वंशानुगत	=	वंश + अनुगत

संधि		विग्रह
भद्रासन	=	भद्र + आसन
मंदाग्नि	=	मंद + अग्नि
मनोनुकूल	=	मनः + अनुकूल
मनोविकार	=	मनः + विकार
मनोरथ	=	मनः + रथ
मलयानिल	=	मलय + अनिल
मल्लिकार्जुन	=	मल्लिक + अर्जुन
महात्मा	=	महा + आत्मा
महेन्द्र	=	महा + इन्द्र
महैश्वर्य	=	महा + ऐश्वर्य
मुनीन्द्र	=	मुनि + इन्द्र
मुरारि	=	मुर + अरि
मृगेन्द्र	=	मृग + इन्द्र
यज्ञ	=	यज् + ञ
यथेष्ट	=	यथा + इष्ट
यशोधरा	=	यशः + धरा
युधिष्ठिर	=	युधि + स्थिर
रजःकण	=	रजः + कण
रत्नाकार	=	रत्न + आकर
रमेश	=	रमा + ईश
रसाभ्यास	=	रस + अभ्यास
राज्याभिषेक	=	राज्य + अभिषेक
रुद्राक्ष	=	रुद्र + अक्ष
रोमावलि	=	रोम + अवलि
लटानुप्रास	=	लट + अनुप्रास
लीलागार	=	लीला + आगार
लेखाधिकारी	=	लेखा + अधिकारी
लोकेत्तर	=	लोक + इत्तर
वंशांकुर	=	वंश + अंकुर
व्याप्त	=	वि + आप्त
व्याकरण	=	वि + आकरण
वज्रांग	=	वज्र + अंग

संधि		विग्रह
वज्रायुध	=	वज्र + आयुध
शंकर	=	शम् + कर
वनौषधि	=	वन + औषधि
वाग्जाल	=	वाक् + जाल
वाङ्मय	=	वाक् + मय
विकासोन्मुख	=	विकास + उन्मुख
विद्यालय	=	विद्या + आलय
विषम	=	वि + सम
व्याकुल	=	वि + आकुल
शकाब्द	=	शक + अब्द
शब्दालंकार	=	शब्द + अलंकार
संतोष	=	सम् + तोष
संधि	=	सम् + धि
सत्यासत्य	=	सत्य + असत्य
सज्जन	=	सत् + जन
सद्धर्म	=	सत् + धर्म
सद्भावना	=	सत् + भावना
सदानन्द	=	सत् + आनन्द
संशयात्मक	=	संशय + आत्मक
साश्चर्य	=	स + आश्चर्य
सूर्योदय	=	सूर्य + उदय
सर्वाधिक	=	सर्व + अधिक
सर्वेश्वर	=	सर्व + ईश्वर
स्वार्थ	=	सु + अर्थ
हास्यास्पद	=	हास्य + आस्पद
हिमालय	=	हिम + आलय
हीनावस्था	=	हीन + अवस्था
हृदयेश	=	हृदय + ईश

संधि		विग्रह
व्यूह	=	वि + ऊह
वनोत्सव	=	वन + उत्सव
बहिष्कार	=	बहिः + कार
वागीश	=	वाक् + ईश
वातानुकूल	=	वात + अनुकूल
विच्छेद	=	वि + छेद
विपज्जाल	=	विपत् + जाल
व्यर्थ	=	वि + अर्थ
व्याघात	=	वि + आघात
शताब्दी	=	शत + अब्दी
शरणागत	=	शरण + आगत
संदेह	=	सम् + देह
संन्यासी	=	सम् + न्यासी
सच्चिदानन्द	=	सत् + चित्+आनन्द
सद्भाव	=	सत् + भाव
सद्वाणी	=	सत् + वाणी
सद्गुरु	=	सत् + गुरु
सदिच्छा	=	सत् + इच्छा
सावधान	=	स + अवधान
सत्याग्रह	=	सत्य + आग्रह
सर्वोदय	=	सर्व + उदय
सर्वोत्तम	=	सर्व + उत्तम
सुरेन्द्र	=	सुर + इन्द्र
हताश	=	हत + आश
हितोपदेश	=	हित + उपदेश
हिमाचल	=	हिम + अचल
हुताशन	=	हुत + आशन
हृदयेश्वर	=	हृदय + ईश्वर

❑❑❑

29

रस

'रस' को साधारण शब्दावली में किसी फलादि से निचोड़ा हुआ द्रव पदार्थ समझा जाता है। अंग्रेजी में इसे Juice (जूस) कहा जाता है।

साहित्य में इस रस की अवधारणा दूसरी है। साहित्य का अध्येता जिस आनन्द की अनुभूति करता है, उसे साहित्य में 'रस' माना जाता है। फलादि के रसों के आस्वादन के लिए उपयुक्त इंद्रिय जिह्वा है, लेकिन साहित्यिक रस के आस्वादन के लिए उपयुक्त इंद्रिय नेत्र, कर्ण, हृदय, मस्तिष्क इत्यादि हैं।

साहित्य का 'रस' अनिर्वचनीय है। अगर आपको कहा जाय कि शर्बत कैसा है? तो आप कहेंगे मीठा है, लेकिन वह मिठास किस के मिश्रण से पैदा होती है, इस पर गौर करना है। दूध, पानी, चीनी, इलायची इत्यादि से तैयार शर्बत स्वादिष्ट है, लेकिन यह नहीं कहा जा सकता कि शर्बत का स्वाद इलायची-सा है, या दूध-सा है, या चीनी-सा है, या पानी-सा है। मिठास सब मिलाकर है।

रस की परिभाषा सर्वप्रथम भरत के नाट्यशास्त्र में उपलब्ध है। वह है -

विभावानुभाव व्यभिचारि संयोगाद्रस निष्पत्तिः।

अर्थात् विभाव, अनुभाव, व्यभिचारी भाव के संयोग से रस की निष्पत्ति होती है। भरत मुनि ने 'रसनिष्पत्ति' के लिए नाना (अनेकों) भावों का 'उपगत' होना कहा है, जिसका अर्थ है कि विभाव, अनुभाव और संचारी (या व्यभिचारी) भाव यहाँ स्थायी भाव के समीप आकर अनुकूलता ग्रहण करते हैं।

विभाव :-

जो व्यक्ति, पदार्थ अथवा बाह्य विकार अन्य व्यक्ति के हृदय में भावोद्रेक करता है, उन कारकों को 'विभाव' कहा जाता है। इस प्रकार विभाव के दो भेद हैं -

(क) आलम्बन विभाव (ख) उद्दीपन विभाव

(क) आलम्बन विभाव :- जिस पर भाव टिक जाता है।

(ख) उद्दीपन विभाव :- जो भाव को उत्तेजित करता है।

अनुभाव :-

आलम्बन और उद्दीपन विभावों के कारण उत्पन्न भावों को बाहर प्रकाशित करने वाले कारक 'अनुभाव' कहलाते हैं।

व्यभिचारी या संचारी भाव :-

व्यभिचारी या संचारी भाव 'स्थायी भावों' के सहायक हैं जो अनुकूल परिस्थितियों में बढ़ते-घटते हैं।

स्थायी भाव :-

'विकारो मानसो भाव' - अमर कोश

मन का विकार 'भाव' है। भावों की संख्या 49 मानी गयी है, जिनमें 33 संचारी या व्यभिचारी भाव माने गये हैं, आठ सात्विक भाव माने गये है और आठ 'स्थायी भाव' माने गये हैं। भरत मुनि के अनुसार आठ स्थायीभाव निम्नलिखित हैं :-

(1) रति	(2) हास	(3) शोक	(4) क्रोध
(5) उत्साह	(6) भय	(7) जुगुत्सा	(8) विस्मय

आचार्य शुक्ल के अनुसार - भाव का जहाँ स्थायित्व हो वहाँ स्थायी भाव माना गया है।

रसों की संख्या नौ मानी गयी है :-

रस	स्थायी भाव
(1) श्रृंगार	रति
(2) हास्य	हास
(3) करुण	शोक
(4) रौद्र	क्रोध
(5) वीर	उत्साह
(6) भयानक	भय
(7) वीभत्स	जुगुत्सा
(8) अद्‌भुत	विस्मय
(9) शांत	शम या निर्वेद

भक्ति को भी एक रस माना गया है, जिसका स्थायी भाव 'भक्ति' है। 'वात्सल्य' को भी रस मान लिया गया है, जिसका स्थायी भाव 'वात्सल्य' है।

जो भाव आस्वाद, उत्कटता, सर्वजन सुलभता, चार पुरुषार्थो की उपयोगिता और औचित्य के नाते हृदय में बराबर बना रहे, वह 'स्थायी भाव' है।

❑❑❑

30

छन्द

'छन्द' उस रचना को कहते हैं, जिसमें वर्ण व मात्राओं की संख्या, यति, गति और तुक के विशेष नियमों को ध्यान में रखना पड़ता है। निर्धारित नियमों से बँधी हुई रचना को **छन्द** कहते हैं। छन्द को समझने के लिए निम्नलिखित बातों को समझना आवश्यक है –

वर्ण :- छन्द शास्त्र में ह्रस्व, दीर्घ वर्ण समान समझे जाते हैं।

मात्रा :- किसी वर्ण के उच्चारण में जो समय लगता है, उसको **मात्रा** कहते हैं। छन्द शास्त्र में मात्राओं का बहुत महत्त्व होता है। ह्रस्व स्वरों की एक मात्रा व दीर्घ स्वरों की दो मात्राएँ होती हैं। जैसे – राम में 'रा' में दो मात्रा और 'म' में एक मात्रा है। अर्थात् राम में तीन मात्राएँ हैं।

लघु :-

एक मात्रा वाला अक्षर छन्द शास्त्र में लघु कहलाता है। इसके लिए (।) चिह्न का प्रयोग होता है। जैसे – कलम में तीन मात्राएँ हैं –

। । । = 3 मात्राएँ
क ल म

दीर्घ :-

दो मात्राओं वाला अक्षर 'गुरु' कहलाता है। दो मात्राओं को (ऽ) चिह्न से प्रकट किया जाता है। जैसे – गीता में चार मात्राएँ है –

ऽ ऽ = 4 मात्राएँ
गी ता

यति :-

यति का अर्थ है – विराम। प्रत्येक चरण के अन्त में विराम होता है जिसको यति कहते हैं।

गति :-

छन्द का प्रभाव गति कहलाता है।

पाद या चरण :-

कविता की छोटी इकाई को पद्य कहते हैं। एक पद्य में चार भाग होते हैं। प्रत्येक भाग को पाद या चरण कहते हैं।

छन्द के प्रकार

छन्द के मुख्यतः दो प्रकार होते है :-

(1) मात्रिक छन्द (2) वर्णिक छन्द

(1) मात्रिक छन्द :-

मात्रिक छन्द मात्राओं की संख्या के आधार पर होते हैं।

जैसे-। । । = 3 मात्राएँ

क म ल इसमें तीन मात्राएँ हैं (तीन लघु)

ऽ ऽ = 4 मात्राएँ

गी ता इसमें चार मात्राएँ हैं (दो गुरु)

मात्रिक छन्द में मात्राएँ गिनी जाती हैं।

वर्णिक छन्द :-

वर्णिक छन्दों में वर्णो की संख्या गिनी जाती है।

गण :-

'गण' का अर्थ होता है – 'समूह'। वर्णिक छन्दों में तीन वर्णो के समूह को **गण** कहते हैं और मात्रिक छन्दों में चार मात्राओं के समूह को **गण** कहते हैं। गण आठ प्रकार के होते हैं।

इसके लिए एक सूत्र दिया गया है – 'य मा ता रा ज भा न स ल गा'

	गण	**लक्षण व स्वरूप चिह्न**		**उदाहरण**
(1)	यगण	आदि लघु शेष गुरु	। ऽ ऽ	सजाना
(2)	मगण	तीनों गुरु	ऽ ऽ ऽ	माताजी
(3)	तगण	अन्त लघु	ऽ ऽ।	साकार
(4)	रगण	मध्य लघु	ऽ। ऽ	राधिका
(5)	जगण	मध्य गुरु	। ऽ।	गणेश
(6)	भगण	आदि गुरु	ऽ ।।	भारत
(7)	नगण	सब लघु	। । ।	कमल
(8)	सगण	अन्त गुरु	। । ऽ	रजनी

कुछ प्रमुख छन्द :-

(1) चौपाई :-

यह मात्रिक सम छन्द है। इसके प्रत्येक चरण में 16 मात्राएँ होती हैं और प्रत्येक चरण के अन्त में दो गुरु (SS) होते हैं।

चौपाई के चरण के अन्त में यगण (ISS) नहीं होना चाहिए।

उदाहरण :-

II II SI IS II SS

रघु कुल रीति सदा चलि आई = 16 मात्राएँ

SI SI II III I SS

प्राण जाइ पर बचन न जाई = 16 मात्राएँ

(2) दोहा :-

इस छन्द के विषम चरणों (पहले और तीसरे) में तेरह-तेरह और सम चरणों (दूसरे और चौथे) में ग्यारह-ग्यारह मात्राएँ होती हैं ।

उदाहरण :-

SS SII II IS IS I IIS SI

माला फेरत जग मुआ, मिटा न मनका फेर ।

(13 मात्राएँ) (11 मात्राएँ)

II S IIS SI S IIS IIS SI

कर का मनका डारि दे, मनका मनका फेर ॥

(13 मात्राएँ) (11 मात्राएँ)

(3) सोरठा :-

सोरठा दोहा का उल्टा होता है । इसके प्रथम और तृतीय चरण में 11 और द्वितीय तथा चतुर्थ चरण में 13 मात्राएँ होती हैं ।

उदाहरण :-

SS II II SI IS SII II SI II

बन्दौं गुरु पद कंज, कृपा सिंधु नर रूप हरि ।

(11 मात्राएँ) (13 मात्राएँ)

IS SI II SI SI III II II III

महा मोह तम पुंज, जासु बचन रबि कर निकर ॥

(11 मात्राएँ) (13 मात्राएँ)

(4) रोला :-

इस छन्द में 24 मात्राएँ होती हैं । क्रमशः 11 और 13 मात्राओं पर यति होती है ।

उदाहरण :-

ऽ ऽऽ ।। ।।। ।ऽ ऽ ।ऽ ।।। ऽ

हे देवा यह नियम, सृष्टि में सदा अटल है ।

(11 मात्राएँ) (13 मात्राएँ)

।। ।।ऽ ऽ ।ऽ ।।।ऽ ।।ऽ ।। ऽ

रह सकता है वही, सुरक्षित जिसमें बल है ।

(11 मात्राएँ) (13 मात्राएँ)

ऽ।। ऽ ऽ ।ऽ ।।। ऽ ।ऽ ।ऽऽ

निर्बल का है नहीं, जगत् में कहीं ठिकाना ।

(11 मात्राएँ) (13 मात्राएँ)

ऽऽ ऽ।। ।ऽ ऽ। ऽ ऽऽ ऽऽ

रक्षा साधन उसे प्राप्त हो चाहे नाना ।

(11 मात्राएँ) (13 मात्राएँ)

(5) कुण्डलियाँ :-

यह दोहा और रोला छन्द के मेल से बनता है। इसमें छः चरण होते हैं। प्रथम दो चरण दोहों की तरह तथा अंतिम चार चरण रोला की तरह होता है। इसके प्रत्येक चरण में 24 मात्राएँ होती हैं। दूसरी पंक्ति का अंतिम चरण ही तीसरी पंक्ति का प्रथम चरण होता है। कुण्डलियाँ में जो शब्द शुरू में होता है, वहीं अंत में भी होता है।

जैसे –

ऽ।। ऽ। । ऽ।ऽ ।।ऽ ऽ ।।ऽ।

दौलत पाय न कीजिए, सपने में अभिमान ।

(13 मात्राएँ) (11 मात्राएँ)

।।।। ।। ।। ऽ।ऽ ऽ। । ।।। ।ऽ।

चंचल जल दिन, चारिको ठाउ न रहत निदान ।

(13 मात्राएँ) (11 मात्राएँ)

रोला :-

ऽ। । ।।। ।ऽ। ।।। ।। ऽ ।। ऽऽ

ठाउ न रहत निदान, जियत जग में यश लीजै

(11 मात्राएँ) (13 मात्राएँ)

ऽऽ ।।। ।ऽ। ।।। ।। ऽ ऽ ऽऽ

मीठे वचन सुनाय, विनय सब ही सो कीजै ।

(11 मात्राएँ) (13 मात्राएँ)

II IIII II SI IS II II II SII

कह गिरधर कवि राय, अरे यह सब घट दौलत

(11 मात्राएँ) (13 मात्राएँ)

SII II II SI III II S S SII

पाहुन निसि दिन चारि, रहत सब ही की दौलत

(11 मात्राएँ) (13 मात्राएँ)

(6) हरिगीतिका :-

इस छन्द में 28 मात्राएँ होती हैं तथा सोलह और बारह मात्राओं पर यति होती है। प्रत्येक चरण के अन्त में लघु गुरु (IS) होते हैं ।

उदाहरण:-

IIS IS S SIS S SI II S II IS

कहती हुई यों उत्तरा के, नेत्र जल से भर गये ।

(16 मात्राएँ) (12 मात्राएँ)

II S IS S SI SS S IS SII IS

हिम के कणों से पूर्ण मानो, हो गये पंकज नये ।

(16 मात्राएँ) (12 मात्राएँ)

(7) कवित्त :-

यह वर्णिक सम छन्द है। इसके प्रत्येक चरण में 31 वर्ण होते हैं प्रत्येक चरण के अंत में गुरु (S) होता है। 16 या 15 वर्णो की यति होती है।

उदाहरण :-

बसन बटोरि बोरि, बोरि तेल तमीचर, = 16 वर्ण
खोरि खोरि धाई आय बाँधत लंगूर है॥ = 15 वर्ण
तैसो कवि कैतुकी डरात ढीले गात कै कै, = 16 वर्ण
लात के अघात सहे जी में कहे क्रूर है ॥ = 15 वर्ण

(8) सवैया :-

यह वर्णिक सम छन्द है। इसके प्रत्येक चरण में 21 से 26 वर्ण होते हैं। इसके चारों चरणों में तुक मिलना आवश्यक है।

उदाहरण :-

धूरि भरे अति सोभित श्याम जू, कैसी बनी सिर सुन्दर चोटी ।
खेलत खात फिरै अंगना पग, पैंजनि बाजत पीरी कसौटी ॥
वा छवि को रसखान विलोकत, वारत काम कला निधि कोटि ।
काग के भाग बड़े सजनी हरि, हाथ से ले गयो माखन रोटी ।

❑❑❑

31

अलंकार

शब्द अथवा अर्थ की सुसज्जित योजनाएँ काव्य में 'अलंकार' हैं। अलंकार का शाब्दिक अर्थ – 'आभूषण' है। 'आभूषण' शरीर की शोभा बढ़ाता है। साहित्य या काव्य में शोभा बढ़ाने का काम **शब्द** अथवा **अर्थ** से होता है। इसी कारण से काव्य के अलंकार को दो वर्गों में विभक्त किया गया है :-

(1) शब्दालंकार (2) अर्थालंकार

एक और भेद है – (3) उभयालंकार, लेकिन ये भी शब्दालंकार और अर्थालंकार के योग से ही बनते हैं।

शब्दालंकार

(1) अनुप्रास :-

एक ही वर्ण की बार-बार आवृत्ति को 'अनुप्रास' अलंकार कहते हैं।

उदाहरण :-

(क) **तरनि तनूजा तट तमाल तरुवर बहु छाए।**

(ख) **चारु चन्द्र की चंचल किरणें, खेल रही थीं जल थल में।।**

(ग) **लट लटकनि मधु मत्त मधुप गन मादक मदहिं पिए।**

यहाँ (क) में 'त' अक्षर में (ख) में 'च' अक्षर में तथा (ग) में 'ल' और 'म' अक्षर में अनुप्रास अलंकार है।

(2) यमक :-

जहाँ एक शब्द की बार-बार आवृत्ति होती है और उतनी ही बार उसका अर्थ अलग-अलग होता है वहाँ यमक अलंकार होता है।

उदाहरण :-

कनक कनक ते सौगुनी मादकता अधिकाय।

यहाँ 'कनक' शब्द की दो बार आवृत्ति और दोनों बार भिन्न-भिन्न अर्थ है। एक कनक – सोना दूसरा कनक – धतूरा।

(3) श्लेष अलंकार :-

जहाँ एक ही शब्द द्वारा एक से अधिक अर्थ का बोध होता हो, वहाँ श्लेष अलंकार होता है।

उदाहरण :-

रहिमन पानी राखिए, बिन पानी सब सून ।
पानी गए न ऊबरे, मोती, मानुष, चून ॥

यहाँ पानी का अर्थ -
मोती के लिए - चमक
मानुष के लिए - सम्मान
चून के लिए - जल है।

अर्थालंकार

(4) उपमा अलंकार :-

जहाँ दो वस्तुओं की तुलना उनके रूप, रंग व गुण के अनुसार की जाए वहाँ उपमा अलंकार होता है।

उपमा के चार अंग है :-

(1) उपमेय	- जिसकी तुलना की जाती है।	(मुख)
(2) उपमान	- जिससे तुलना की जाती है।	(चन्द्रमा)
(3) वाचक शब्द	- समानता सूचक शब्द।	(के समान)
(4) साधारण धर्म	- गुण, रंग आदि।	(सुन्दर है)

उदाहरण :-

(क) **पीपर पात सरिस मन डोला।**
(ख) **हाय फूल सी कोमल बच्ची।**
(क) में 'मन' पीपल के पत्ते जै सा डोलता है।
(ख) में बच्ची फूल-सी कोमल है।

उपमा अलंकार में - सम, समान, सी, सा, जैसा, इव इत्यादि शब्दों का प्रयोग होता है।

(5) रूपक अलंकार :-

जहाँ उपमेय और उपमान में भेद समाप्त हो जाता है वहाँ रूपक अलंकार होता है।

अथवा, जहाँ उपमेय और उपमान में कोई अन्तर नहीं रहता है वहाँ रूपक अलंकार होता है।

उदाहरण :-

उदित उदय गिरि मंच पर रघुबर बाल पतंग।
बिकसे संत सरोज सब, हरषे लोचन भृंग ॥

(6) उत्प्रेक्षा अलंकार :-

जहाँ उपमेय में उपमान की संभावना प्रकट की जाती है अर्थात प्रस्तुत वस्तु में अप्रस्तुत वस्तु की संभावना की जाती है, वहाँ उत्प्रेक्षा अलंकार होता है।

उदाहरण:-

सोहत ओढ़े पीत पट श्याम सलोने गात ।
मनहुँ नील मनि शैल पर आतप पर्यो प्रभात॥

उत्प्रेक्षा अलंकार में मनु, मनो, जनु, जानो शब्द का प्रयोग होता है।

(7) अतिशयोक्ति अलंकार :-

जहाँ प्रस्तुत वस्तु का खूब बढ़ा-चढ़ा कर वर्णन किया जाए, वहाँ अतिशयोक्ति अलंकार होता है।

जैसे -

यह शर इधर गांडीव धनुष से भिन्न जैसे ही हुआ।
धड़ से जयद्रथ का उधर सिर छिन्न वैसे ही हुआ॥

धनुष से बाण जैसे ही छूटा, जयद्रथ का सिर कट गया। अभी बाण का सिर से लगना बाकी था। यहाँ अतिशयोक्ति अलंकार है।

(8) अन्योक्ति अलंकार :-

अन्य + उक्ति = अन्योक्ति।

वह उक्ति या कथन जो कहीं किसी अन्य से है और सुनाई किसी अन्य को जाये अर्थात् प्रस्तुत का वर्णन अप्रस्तुत के माध्यम से किया जाए वहाँ अन्योक्ति अलंकार होता है।

उदाहरण -

जिन दिन देखे वे कुसुम गई सुबीति बहार।
अब अलि रही गुलाब में, अपत कँटीली डार॥

❑❑❑

32

मुहावरे एवं कहावतें या लोकोक्तियाँ

मुहावरा एक प्रकार का वाक्यांश होता है, जिसके प्रयोग से भाषा सुन्दर और चुस्त हो जाती है। जबकि कहावत या लोकोक्ति अपने आप में एक प्रकार का वाक्य होता है, जिसका प्रयोग स्वतंत्र रूप से किसी उचित समय, घटना, या अवसर पर किया जाता है। इसके सटीक प्रयोग से व्यक्ति का भाषा-ज्ञान परिलक्षित होता है। यहाँ कुछ प्रमुख मुहावरों तथा कहावतों के अर्थ और वाक्य में प्रयोग दिये गये हैं।

मुहावरा	–	अर्थ और वाक्य में प्रयोग
(1) अंग लगाना	–	(आलिंगन करना / गले या सीने से लगाना) जैसे ही पुत्र सामने आया, माँ ने उसे अंग लगा लिया।
(2) अँगूठा चूमना	–	(खुशामद करना) कितना भी अँगूठा चूमोगे, वह तुम्हारा काम नहीं करेगा।
(3) अँगूठा दिखाना	–	(अंत में अस्वीकार करना) उसके भरोसे कोई काम नहीं करो, उसको अँगूठा दिखाने की आदत है। तुम तब बेचैन हो जाओगे।
(4) अंधा बनना	–	(जान-बूझ कर किसी बात पर ध्यान न देना) वह अपने बेटे की करतूत पर अंधा बना रहता है
(5) अंधा बनाना	–	(बेवकूफ बनाना) – तुम मुझे अंधा नहीं बना सकते, मैं सब समझता हूँ।
(6) आँख खुलना	–	(भ्रम दूर होना / नींद खुलना) अब मेरी आँख खुल गई है, इसलिए सावधान हो चुका हूँ। नींद खुली और उसने शैतानी शुरू कर दी।

मुहावरा	-	अर्थ और वाक्य में प्रयोग
(7) आँख दिखाना	-	(क्रोध दिखाना) मुझ पर आँख दिखाने की कोशिश नहीं करो। अन्यथा नुकसान होगा।
(8) आँखेंफेरना	-	(विचार बदल लेना) उसने आज कल आँखे फेर ली हैं।
(9) आँख बिछाना	-	(स्वागत के लिए प्रतीक्षा करना) वह मेहमान के लिए आँख बिछाए है।
(10) आँख भर आना	-	(आँख में आँसू आ जाना) यह किस्सा सुनते ही उसकी आँखो में आँसू भर आए।
(11) आँसू पीकर रह जाना	-	(भीतर ही भीतर रोकर रहना) गरीब लोग आँसू पीकर रह जाते हैं।
(12) आँसू पोंछना	-	(दिलासा देना / ढाढ़स देना) दुःखी आदमी के आँसू पोंछ दिया करो।
(13) आग बरसना	-	(बहुत गर्मी पड़ना) दो दिनों से ऐसा लगता है, मानो आग बरसती है।
(14) आग बरसाना	-	(शत्रु पर गोलियाँ बरसाना) भारतीय सेना दुश्मनों पर तब तक आग बरसाती रही, जब तक उनके पाँव उखड़ न गये।
(15) आसमान के तारे तोड़ना	-	(कोई असंभव कार्य करना) आजकल सरकारी नौकरी मिलना आसमान से तारे तोड़ने के समान है।
(16) आसमान पर चढ़ना	-	(घमण्ड दिखाना) उसे चपरासी की नौकरी क्या मिली वह आसमान पर चढ़ गया।
(17) आसमान पर थूकना	-	(बड़ों को व्यर्थ नीचा दिखाना) मुख्यमंत्री की निंदा कर वह आसमान पर ही थूक रहा है।
(18) इज्जत उतारना	-	(अपमानित करना) एक छोटी-सी बात के लिए उसने उसकी इज्जत उतार ली।

	मुहावरा	–	अर्थ और वाक्य में प्रयोग
(19)	ईद का चाँद होना	–	(बहुत दिनों पर दिखाई पड़ना) रमेश बाबू तो आज कल ईद का चाँद हो गये हैं।
(20)	उल्लू बनाना	–	(मूर्ख बनाना) तुम मुझे उल्लू बनाने की चेष्टा नहीं करो।
(21)	कटे पर नमक छिडकना	–	(दुःखी को और अधिक कष्ट देना) देखो, तुम कटे पर नमक छिड़कने की चेष्टा नहीं करो।
(22)	कमर टूटना	–	(हिम्मत टूट जाना) इस घटना से रामनरेश की कमर ही टूट गई।
(23)	कमर सीधी करना	–	(थकावट मिटाना) वह दस मिनट में कमर सीधी कर फिर काम करेगा ही।
(24)	कलई खुलना	–	(भेद खुलना) घोटाले की कलई खुल गई।
(25)	कसम खाना	–	(प्रतिज्ञा करना) उसने नन्दन के घर नहीं जाने की कसम खायी है।
(26)	कान पर जूँ न रेंगना	–	(तनिक भी ध्यान न देना) उसके कान पर जूँ नहीं रेंगती है।
(27)	कान फूँकना	–	(बहकाना) उसकी आदत है कान फूँकने की, इसलिए उससे बचे रहो।
(28)	काम तमाम करना	–	(जान से मार देना) उसने पड़ोसी का काम तमाम कर दिया, भले ही जेल चला गया।
(29)	खून खौलना	–	(काफी गुस्सा होना) उसकी बात सुनते ही खून खौल जाता है।
(30)	छाती फुलाना	–	(गर्व करना) किस गुण के कारण तुम छाती फुला रहे हो।
(31)	छाती पीटना	–	(शोक से व्याकुल होना) अब छाती पीटने से कोई लाभ नहीं।

मुहावरा	–	अर्थ और वाक्य में प्रयोग
(32) जी चुराना	–	(किसी काम से भागना या कामचोर होना) काम से जी चुराना अच्छी बात नहीं।
(33) टोपी उछालना	–	(बेइज्जत करना) भले आदमी की टोपी उछालने से तुम्हें क्या मिल सकता है।
(34) तिल का ताड़ करना	–	(बात का बतंगड़ करना) वह तिल का ताड़ करेगा, इसलिए अपनी सूझ-बूझ से ही काम लेना।
(35) तीन-तेरह होना	–	(तितर-बितर होना) पुलिस को देखते ही भीड़ तीन-तेरह हो गयी।
(36) दम तोड़ना	–	(मर जाना) अब डॉक्टर को क्या बुलाओगे, इसका दम टूट गया है।
(37) दाँत काटी रोटी	–	(प्रगाढ़ दोस्ती) कृष्ण और सुदामा के बीच दाँत काटी रोटी थी।
(38) दाँत खट्टे करना	–	(परास्त करना) तुम्हारे दाँत खट्टे हो जाएँगें, तुम उसकी ताकत नहीं जानते हो।
(39) दिन काटना	–	(समय व्यतीत करना) वह किसी तरह से दिन कट रहा है।
(40) दिल लगना	–	(मन लगना) मेरा इस काम में बिल्कुल दिल नहीं लगता है।
(41) नाक काटना	–	(प्रतिष्ठा नष्ट करना) तुम्हारे कर्मो से मेरी नाक कट गयी।
(42) पगड़ी उछालना	–	(अपमानित करना) किसी भले आदमी की पगड़ी उछालना अच्छा नहीं है।
(43) पलक लगना	–	(नींद आना) पलक लगते ही चोर सामान लेकर भाग गया।
(44) पॉकेट गरम करना	–	(घूस लेना) उसने काम भी नहीं किया और पहले ही पॉकेट गरम कर लिया।

मुहावरा	-	अर्थ और वाक्य में प्रयोग
(45) पीठ दिखाना	-	(मुकाबला करने से पीछे हटना) उसकी पीठ दिखाने की आदत है, उसका साथ नुकसानदेह है।
(46) पीठ थपथपाना	-	(शाबाशी देना) उसने किया कुछ नहीं लेकिन उसकी पीठ थपथपायी जा रही है।
(47) मुँह चलाना	-	(कुछ खाते रहना) उसका मुँह हमेशा चलता ही रहता है।
(48) मुँह मीठा करना	-	मिठाई खिलाना) फर्स्ट क्लास पास होकर भी मुँह मीठा नहीं कराओगे।
(49) पेट काटना	-	(जान-बूझ कर कम खाना जिससे कुछ बचत हो) मैं अपना पेट काट कर तुम्हें पैसे देता हूँ अतः मन लगाकर पढ़ो।
(50) पेट पालना	-	(जीवन निर्वाह करना) तुम मेरी चिंता न करो, किसी तरह मैं अपना पेट पाल ही लूँगा।
(51) मुँह में पानी भर आना	-	(लार टपकना) मिठाइयाँ देखकर उसके मुँह में पानी भर आया।
(52) मुँह में लगाम न होना	-	(जो मुँह में आये सो कह देना) मुँह में लगाम न होना, बदतमीजी की निशानी है।
(53) मुँह छिपाना	-	(लज्जित होना) परीक्षा में फेल होने पर उसका मुँह छिपाना स्वाभाविक है।
(54) मुँह फुलाना या गाल फुलाना	-	(नाराज होना) छोटी-छोटी बातों पर मुँह / गाल न फुलाना चाहिए।
(55) मुँह तोड़ जवाब	-	(चुप करा देने वाला जवाब) आपके मुँह तोड़ जवाब से सभी अवाक् रह गये।
(56) मुँह पर थूकना	-	(घृणा-भाव प्रकट करना) उसने सबके सामने उसके मुँह पर थूक दिया।

मुहावरा	-	अर्थ और वाक्य में प्रयोग
(57) मूँछ उखाड़ना	-	(घमण्ड चूर करना) तुम्हारी मूँछ अब तुम्हारे ही करिश्मे से उखड़ जाएगी।
(58) मैदान मारना	-	(खेल/लड़ाई में बाजी मार लेना) भारतीय सैनिकों ने युद्ध में मैदान मार लिया।
(59) रंग जमाना	-	(असर / प्रभाव डालना) रफी ने गीतों से महफिल का रंग जमा दिया।
(60) साँप को दूध पिलाना	-	(शत्रु को सहायता देना) मोहन की मदद करना साँप को दूध पिलाना है।
(61) साया उठना	-	(संरक्षक का मर जाना) पिता जी के मरते ही मनीष पर से साया उठ गया।
(62) सिर आँखों पर होना	-	(खुशी से स्वीकार होना) आपका आदेश सिर आँखों पर है।
(63) सितारे चमकना/ बुलंद होना	-	(अच्छे दिन आना) आजकल उसका सितारा चमक गया है।
(64) सिर मूँड़ना	-	(धोखा देना) उसके कहने में मत जाओ, सिर मूँड़ देगा।
(65) सितारा गर्दिश में होना	-	(दुर्भाग्य के दिन होना) आजकल उसके सितारे गर्दिश में हैं।
(66) छाती पर साँप लोटना	-	(काफी ईर्ष्या होना) मेरी तरक्की से तुम्हारी छाती पर साँप लोटने लगता है।
(67) छठी का दूध याद होना	-	(बहुत परेशानी में पड़ जाना) ज्यादा बको मत, छठी का दूध याद आ जाएगा।
(68) रोटी-दाल का भाव मालूम होना	-	(गृहस्थी की कठिनाई का अनुभव होना) जब दिल्ली जाओगे, तब रोटी-दाल का भाव मालूम होगा।
(69) सौदा पटना	-	(बात पक्की होना) चलो अच्छा हुआ, सौदा पट गया।
(70) हुलिया बिगड़ना	-	(बुरी हालत होना) मारपीट में उसका हुलिया बिगड़ गया।

मुहावरा	–	अर्थ और वाक्य में प्रयोग
(71) हुलिया बिगाड़ देना	–	(दुर्दशा कर देना) किसने तुम्हारा हुलिया बिगाड़ दिया।
(72) हाथ खाली होना	–	(धन का आभाव होना)
	–	आजकल मेरा हाथ खाली है।
(73) स्वर्ग सिधारना	–	(देहान्त होना) उसके पिताजी स्वर्ग सिधार गये।
(74) सिर से बोझ उतरना	–	(उत्तरदायित्व से मुक्त होना) जल्दीबाजी में काम करते हो, इसका मतलब है कि सिर से बोझ उतारना चाहते हो।
(75) मुँह ताकना	–	(चकित होकर देखना) उसके गुस्से में आने पर घर के लोग भी उसका मुँह ताकते हैं।
(76) लोहे के चने चबाना	–	(बहुत कठिन काम करना) आई. आई. टी. में सफल होना लोहे के चने चबाना है।
(77) गुड़ गोबर होना	–	(किया कराया नष्ट हो जाना) उसने एक बात बोलकर सारा गुड़-गोबर कर दिया।
(78) गुदड़ी का लाल	–	(गरीब घर में प्रतिभावान का उत्पन्न होना) लालबहादुर शास्त्री गुदड़ी के लाल थे।
(79) नाक-भौं सिकोड़ना	–	(आना कानी करना) वह प्रत्येक काम करने में नाक-भौं सिकोड़ता है
(80) हाथ पसारना	–	(माँगना) हाथ पसारने से मान घटता है।
(81) भींगी बिल्ली बनना	–	(डर से सहम जाना) एक डाँट में वह भींगी बिल्ली हो जाता है।
(82) लुटिया डूबना	–	(सर्वस्व चला जाना) ऐसी बात बोलूँगा, तो उस कम्पनी में मेरी लुटिया डूब जाएगी।
(83) नजर बचाना	–	(किसी से छिपना) कर्ज लेकर महाजन से नजर बचाना नेकनीयती नहीं है।

	मुहावरा	-	अर्थ और वाक्य में प्रयोग
(84)	मुँह से फूल झड़ना	-	(बहुत मृदुवचन बोलना) उससे कोई नाराज नहीं होगा। उसके मुँह से हमेशा फूल झड़ते हैं।
(85)	बलि का बकरा होना	-	(निर्दोष व्यक्ति का दूसरे के कारण फँस जाना) वह तो आपके कारण से बलि का बकरा बना।
(86)	पेट मे दाढ़ी होना	-	(कम उम्र में प्रौढ़-सी बातें करना) वह बच्चा बच्चा नहीं है, उसके पेट में दाढ़ी है।
(87)	नौ-दो ग्यारह होना	-	(भाग जाना) पुलिस को देखते ही वह नौ-दो ग्यारह हो गया।
(88)	बाँछें खिलना	-	(अति प्रसन्न होना) यह संवाद सुनते ही उसकी बाँछे खिल गयीं।
(89)	अड़ियल टट्टू होना	-	(जिद्दी होना) वह बड़ा अड़ियल टट्टू है, उसे क्या समझाओगे?
(90)	पौ-फटना	-	(सबेरा होना) पौ-फटते ही वह मेरे दरवाजे पर आ गया।
(91)	अंधे की लाठी होना	-	(एक मात्र सहारा होना) वह जनक राय के लिए अंधे की लाठी है।
(92)	पौ-बारह होना	-	(लाभ-ही-लाभ होना) आपका तो पौ-बारह है, आप क्यों चिंतित हैं।
(93)	पानी पिलाना	-	(छक्के छुड़ाना) रमेश ने रमण को इस चुनाव में पानी पिला दिया।
(94)	पाँव तले की जमीन खिसकना	-	(होश उड़ जाना) इस समाचार को सुनते ही उसके पाँव तले की जमीन खिसक गयी।
(95)	मिट्टी पलीद होना	-	(अस्तित्व समाप्त होना) इस चुनाव में उसकी मिट्टी पलीद हो गयी।
(96)	आसमान सिर पर उठाना	-	(बहुत शोर मचाना) बच्चों ने कक्षा में आसमान सिर पर उठा लिया।
(97)	सिक्का जमाना	-	(धाक जमाना) इस शहर में नीरज का सिक्का जमा हुआ है।

मुहावरा	-	अर्थ और वाक्य में प्रयोग
(98) पापड़ बेलना	-	(तरह-तरह की मुसीबत झेलना) उस बेचारे ने बहुत पापड़ बेला है, यदि ऐसा हो गया तो खुशी की बात है।
(99) पाँव उखड़ना	-	(दबदबा खत्म हो जाना) इस पुलिस अधीक्षक के आने से इनका भी पाँव उखड़ गया है।
(100) आठ-आठ आँसू रोना	-	(विलाप करना) वह बेचारी आठ-आठ आँसू रो रही है।
(101) धूल फाँकना	-	(दर-दर की ठोकरें खाना) आज वही लड़का धूल फाँक रहा है जो सैकड़ों नौकरों को तनख्वाह देता था।
(102) घाट-घाट का पानी पीना	-	(तरह-तरह का अनुभव होना) उसे ठगने की कोशिश नहीं करना, वह खुद घाट-घाट का पानी पी चुका है।
(103) कुत्ते की मौत मरना	-	(बुरी दशा में मरना) सड़क दुर्घटना में लोग कुत्ते की मौत मरते हैं।
(104) आकाश-पाताल एक करना	-	(काफी कोशिश करना) उसका क्या कसूर है, उसने तो आकाश-पाताल एक कर दिया।
(105) कोल्हू का बैल होना	-	(एक ही काम में निरंतर लगा रहना) वह नौकर नहीं है, कोल्लू का बैल है।
(106) बखिया उधेड़ना	-	(सभी बुराइयों का पर्दाफाश करना) मंच पर जिलाध्यक्ष ने विपक्ष का बखिया उधेड़ दिया।

कहावतें / लोकोक्तियाँ

लोकोक्तियाँ	-	अर्थ और वाक्य में प्रयोग
(1) दिन माँगे सवा सेर रात माँगे सवा सेर	-	(सदा एक सी स्थिति में रहना) वह क्या करेगी, बेटे अफसर हो गए लेकिन उसकी हालत वही रह गयी। दिन माँगे सवा सेर रात माँगे सवा सेर।

लोकोक्तियाँ		अर्थ और वाक्य में प्रयोग
(2) अकेला चना भाड़ नहीं फोड़ता	–	(अकेला आदमी चाह कर भी बड़ा काम नहीं कर सकता) समाज सुधार में दिलीप बाबू कर ही क्या सकते हैं, सब एक जैसे काहिल हैं। अकेला चना भाँड़ नहीं फोड़ता
(3) आँख का अंधा नाम नयन सुख	–	(गुण के विपरीत नाम) दिन भर पॉकेटमारी करता है लेकिन बाप ने हरिश्चन्द्र नाम रख दिया। क्यों नहीं, आँख का अंधा नाम नयन सुख।
(4) आम के आम गुठलियों के दाम	–	(दुगुना फायदा होना) इतना महँगा भूसा बिका। उसे आम के आम मिले गुठलियों के दाम मिले।
(5) आटे के साथ घुन भी पिसता है	–	(बुरे की संगति में भलों की भी दुर्गति होती है) प्रदीप का गिरफ्तार होना आटे के साथ घुन पिसने जैसा है।
(6) आधा तीतर आधा बटेर	–	(दो बेमेल चीजें) कभी आई. पी. एस. बनना चाहते हो कभी मुखिया में नामांकन पत्र दाखिल करते हो। आधा तीतर आधा बटेर से कुछ नहीं कर पाओगे।
(7) अधजल गगरी छलकत जाय	–	(ओछे व्यक्ति का ओछापन नहीं छिपता है) वह इतना बोलता है जबकि महज मैट्रिक पास है। बस यही समझिए अधजल गगरी छलकत जाय।
(8) आगे नाथ न पीछे पगहा	–	(दायित्व हीन व्यक्ति) उस लड़के का भरोसा नहीं कीजिए वह बिल्कुल स्वच्छन्द है। आगे नाथ न पीछे पगहा।
(9) आये थे हरि भजन को ओटन लगे कपास	–	(बड़े काम को छोड़कर छोटे काम में लग जाना) चीनी लाने भेजा ताश खेलने लगे। आये थे हरि भजन को औटन लगे कपास।

लोकोक्तियाँ	-	अर्थ और वाक्य में प्रयोग
(10) अंधेर नगरी चौपट राजा	-	(चारो तरफ अव्यवस्था) पाँच की जगह रिक्शावाला बीस माँगने लगा। अंधेर नगरी चौपट राजा वाली बात अब यहाँ चरितार्थ होने लगी।
(11) आँख का अन्धा गाँठ का पूरा	-	(मूर्ख धनवान) उससे जितना चाहो चंदा उगाह लो, वह आँख का अंधा है गाँठ का पूरा है।
(12) आप भला जो जग भला	-	(अच्छों के लिए सारी दुनिया अच्छी है।) अपने विषय में सोचो, उसकी बात मत करो, आप भला तो जग भला।

प्रमुख लोकोक्तियों के अर्थ

(13) ऊँची दुकान फीका पकवान	-	सिर्फ बाहरी चमक-दमक और भीतरी खोखलापन।
(14) कहीं की ईंट कही का रोडा भानुमती ने कुनबा जोड़ा	-	बेमेल वस्तु का मेल बैठाना फिर भी असंगत।
(15) काला अक्षर भैंस बराबर	-	बिल्कुल अनपढ़/निरक्षर।
(16) खिसियानी बिल्ली खम्भा नोचे	-	असफलता के कारण किसी का गुस्सा किसी और पर उतारना।
(17) कहाँ राजा भोज कहाँ भोजुआ तेली	-	बहुत छोटे व्यक्ति की तुलना बहुत बड़े व्यक्ति से नहीं की जाती।
(18) काठ की हाँड़ी दूसरी बार नहीं चढ़ती	-	छल-कपट एक ही बार चल सकता है।
(19) खोदा पहाड़ निकली चुहिया	-	प्रयत्न अधिक फल नगण्य।
(20) खरी मजूरी चोखा काम	-	सही ढंग से मजदूरी देने से काम अच्छा होता है।
(21) घर का जोगी जोगड़ा आन गाँव का सिद्ध	-	अपने घर का ज्ञानी भी अनपढ़ मालूम पड़ता है।
(22) घर की मुर्गी दाल बराबर	-	अपने घर की मँहगी चीज भी सस्ती लगती है।

(23) दूर का ढोल सुहावन – दूर की वस्तु देखने में भली लगती है।

(24) गोद में लड़का नगर ढिंढोरा – पास की वस्तु न दिखाई पड़े और उसकी खोज अन्यत्र हो।

(25) धोबी का कुत्ता न घर का न घाट का – कहीं का / किसी का विश्वासपात्र नहीं होना।

(26) का बरसा जब कृषि सुखाने – अवसर बीतने के बाद सहायता करना व्यर्थ है।

(27) कभी गाड़ी पर नाव कभी नाव पर गाड़ी – समय बदलता रहता है।

(28) एक अनार सौ बीमार – वस्तु कम माँग अधिक।

(29) ईश्वर की माया कहीं धूप कहीं छाया – सबको एक साथ सुख नहीं मिलता और दु:ख भी नहीं मिलता।

(30) ऊँट के मुँह में जीरा – जरूरत के अनुपात में बहुत कम वस्तु।

(31) घी का लड्डू टेढ़ा भी भला – गुणवानों का रूप-रंग नहीं देखा जाता।

(32) चौबे गये छब्बे होने दूबे होकर आए – लाभ के बदले हानि हो जाना।

(33) पढ़े फारसी बेचे तेल – भाग्य का खेल।

(34) होनहार बिरवान के होत चीकने पात – होनहार के लक्षण बचपन से ही देखे जाते हैं।

(35) हाथी चले बाजार कुत्ता भौंके हजार – काम करने वाला आलोचना की परवाह नहीं करता।

(36) छोटे मियाँ तो छोटे मियाँ बड़े मियाँ सुभानअल्लाह – बड़ों में छोटों की अपेक्षा अधिक बुराई या कमी होना।

(37) दूध का जला छाछ भी फूँकता है – धोखा खाने वाला सतर्क होकर काम करता है।

(38) बोये पेड़ बबूल के आम कहाँ से होय – बुरे काम का परिणाम बुरा ही होता है।

(39) मियाँ की दौड़ मस्जिद तक – साधारण व्यक्ति का सीमित क्षेत्र में सिमटकर रहना।

(40) भागते भूत की लँगोटी भली	–	जिससे आगे कुछ नहीं मिलना है उससे जो ही मिल जाये ठीक है।
(41) रस्सी जल गई ऐंठन न गई	–	नाश होने के बाद भी अकड़ खत्म न होना।
(42) तेते पाँव पसारिये जेती लम्बी सौर	–	औकात के मुताबिक खर्च करना।
(43) कौआ चला हंस की चाल	–	अच्छों की नकल करना आसान नहीं है।
(44) चोरी और सीना जोरी	–	गलती करने के बाद भी जबर्दस्ती करना।
(45) एक पन्थ दो काज	–	एक साथ दो काम सम्पन्न करना।

❑❑❑

33

पत्र-लेखन / पत्राचार

पत्र-लेखन एक आवश्यकता है। इसके माध्यम से मन की बातों का परस्पर आदान-प्रदान होता है। आज के युग में संचार माध्यमों की बढ़ोतरी के बावजूद पत्र का महत्त्व कम नहीं हो सका है।

पत्र-लेखन के समय कई प्रकार की सावधानियाँ बरतनी पड़ती हैं। सर्वप्रथम यह ध्यान रखना चाहिए कि पत्र की भाषा अभिधेयात्मक हो, यानी सरल हो। इसमें भाषा के अलंकरण की आवश्यकता नहीं है।

पत्र में कटु भाषा का प्रयोग नहीं होना चाहिए, यानी उग्रता प्रदर्शन नहीं होना चाहिए। पत्र एक स्थायी प्रमाण है। आज के युग में पत्र-लेखन को साहित्य की एक स्वतंत्र विधा का स्थान प्राप्त है। महापुरुषों के पत्र जीवन में कई तरह के मार्ग दर्शन कराते हैं। पत्र की भाषा संतुलित और स्पष्ट होनी चाहिए।

पत्र-लेखन तीन प्रकार के होते हैं :-

(1) व्यक्तिगत प्रश्न (2) व्यावसायिक पत्र (3) आवेदन पत्र

(1) व्यक्तिगत प्रश्न :-

ऐसे पत्र रिश्ते-नातों के बीच लिखे गये होते हैं। ऐसे पत्रों में व्यक्ति परिवार या समाज की बातों या घटनाओं का उल्लेख करता है।

(2) व्यावसायिक पत्र :-

व्यापार और लेन-देन से सम्बन्धित पत्र, व्यावसायिक पत्र कहलाते हैं। ऐसे पत्र मुख्यत: क्रेताओं और विक्रेताओं के बीच लिखे जाते हैं।

(3) आवेदन पत्र :-

सरकारी, गैर सरकारी, अर्द्ध सरकारी शैक्षणिक और प्रशासनिक यानी संगठनों के प्रधान को लिखे जाने वाले पत्र, आवेदन-पत्र कहलाते हैं।

आवश्यक निर्देश

1. पत्र लिखते समय पत्र के बाएँ भाग में ऊपर की ओर जिन्हें लिखा जाता है, उनका नाम या पदनाम अंकित किया जाता है। ठीक उसके नीचे यथोचित अभिवादन को स्थान दिया जाता है।

2. पत्र के सबसे ऊपर दाएँ भाग में स्थान और तिथि को स्थान दिया जाता है।
3. पैराग्राफ बनाकर बीच के अंश में यानी निर्देश एक और दो के बाद मुख्य विषय पर प्रकाश डाला जाता है। इसकी आकृति इच्छा पर निर्भर है।
4. पत्र की लिखावट सुपाठ्य होनी चाहिए और स्पष्ट भाषा का प्रयोग होना चाहिए।
5. पत्र के अंत में स्व-संबोधन होना चाहिए।
6. पोस्टकार्ड या लिफाफे के ऊपर दायीं ओर पाने वाले (प्रेषिति) का नाम और बायीं ओर भेजने वाले (प्रेषक) का नाम और पता अंकित होना चाहिए।
7. व्यावसायिक पत्रों में केवल मतलब की बात होनी चाहिए।
8. व्यावसायिक पत्रों में भाषा एवं कथन की शैली विनम्र एवं याचनापूर्ण होनी चाहिए।
9. सरकारी और गैर सरकारी एवं अर्द्धसरकारी पत्रों में भी विषय वस्तु हो, अनावश्यक कुछ भी न लिखा जाय, इसका ध्यान रखा जाना चाहिए।

आगे सभी तरह के पत्रों के नमूने दिये जाते है :-

(निजी पत्र)

पिता को पत्र

(1) **(नयी पुस्तकें खरीदने के लिए रुपये भेजने का अनुरोध)**

पूज्य / पूज्यवर / पूजनीय पिताजी!

सादर प्रमाण!

मैं सकुशल हूँ। परिवार के सदस्यों की मंगल कामना करता हूँ। विशेष यह कि नयी कक्षा में नामांकन हो चुका है और अब नयी पुस्तकों की आवश्यकता है। पढ़ाई से सम्बन्धित खरीददारी के किए कृपया 1000/- (एक हजार) रुपये यथाशीघ्र भेज दें, जिससे सही समय पर सभी विषयों की पढ़ाई-लिखाई कर सकूँ।

आशा है, आप पत्र पाते ही इस दिशा में प्रयत्न करेंगे। विशेष शुभ।

माताजी को प्रणाम तथा छोटों को शुभाशीष।

आपका पुत्र
अभिषेक
कक्षा 8 (क)

	प्रेषिति :-
प्रेषक :-	....
....	....
....	....
....	

(2)

छोटे भाई को पत्र

(समाचार-पत्र के अध्ययन का महत्त्व बताने के लिए)

प्रिय अमित! .... रोड, धनबाद

शुभाशीष! दिनांक ....

तुम्हारा पत्र मिला। घर का समाचार जानकर प्रसन्न हुआ। आगे यह कहना चाहता हूँ कि मनुष्य के जीवन में पढ़ाई-लिखाई के साथ-साथ सामान्य ज्ञानोपार्जन भी आवश्यक है। याद रखो कि विद्यार्थी जीवन में समाचार-पत्र का नियमित अध्ययन करना जरूरी है। यह हमारे सामान्य-ज्ञान को बढ़ाता है। अपने शहर से लेकर राज्य, राष्ट्रीय एवं अन्तर्राष्ट्रीय स्तर तक सभी से हमारा संपर्क करता रहता है। इसके नित्य एक घंटा अध्ययन से हमारी मौखिक एवं लिखित भाषा समृद्ध होती है। अतः फुर्सत के समय सामाचार-पत्र पढ़ा करो। यह अत्यन्त उपयोगी है।

तुम्हारा अग्रज

अमित अनिल

द्वारा - श्री ....

.... टोला, धनबाद।

(3)

मित्र को पत्र

(परीक्षोत्त्तीर्ण होने पर बधाई के लिए)

प्रिय आशुतोष! .... टोला, सहरसा

नमस्ते। दिनांक ....

तुम्हारे पत्र से तुम्हारे वार्षिक परीक्षाफल के विषय में मालूम हुआ। मुझे यह जानकर अत्यन्त खुशी हुई कि तुमने अपने विद्यालय में सर्वप्रथम छात्र होने का गौरव प्राप्त किया है। परीक्षा में शानदार सफलता के लिए तुम्हें मेरी बधाई। तुम्हारी इस सफलता से मेरा भी मान बढ़ा है। वास्तव में मुझे तुम पर गर्व है।

तुम्हारा मित्र

अशुतोष अमरेश

.... सब्जी मंडी।

धनबाद।

(4)

आवेदन पत्र

प्रधानाध्यापक को छुट्टी के लिए आवेदन-पत्र

सेवा में,

श्रीमान् प्रधानाध्यापक महोदय

.... विद्यालय, पटना।

सविनय निवेदन है कि मेरे घर में चचेरे भाई की शादी अगले सप्ताह होने वाली है। इस समारोह में शामिल होने के लिए मुझे भी सपरिवार वहाँ जाना है। इस कारण से दिनांक .... 2009 से .... 2009 तक मैं विद्यालय आने में असमर्थ हूँ।

अत: श्रीमान् से प्रार्थना है कि मुझे उपर्युक्त तिथियों की छुट्टी देने की कृपा की जाये। इस असीम कृपा के लिए मैं श्रीमान् का सदा आभारी रहूँगा।

आपका आज्ञाकारी छात्र

दिनांक : 04-03-2009

नंदन

कक्षा 8 (स) क्रमांक-14

(5) नगरपालिका अध्यक्ष को मुहल्ले की सफाई से सम्बन्धित पत्र

सेवा में,

श्रीमान् अध्यक्ष महोदय,

नगरपालिका, बेगूसराय

विषय :- मुहल्ले की सफाई के सम्बन्ध में।

महाशय,

मैं इस पत्र के द्वारा वार्ड नं० 8 में फैली गंदगी से आपको अवगत कराना चाहता हूँ। हमारा वार्ड कूडे-कचरों और मरे हुए जानवरो की दुर्गन्ध से परेशान है, लेकिन इस ओर किसी का ध्यान नहीं है। ऐसी स्थिति में यहाँ महामारी फैलने की आशंका है।

अत: आपसे अनुरोध है कि जल्द से जल्द इस वार्ड की सफाई की व्यवस्था कर वार्ड के निवासियों को राहत दिलाने की कृपा करें।

विश्वास भाजन

दिनांक : 12-03-2009

संदीप सिंह

वार्ड नं०-8

(6)

पेयजल के प्रबन्ध के लिए मुखिया को आवेदन पत्र

सेवा में,

श्रीमान् मुखिया महोदय,

.... ग्राम पंचायत।

विषय :- पेयजल के प्रबन्ध के विषय में।

महाशय,

मैं .... गाँव का निवासी और मतदाता हूँ। मेरे गाँव में पूर्व मुखिया द्वारा घोषणा के बाद भी पेयजल का कोई प्रबन्ध नहीं हो सका। आपने भी आश्वासन दिया था। आपके पदासीन होने के बाद हमलोग कई बार इस गंभीर समस्या को लेकर आपके पास पहुँच चुके हैं। कई बार हमारा शिष्ट मंडल आपसे आग्रह कर चुका है।

अत: आपसे अनुरोध है कि नलकूपों की मरम्मत करवाकर इस गाँव में पेयजल का प्रबन्ध करने की कृपा करें। इसके लिए आपके द्वारा उठाये गये कदम जन-सेवा के साथ ईश्वर-सेवा जैसे होंगे।

विश्वास भाजन

दिनांक : 18-02-2009

मानिक चन्द

ग्राम .... (बेगूसराय)

शोक-संदेश

❖ समाचार पत्रादि में प्रकाशित करवाने के लिए निम्नलिखित नमूने के रूप में दिया जाता है।

(7)

शोक-संदेश

बहुत दु:ख के साथ सूचित किया जाता है कि मेरी माँ .... का निधन दिनांक .... की संध्या .... बजे हो गया है। जिसकी शवयात्रा कल प्रात: काल 11 बजे मेरे निवास स्थान .... से प्रारम्भ होगी।

.... एवं समस्त

शोकाकुल सिंह परिवार।

(8)

मित्र को वैवाहिक बधाई-पत्र

प्रिय मित्र.......................

नमस्ते।

तुम्हारे विवाह का निमंत्रण-पत्र मिला था। बाद में तुम्हारा लिखा पत्र भी मिला। अस्वस्थता के कारण इस सुअवसर पर मैं अनुपस्थित रहा। विवाहोपरांत इस आयोजन पर मैं अपनी ओर से एक नया अलबम प्रेषित करता हूँ। इसे तुम स्वीकार करोगे। तुम्हें अपने गार्हस्थ जीवन में सुख, वैभव, समृद्धि और शांति प्राप्त हो, यही कामना है।

तुम्हारा मित्र

(9)

पुस्तक विक्रेता/प्रकाशक को पत्र

❖ पुस्तक मँगाने से सम्बन्धित

प्रेषक :-

नाम ....

पता ....

....

प्रेषिति :-

सेवा में,

व्यवस्थापक / मैनेजर

भारती भवन (पी० एण्ड डी०)

कदम कुआँ, पटना।

प्रिय महोदय,

आपके प्रकाशन की निम्नलिखित पुस्तकें अधिक संख्या में नकद खरीदने का इरादा है। पुस्तकें उचित कमीशन पर भेजने का कष्ट करेंगे। जिससे पुनः अधिक संख्या में इन्हीं पुस्तकों को मँगवा सकूँ। फिलवक्त निम्नलिखित पुस्तकों की दो-दो प्रतियाँ वी० पी० पी० से भेज दें जिन्हें मैं अविलम्ब छुड़ा लूँगा।

	पुस्तक का नाम	लेखक	प्रतियाँ
(1)	....	....	....
(2)	....	....	....
(3)	....	....	....

भवदीय

हस्ताक्षर ....

(10)

विवाह का निमंत्रण-पत्र

श्रीमान् / श्रीमती ....

परमपिता परमेश्वर की असीम कृपा से मेरे आत्मज चि०
.... का शुभ विवाह ग्वालियर निवासी श्री ....
.... की पुत्री सौभाग्याकांक्षिणी
.... के साथ .... नवम्बर ....दिन सोमवार को होना निश्चित हुआ है। अतः आपसे अनुरोध है कि इस शुभ अवसर पर पधार कर उत्सव की शोभा बढ़ावें।

दर्शनाभिलाषी

....

....

....

आकांक्षी

....

वैवाहिक कार्यक्रम

सोमवार दिनांक .... नवम्बर ....

स्वागत बारात (जयमाला कार्यक्रम) सायं .... बजे।

विवाह-संस्कार रात्रि .... बजे।

मंगलवार दिनांक .... नवम्बर ....

विदाई कार्यक्रम 8 बजे प्रातः।

रविवार दिनांक .... नवम्बर ....

प्रीतिभोज 7 बजे सायं

स्थान .... रामकृष्णपुरम, ग्वालियर

नोट :- बारात अपने निवास स्थान .... ग्वालियर से .... ग्वालियर के लिए संध्या .... बजे सोमवार दिनांक .... नबम्बर .... को निजी वाहन से प्रस्थान करेगी।

(11) दुकानदार को शिकायती पत्र

सेवा में,

व्यवस्थापक महोदय
श्याम खेल भण्डार
कॉलेज रोड, बेगूसराय

आलू चट्टी रोड, बरौनी
दिनांक ....

प्रिय महोदय,

निवेदन है कि हमने आपकी दुकान से दिनांक .... 2009 को निम्नलिखित सामान मँगवाया था।

क्रिकेट बैट (कश्मीर क्वालिटी) 5
वैडमिंटन रैकेट (स्पे० क्वालिटी) 20
क्रिकेट बॉल (स्पे० क्वालिटी) 15
हॉकी स्टिक (स्पे० क्वालिटी) 15
वॉली बॉल (स्पे० क्वालिटी) 10

आपके द्वारा भेजा गया सामान बिल संख्या 1645 दिनांक .... के साथ हमको प्राप्त हुआ। खेद की बात है कि उपर्युक्त सामान आर्डर के अनुसार नहीं भेजे गये। बैडमिंटन रैकेट 20 के स्थान पर 10 ही भेजे गये। क्रिकेट बैट 5 के स्थान पर 10 भेज दिया गया। कृपया अपने बिल में इस सूचना के अनुसार सुधार कर पुनः नया बिल भेजें और मेहरबानी होगी कि भविष्य में ध्यान देकर माल पैकिंग करवाया जाय।

धन्यवाद सहित

भवदीय

....

(12) कवि-सम्मेलन में काव्य-पाठ हेतु आमंत्रण-पत्र

हिन्दी साहित्य सम्मेलन
इलाहाबाद

प्रेषित :-

श्री ....
पोखरिया, बेगूसराय।

आदरणीय डॉ० .... जी

सादर प्रणाम।

आपको यह जानकर प्रसन्नता होगी कि हिन्दी साहित्य सम्मेलन (प्रयाग) इलाहाबाद की ओर से ....

के अवसर पर .... हॉल में दिनांक .... को संध्या 8 बजे से अन्तर्राज्यीय कवि सम्मेलन का आयोजन किया गया है। हास्य-व्यंग्य प्रणेताओं में आपको शुमार किया जाता है। इस हेतु आप की उक्त अवसर पर उपस्थिति प्रार्थनीय है।

विनीत

....

महामंत्री

हिन्दी साहित्य सम्मेलन

सरकारी-पत्र
(Official-Letter)

सरकारी क्रिया-कलापों में पत्र-व्यवहार का महत्वपूर्ण स्थान है। लगभग सम्पूर्ण सरकारी काम-काज पत्र-व्यवहार पर ही निर्भर होता है। सरकारी पत्र-व्यवहार विभिन्न रूपों में हांता है :-

(1) सरकारी पत्र — *(Official-Letter)*

(2) अर्द्धसरकारी पत्र — *(Demi-Official-Letter (D.O. Letter)*

(3) कार्यालय आदेश — *(Office-Order)*

(4) स्मार पत्र या अनुस्मारक — *(Reminder)*

(5) अधिसूचना — *(Notification)*

(6) ज्ञापन — *(Memorandum)*

(7) परिपत्र — *(Circular-letter)*

(8) प्रेस विज्ञप्ति — *(Press-Communique)*

सरकारी पत्र

इस प्रकार के पत्र का व्यवहार सभी विदेशी सरकारों के साथ, राज्य सरकारों के साथ, अर्द्धसरकारी कार्यालयों के साथ- औपचारिक पत्र व्यवहार सरकारी-पत्र के रूप में किया जाता है।

इसके अंग इस प्रकार है -

(क) सरनामा

(ख) पत्र संख्या / पत्र भेजने का दिनांक

(ग) पत्र पाने वाले का नाम / पदनाम

(घ) विषय
(ङ) सम्बोधन
(च) पत्र का मुख्य उद्देश्य
(छ) अधोलेख
(ज) प्रेषक का हस्ताक्षर और पद नाम

(13) **नमूना**

बिहार सरकार, सामान्य प्रशासन विभाग

संख्या 2025/4/93 (स्वा०)
दिनांक 30 जुलाई 2008

प्रति :-
सचिव, बिहार सरकार
स्वास्थ्य सचिवालय, पटना।

विषय :- उपसंचालक के दो पदों को स्थायी करना।

महोदय,

आपके पत्र क्रमांक .... दिनांक .... के संदर्भ में मुझे यह लिखना है कि राज्य शासन ने स्वास्थ्य सेवा संचालनालय में उपसंचालक के उन दो अस्थायी पदों को जो, तीन वर्ष से अधिक की अवधि से विद्यमान हैं, दिनांक .... से स्थायी बना देने की स्वीकृति प्रदान कर दी है।

इस स्वीकृति के लिए वित्त सचिवालय ने अपना सहमति-पत्र क्रमांक .... वित्त दिनांक .... के द्वारा दी है।

भवदीय
....
अवर सचिव
बिहार सरकार
सामान्य प्रशासन विभाग, पटना

क्रमांक .... (स्वा०)

प्रतिलिपि :-
महालेखाकार बिहार (पटना) को सूचनार्थ प्रेषित।

(14)

पत्र संख्या .... (गृह) भारत सरकार

दिनांक .... गृह मंत्रालय

नई दिल्ली।

प्रेषक :-

....

आई० ए० एस०

उपसचिव, भारत सरकार

गृह मंत्रालय।

सेवा में

मुख्य सचिव

बिहार सरकार, पटना।

विषय :- **बरौनी थर्मलपावर स्टेशन के मुख्य द्वार पर गोली चलना।**

महोदय,

मुझे आपको सूचित करने का निर्देश हुआ है कि भारत सरकार अभी कुछ समय पूर्व बरौनी में मजदूरों पर हुई गोलीबारी से उत्पन्न जनाक्रोश से चिंतित है। इस गोली बारी में बहुत से मजदूर आहत हुए। मजदूरों के मरने की भी अधिकारिक पुष्टि हुई। इससे मजदूरों में असंतोष उभरा है।

भारत सरकार का विचार है कि जब भी ऐसी परिस्थिति उत्पन्न हो, राज्य सरकार को धैर्य और संयम से काम लेना चाहिए। भारत सरकार यह भी अनुभव करती है कि इस बात की जाँच कराई जाये कि गोली चलाने की आवश्यकता क्यों पड़ी और क्या इस अप्रिय घटना को टाला नहीं जा सकता था ? यह भी जाँच का विषय हो कि क्या इसके पीछे कोई निहित स्वार्थ तो नहीं था। इस प्रकार की जाँच से सत्य अपने आप उजागर होगा और दोषी व्यक्तियों को दण्ड मिलेगा।

भवदीय

हस्ताक्षर

....

उपसचिव, भारत सरकार।

(15)

संख्या ....

भारत सरकार

वित्त मंत्रालय

सेवा में,

....

....

विषय :- ....

प्रिय महोदय / प्रिय महानुभाव

आपके दिनांक .... के पत्र संख्या ....के प्रसंग में निवेदन है कि पत्र संख्या ....की ओर आकर्षित करने तथा यह कहने का निर्देश हुआ है कि ....

भवदीय

हस्ताक्षर (.....................)

क ख ग

अवर सचिव, भारत सरकार

संलग्नक :-

(1)

(2)

(3)

(4)

(16) अर्द्धसरकारी पत्र

अं० सं० पत्र सं० (D.O.N.O.)-...............

भारत सरकार

वाणिज्य मंत्रालय

नई दिल्ली।

सितम्बर ....

प्रिय श्री ....

गत सप्ताह मंत्री महोदय ने नई आयात नीति निर्धारित करने के विषय में आपके कार्यालय से कुछ सूचना मँगाई थी। वह अभी तक प्राप्त नहीं हुई है। कृपया

आप स्वयं निजी रूप से इस ओर ध्यान दें और कल तक वांछित सूचना भिजवाने का प्रबन्ध करें।

आपका

(.................................)

क ख ग

श्री ....

आयात नियंत्रक

नई दिल्ली।

(17) **कार्यालय ज्ञापन**

संख्या ....

भारत सरकार, गृहमंत्रालय

नई दिल्ली, दिनांक .... पौष ....

(शक) जनवरी ....

विषय :- **अंतिम शनिवार के बजाय दूसरे शनिवार से छुट्टी।**

कुछ समय से भारत सरकार के पास यह प्रश्न विचारधीन था कि वेतन आयोग की सिफारिशों पर प्रत्येक मास के एक शनिवार की जो छुट्टी की जाती है वह अंतिम शनिवार को की जाय या पहले किसी शनिवार को? सरकारी कर्मचारियों की सुविधा को ध्यान में रखते हुए यह निश्चय किया गया है कि ....

....

(.................................)

क ख ग

उपसचिव, भारत सरकार

सेवा में,

भारत सरकार के सभी मंत्रालय तथा विभाग

प्रधानमंत्री सचिवालय

मंत्रिमण्डल सचिवालय

राज्यसभा सचिवालय

प्रतिलिपि नियंत्रक तथा महालेखा परीक्षक,

चुनाव आयोग, योजना आयोग, संघ लोक सेवा आयोग, ... को सूचनार्थ प्रेषित।

(18) **ज्ञापन**

संख्या ....

भारत सरकार

विधि मंत्रालय

नई दिल्ली।

दिनांक ....

श्री .... ने ....पद पर नियुक्ति के लिए दिनांक .... को जो प्रार्थना-पत्र भेजा था, उसके प्रसंग में उनको सूचित किया जाता है कि इस समय ऐसा कोई पद खाली नहीं है। भविष्य में जब कोई पद खाली होगा, तब उसकी सूचना रोजगार दफ्तर को भेज दी जाएगी।

हस्ताक्षर

....

क ख ग

अवर सिचव, भारत सरकार।

सेवा में

श्री ....

.... रोड, नई दिल्ली।

(19) **अर्द्धसरकारी पत्र/अर्द्ध शासकीय पत्र**

.... अर्द्ध शासकीय पत्र क्रमांक ....

उप सचिव

बिहार सरकार

कृषि विभाग

पटना, दिनांक ....

प्रिय श्री ....

गत कुछ सप्ताहों से बिहार में बाढ़ की स्थिति से कुछ जिलों के बुरी तरह प्रभावित होने की आशंका है। इस चुनौती का सामना करने के लिए राज्य शासन ने अनेक महत्त्वपूर्ण कदम उठाए हैं। केन्द्रीय शासन से भी इस सम्बन्ध में वित्तीय सहायता माँगी गयी है।

अतः आपसे निवेदन है कि आप संलग्न प्रारूप में अपने जिले की विस्तृत जानकारी भेज दें। इसके अतिरिक्त कृपया यह जानकारी भी भेजिए कि क्षेत्र में कितनी भूमि में बाढ़ से फसलों के नष्ट होने की आशंका है।

कृपया इस प्रकरण को प्राथमिकता दें।

भवदीय

....

सेवा में,

श्री ....

जिलाधिकारी / जिलाध्यक्ष

बेगूसराय (बिहार)

(20)

....

अ० शा० पत्र क्रमांक ....

स्कूल शिक्षा सचिव

बिहार सरकार, शिक्षा विभाग

पटना, दिनांक ....

प्रिय श्री ....

गत सप्ताह ऑपरेशन ब्लैकबोर्ड के अन्तर्गत खरीदी जानेवाली वस्तुओं के सम्बन्ध में आपके कार्यालय से कुछ सूचना मँगायी गयी थी, वह अभी तक प्राप्त नहीं हुई है। केन्द्रीय शासन से इस सम्बन्ध में स्मार पत्र भी प्राप्त हो गया है।

अतः कृपया आप स्वयं निजी रूप से इस ओर ध्यान दें और दिनांक .... तक वांछित सूचना आवश्यक रूप से भिजवाने का कष्ट करें।

भवदीय

....

प्रति :-

श्री ....

आयुक्त, लोक शिक्षण संचालनालय

पटना, बिहार।

(21)

कार्यालय आदेश

- ❖ किसी कार्यालय के अधिकारियों, कर्मचारियों के लिए समय-समय पर निकाले गए आदेशों की सूचना को कार्यालय-आदेश कहा जाता है।
- ❖ किसी भी नियुक्ति, किसी के अर्जित अवकाश की स्वीकृति, पदोन्नति, पदावनति, सेवा से पृथक करना, कार्यालय द्‌वारा बनाये गये सामान्य नियमों की सूचना आदि कार्यालय-आदेश द्वारा दी जाती है।

कृषि भवन, बिहार
आदेश

क्रमांक .... पटना, दिनांक ....

पटना नगर में स्थित समस्त अधीनस्थ कार्यालय दिनांक 12, 13 एवं 14 अगस्त 2008 को विधान सभा सत्र होने के कारण खुले रहेंगे, तथा इनके स्थान पर दिनांक 16, 17 और 18 अगस्त 2008 को बंद रहेंगें।

....

संचालक कृषि

बिहार, पटना

दिनांक ....

क्रमांक ....

प्रतिलिपि :-

(1) ....

(2) ....

(3) ....

(4) ....

(5) ....

....

संचालक कृषि

बिहार, पटना।

(22)

पृष्ठांकन (Endorsement)

- ❖ इसका प्रयोग तब किया जाता है जब कोई कागज मूल रूप से
- ❖ भेजने वाले को ही लौटाना हो।
- ❖ इसका प्रयोग किसी मंत्रालय या सम्बद्ध अधीनस्थ कार्यालय को सूचना देनी हो, टीका-टिप्पणी या निपटने के लिए मूल या उसकी नकल के रूप में भेजना हो, तब किया जाता है।
- ❖ इसका प्रयोग तब होता है जब पत्रादि पाने वाले के अलावा उसकी नकलऔर किसी को भेजनी हो। इस स्थिति में पृष्ठांकन का रूप भिन्न-भिन्न हो सकता है।

नमूना

संख्या.................

भारत सरकार

रक्षा मंत्रालय

नई दिल्ली

दिनांक ....

निम्नलिखित पत्रों की एक-एक प्रति सूचना तथा आवश्यक कार्रवाई के लिए अधोलिखित कार्यालयों को प्रेषित की जा रही है।

(1) ....

(2) ....

(3) ....

प्रेषित पत्रों की सूची

(1) गृह मंत्रालय का ज्ञापन संख्या ....

(2) वित्त मंत्रालय का कार्यालय ज्ञापन संख्या ....

हस्ताक्षर (.............................)

कृते

अवर सचिव, भारत सरकार।

(23)

कार्यालय आदेश

भारत सरकार
खाद्य तथा कृषि मंत्रालय
(कृषि विभाग)

श्री .... अनुभाग अधिकारी को छुटी से वापस लौटने पर .... अनुभाग में तैनात किया जाता है।

अवर सचिव

प्रतिलिपि :-

(1) सभी अनुभाग

(2) श्री .... अनुभाग अधिकारी।

तुरंत पत्र

❖ तुरंत पत्र की भाषा तार की-सी-होनी चाहिए। पाने वाले को भी उतनी ही प्राथमिकता देनी चाहिए। अत्यधिक शीघ्रता के मामलो को छोड़कर और सभी हालातों में जहाँ तक हो सके तार के बदले तुरंत पत्र से ही काम लेना चाहिए।

(24)

नमूना

प्रेषक :-

भारतीय दूतावास, वाशिंगटन

सेवा में,

विदेश मंत्रालय, नई दिल्ली।

संख्या .... वाशिंगटन, दिनांक....................

भारत और अमेरिका के बीच सांस्कृतिक विषय की योजनाओं के सम्बन्ध में आपकी मंजूरी अभी तक अपेक्षित है। मामला आवश्यक है। उत्तर अभिलम्ब दिया जाये।

क, ख ग
प्रधान सचिव
भारतीय दूतावास, वाशिंगटन

(25)

तार (Telegram)

- ❖ तार सिर्फ बहुत जरूरी मौके पर भेजे जाते हैं।
- ❖ पुष्टि प्रतियाँ (Confermation Copies) डाक से भेजी जाती हैं।

नमूना

विकास
मुम्बई

क्रमांक .... बीस नवम्बर का आपका पत्र / आपकी सभी योजनाएँ स्वीकृत/विस्तृत हिदायतें अलग से प्रेषित।

योजना आयोग
(तार में सम्मिलित करने के लिए नहीं)

क ख ग
अवर सचिव, योजना आयोग

भारत सरकार
योजना आयोग

नई दिल्ली, दिनांक ....

पुष्टि के लिए प्रतिलिपि सचिव, महाराष्ट्र सरकार, विकास विभाग मुम्बई को डाक से प्रेषित।

क ख ग
अवर सचिव, योजना आयोग

अधिसूचना (Notification)

नियमों और आदेशों की घोषणा, अधिकारों का सौंपा जाना, राजपत्रित अधिकारियों की नियुक्ति, छुट्टी, तरक्की आदि को भारत के राजपत्र (गजट ऑफ इण्डिया) में प्रकाशित करके अधिसूचित करने के लिए इसका प्रयोग किया जाता है।

(26) **नमूना**

(भारतीय राजपत्र के भाग/खण्ड 2 में प्रकाशन के लिए)

भारत सरकार

सूचना तथा प्रसारण मंत्रालय नई दिल्ली, दिनांक ....

संख्या .... प्रशासन (1) केन्द्रीय सचिवालय सेवा के प्रथम ग्रेड के अधिकारी श्री .... ने अर्जित छुट्टी से लौटने पर सूचना तथा प्रसारण मंत्रालय में तारीख .... पूर्वाह्न से अपर सचिव का कार्यभार सम्भाल लिया है।

क ख ग

अवर सचिव, भारत सरकार

सेवा में,

प्रबन्धक

भारत सरकार प्रेस

फरीदाबाद।

प्रेस विज्ञप्ति (Press Communique)

❖ प्रेस विज्ञप्ति या प्रेस नोट सरकार के किसी निर्णय का बहुत अधिक प्रचार करने के लिए जारी किया जाता है।

❖ प्रेस को उसे ज्यों-का-त्यों छापना पड़ता है।

❖ पत्रकार उसे जैसे चाहे सम्पादित (छोटा-बड़ा) कर सकता है।

(27) **नमूना**

(दिनांक .... को .... बजे से पूर्व प्रकाशित या प्रसारित नहीं किया जाए)

भारत और सूडान के बीच राजनयिक सम्बन्ध

भारत सरकार और सूडान सरकार द्वारा राजदूतावास के स्तर पर राजनयिक सम्बन्ध स्थापति करने का निश्चय किया गया है। उसके परिणाम स्वरूप .... विज्ञप्ति प्रधान सूचना अधिकारी, पत्र सूचना कार्यालय नई दिल्ली, को जारी करने और व्यापक प्रचार करने के लिए भेजी जाती है।

क ख ग

उपसचिव, विदेश मंत्रालय

संकल्प (Resolution)

❖ नीति के महत्त्वपूर्ण मामलों पर सरकार के निर्णयों, समिति या जाँच आयोगों की नियुक्ति और उनकी महत्त्वपूर्ण रिपोर्टों की समीक्षा के परिणामों की सार्वजनिक घोषणा करने के लिए संकल्पों का प्रयोग होता है। संकल्प भी आमतौर पर भारत के राजपत्र में छापे जाते हैं।

(28)

(भारतीय राजपत्र में प्रकाशन के लिए)

भारत सरकार

विधि मंत्रालय नई दिल्ली, दिनांक ....

कम आय वाले नागरिकों को थोड़े व्यय पर कानूनी सहायता उपलब्ध कराने के प्रश्न पर भारत सरकार कुछ समय से विचार करती रही है। सरकार ने इस विषय में सिफारिश करने के लिए एक समिति बनाने का निश्चय किया है, जिसका गठन निम्न प्रकार है :-

अध्यक्ष :- श्री ....

सचिव :- (1) श्री ....

(2) श्री ....

(3) श्री ....

सदस्य सचिव :- श्री ....

समिति के विचारणीय विषय निम्नलिखित होंगे –

(क) ....

(ख) ....

(ग) ....

आदेश :-

आदेश है कि संकल्प की एक-एक प्रति समिति के समस्त सदस्यों को भेजी जाए। यह भी आदेश है कि यह संकल्प भारतीय राजपत्र में जन-साधारण की सूचना के लिए प्रकाशित किया जाए।

हस्ताक्षर ....

क ख ग

संयुक्त सचिव, भारत सरकार

सेवा में,

प्रबन्धक
भारत सरकार प्रेस
फरीदाबाद।

संख्या ....
प्रतिलिपि सूचना के लिए निम्नलिखित को प्रेषित :-

(1) सभी राज्य सरकारों के मुख्य सचिव
(2) ....
(3) ....

....
क ख ग
अवर सचिव, भारत सरकार

(29)

आकस्मिक अवकाश के लिए आवेदन

सेवा में

अवर सचिव (प्रशासन)
लोक सभा सचिवालय
नई दिल्ली।

महोदय,

निवेदन है कि अस्वस्थ होने (या आवश्यक कार्य) के कारण मैं कार्यालय में उपस्थित होने में असमर्थ हूँ। कृपया आज का आकस्मिक अवकाश देकर अनुगृहीत करें।

भवदीय
क ख ग
सहायक

दिनांक ....

परिपत्र (Circular)

- जब कोई सरकारी पत्र, कार्यालय ज्ञापन, ज्ञापन, एक साथ अनेक व्यक्तियों को भेजा जाता है, तो उसे परिपत्र कहा जाता है।
- परिपत्र सरकारी पत्र के रूप में लिखा जा सकता है और ज्ञापन के रूप में भी।

(30) **नमूना**

संख्या .... भारत सरकार
दिनांक .... गृह विभाग

प्रेषक :-

....

उप सचिव, भारत सरकार।

सेवा में,

समस्त राज्यों के मुख्य सचिव

विषय :- राज्यों में शांति-व्यवस्था की स्थिति।

महोदय,

मुझे आपको यह सूचना देने का निर्देश हुआ है कि ....पार्टी की स्थापना के कारण इस समय देश में सर्वत्र तनाव की स्थिति उत्पन्न हो गई है। इस स्थिति पर निरंतर कड़ी नजर रखनी है और बराबर यह देखना है कि कहीं भी साम्प्रदायिक सद्भाव बिगाड़कर दंगा न भड़काया जाये। राज्य सरकारों को बड़े संयम से काम लेना होगा। स्थिति ऐसी न बन जाए जिसमें असामाजिक तत्त्वों को प्रोत्साहन मिले और वे अशांति फैलाने की कोशिश करें।

राज्य सरकारों से यह अपेक्षा है कि वे स्थिति की सूचना निरंतर भारत सरकार, गृह मंत्रालय, को देती रहे।

भवदीय

....

उप सचिव, भारत सरकार।

(31)

परिपत्र ज्ञापन के रूप में

संख्या .... बिहार सरकार
दिनांक .... स्वास्थ्य विभाग

स्वास्थ्य विभाग, बिहार सरकार द्वारा निर्णय लिया गया है कि सरकारी कर्मचारियों के लिए चिकित्सा क्षतिपूर्ति का भुगतान उसी दशा में किया जाएगा, जबकि वे अपने बिल के साथ सरकारी बाजारों से क्रय की गई दवाइयों का कैश–मीमो संलग्न करेंगे।

....

अवर सचिव

बिहार सरकार

प्रति :–
समस्त सिविल सर्जनों को सूचनार्थ एवं पालनार्थ।

....

अवर सचिव, बिहार सरकार

अनुस्मारक (Reminder)

- अनुस्मारक को स्मरण–पत्र भी कहा जाता है।
- अनुस्मारक उसी रूप में भेजा जाता है, जिस रूप में पहले पत्र भेजे जा चुके हैं।
- अनुस्मारक की रचना अत्यन्त संक्षिप्त होती है।
- सरकारी पत्र का अनुस्मारक सरकारी पत्र के रूप में, अर्द्धसरकारी पत्र का अनुस्मारक अर्द्धसरकारी पत्र के रूप में होगा। किन्तु जब सरकारी पत्र में भेजे गए अनुस्मारक पर कोई भी ध्यान नहीं दिया जाता तब अर्द्धसरकारी शासकीय पत्र के रूप में अनुस्मारक भेजा जाता है।

(32)

नमूना

अनुस्मारक
पत्र संख्या ....
दिनांक ....
भारत सरकार
रक्षा मंत्रालय, नई दिल्ली।

प्रेषक :-

....

अवर सचिव, भारत सरकार।

सेवा में,

श्री ....

मुख्य सचिव
बिहार सरकार, पटना।

महोदय,

इस मंत्रालय के पत्र क्रमांक .... दिनांक .... के संदर्भ में मुझे आपसे पूछने का निर्देश हुआ है कि आपके उत्तर की कब तक आशा की जाये ?

आपका विश्वास पात्र
....
अवर सचिव, रक्षा मंत्रालय
भारत सरकार।

निविदा सूचना
(Tender Notice)
कार्यालय, कार्यपालक अभियंता
लोक निर्माण विभाग, बेगूसराय

(33)

निविदा सूचना

निविदा विज्ञप्ति क्रमांक ....

लोक निर्माण विभाग बेगूसराय में पंजीकृत ठेकेदारों से दिनांक .... को अपराह्न .... बजे तक निविदाएँ आमंत्रित की जाती हैं। ठेके की अनुमानित राशि रू० 5,00,000/- है। ठेके की अमानत राशि 5,000/- है। निविदा प्रपत्र दिनांक .... तक या इसके पहले किसी भी कार्य दिवस पर अधोहस्ताक्षरी के कार्यालय में रू० 20/- भुगतान सहित प्रार्थना पत्र, आयकर प्रमाण-पत्र के साथ प्रस्तुत करने पर प्राप्त किये जा सकेंगे। निविदाएँ केवल पंजीकृत डाक द्वारा ही प्राप्त की जायेगी। आवेदन पत्र के साथ किसी शेड्यूल्ड बैंक की 25,000/- राशि सॉल्वेन्सी (बारह माह से पुरानी नहीं) भी प्रस्तुत करना आवश्यक है।

कार्यपालक अभियंता
लोक निमार्ण विभाग, बेगूसराय
(बिहार)

❑❑❑

34

संक्षेपण

'संक्षेपण' का सम्बन्ध गद्य-लेखन की समास शैली से है। संक्षेपण के लिए परीक्षार्थियों को एक पूरा पैराग्राफ दिया जाता है। जिसका भाव अत्यन्त संक्षेप में लिखना पड़ता है। संक्षिप्तीकरण या संक्षेपण के लिए निम्नलिखित बातें ध्यातव्य हैं :-

1. मूल अवतरण (दिये गये अवतरण) के भाव को भलीभाँति समझ लेने के लिए सर्वप्रथम एक या एक से अधिक बार ध्यानपूर्वक पढ़ना चाहिए।
2. संक्षेपण मूल अवतरण का एक तिहाई होना चाहिए।
3. संक्षेपित अंश में मूल भाव रहना ही चाहिए केवल शब्दों को कम कर देना चाहिए।
4. संक्षेपण में अपनी भाषा का प्रयोग करना चाहिए।
5. एक उपयुक्त शीर्षक देना चाहिए जो दिये गये अवतरण के भाव को स्पष्ट कर दे।
6. भाषा सरल, सुबोध और अलंकार-विहीन होनी चाहिए।

उदाहरण

दिया गया अवतरण:-

गुरु से ज्ञान प्राप्त करने के केवल तीन उपाय हैं - नम्रता, जिज्ञासा और सेवा। इनमें नम्रता का स्थान प्रथम है। अत: एक आदर्श विद्यार्थी को विनम्र होना चाहिए। जो विद्यार्थी अनुशासनहीन होते है, वे अपने देश, अपनी जाति, अपने माता-पिता, अपने गुरुजन और अपने स्कूल या कॉलेज के लिए अप्रतिष्ठाकारक होते है। अनुशासन हीन छात्र का न तो मानसिक विकास होता है और न बौद्धिक। वह उन गुणों के लिए सदैव-सदैव के लिए वंचित हो जाता है, जो मनुष्य को प्रतिष्ठा के पद पर आसीन करते हैं। शिक्षा के क्षेत्र में अनुशासन का विशेष महत्त्व है। अनुशासित छात्र ही आदर्श विद्यार्थी की श्रेणी में आ सकता है। आज के युग का छात्र अनुशासन हीनता दिखाने में अपना गौरव समझता है, इसलिए देश में सभ्य नागरिकों का अभाव-सा होता जा रहा है, क्योंकि आज का विद्यार्थी ही कल का नागरिक बनता है।

संक्षेपण

विनम्रता और अनुशासन

विद्यार्थी में विनम्रता के साथ-साथ अनुशासन के प्रति प्रेम भी होना चाहिए। अनुशासनहीन विद्यार्थी देश, समाजादि की प्रतिष्ठा गिराते हैं। उनका मानसिक विकास नहीं हो पाता। आज का विद्यार्थी अनुशासनहीन हो रहा है, इसलिए देश में शायद सभ्य नागरिक का अभाव होता जा रहा है। (संक्षेपित शब्द-46)

अभ्यास के लिए अवतरण

(1) दुःख और सुख मन के विकल्प हैं। सुखी वह है जिसका मन वश में है, दुःखी वह है जिसका मन परवश है। परवश होने का अर्थ है, खुशामद करना, दाँत निपोरना, चातुकारिता, हाँ-हुजूरी। जिसका मन अपने वश में नहीं है, वही दूसरे के मन को छन्दावर्तन करता है। अपने को छिपाने के लिए मिथ्या आडम्बर रचता है, दूसरो को फँसाने के लिए जाल बिछाता है। योगी इन सब मिथ्याचारों से मुक्त है। वह वशी है, वह वैरागी है। राजा जनक की तरह संसार में रहकर सम्पूर्ण भोगों को भोगकर भी उनसे मुक्त है। योगी अपने मन पर सवारी करता है, मन को अपने पर सवार नहीं होने देता।

(2) वांछित परिवर्तन का सूत्रपात मूलतः किसी सृजनात्मक प्रतिभा से सम्पन्न मस्तिष्क में होता है। कोई वर्तमान स्थिति कितनी ही असुविधाजनक अथवा अन्यायमूलक क्यों न हो, उसका इलाज खोज पाना जन सामान्य के बूते की बात नहीं होती। एक सृजनात्मक प्रतिभासम्पन्न मस्तिष्क ही खोज पाता है कि क्या करने से यह स्थिति बदली जा सकती है और अपेक्षतया बेहतर स्थिति निर्माण की जा सकती है। इसके बाद यदि वह प्रतिभा सम्पन्न मस्तिष्क जनाभिमुख हो तो, उसे अपने विचार फैलाने के लिए सहयोगियों की आवश्यकता होती है और एक संस्था जन्म लेती है, सक्रिय होती है तथा जनमानस को अपने नए दर्शन की ओर आकर्षित करने का प्रयास करती है। यह प्रयास जितना अधिक सफल होता है, उसी अनुपात में परिवर्तन प्रत्यक्ष होने लगता है। इसके लिए कहना न होगा कि नये-नये रास्तों की खोज एवं निरन्तर उत्प्रेरणा भी आवश्यक होती है। आज तक जितने भी वांछित परिर्वतन हुए हैं, उनका इतिहास यही तथ्य आलोकित करता है। शायद इसीलिए परिर्वतन की रफ्तार धीमी होती है।

(3) इन दिनों कुछ ऐसा माहौल बना है कि ईमानदारी से मेहनत करके जीविका चलाने वाले निरीह और भोले-भाले श्रमजीवी पिस रहे हैं और झूठ तथा फरेब

का रोजगार करने वाले फल-फूल रहे हैं। ईमानदारी को मूर्खता का पर्याय समझा जाने लगा है। सच्चाई केवल भीरु और बेबस लोगों के हिस्से पड़ी है। ऐसी स्थिति में जीवन के महान् मूल्यों के बारे में लोगों की आस्था ही हिलने लगी है। परन्तु ऊपर-ऊपर जो कुछ दिखाई दे रहा है, वह बहुत ही हाल में मनुष्य-निर्मित नीतियों की त्रुटियों की देन है।

(4) सामाजिक कायदे-कानून कभी युग-युग से परीक्षित आदर्शों से टकराते हैं, इससे ऊपरी सतह आलोड़ित भी होती है, ऐसा पहले भी हुआ है, आगे भी होगा। उसे देखकर हताश हो जाना ठीक नहीं है। भारतवर्ष ने कभी भी भौतिक वस्तुओं के संग्रह को बहुत अधिक महत्त्व नहीं दिया है। भारतवर्ष ने कभी-भी उसकी दृष्टि से मनुष्य के भीतर जो महान् आंतरिक तत्त्व स्थिर भाव से बैठा हुआ है, वही चरम और परम है। लोभ-मोह, काम-क्रोध आदि विकार मनुष्यों में स्वाभाविक रूप से विद्यमान रहते हैं, पर उन्हें प्रधान शक्ति मान लेना और अपने मन तथा बुद्धि को उन्हीं के इशारे पर छोड़ देना बहुत निकृष्ट आचरण है। भारतवर्ष ने कभी भी उन्हें उचित नहीं माना, उन्हें सदा संयम के बंधन से बाँधकर रखने का प्रयत्न किया है।

(5) भारत की सभ्यता दर्शन और सौंदर्य पर विदेशी सदैव मुग्ध रहे हैं। पर आज न भौतिक समृद्धि में और न ज्ञान के क्षेत्र में हमारा कोई महत्त्वपूर्ण स्थान है। जिसके आँगन में मानवता खेली, जहाँ उसने संस्कार प्राप्त किया, जहाँ प्रथम ज्ञानोदय हुआ, जहाँ प्रकाश पाकर दुनिया प्रकाशित हुई, उसी देश में हम नंगे, भूखे, निरक्षर और परमुखापेक्षी अधिवासी हैं। हमने अपने पूर्वजों के गौरव को हास्यास्पद बनाया, हमने एक महती सम्पदा प्राप्त करके भी उसे नष्ट कर दिया उसका उपयोग न जाना। हमने दुनिया में अपने देश की उपेक्षा देखी और सुनी। क्या देश को हम पर अभिमान होगा? देवता भी इसी भूमि के लिए तरसते थे। वे भी इसका गौरवगान करते थे और आज हम हैं कि अपना सिर ऊँचा करके दुनिया की ओर देख नहीं सकते। क्या यह अपमान हम अनुभव करते हैं ? हममें से प्रत्येक यदि अपने पूर्व गौरव का योग्य अधिकारी बनने का प्रयत्न आज ही आरम्भ कर दे, यदि हममें से प्रत्येक जिस क्षेत्र में है, वहाँ की स्थिति अच्छी करने में जी-जान से लग जाए, तो निश्चित है कि हम इसे देश की महत्ता के अणुरूप अपने को बना सकते हैं। हमें प्रतिज्ञा करनी होगी कि हम अपने देश की महान् परम्परा को कायम रखेंगे और अपने को उसके गौरव के अनुकूल बनायेगे।

❑❑❑

35

पल्लवन/विशदीकरण/विस्तारीकरण

पल्लवन या विस्तारण – संक्षेपण का उल्टा होता है। विस्तारण में विस्तार करने की कोई निर्धारित सीमा नहीं है। यह योग्यता पर निर्भर करने वाली बात है।

फिर भी कुछ तथ्य हैं, जिन्हें जानना आवश्यक है। विस्तारण / विस्तारीकरण के समय निम्नलिखित बिन्दुओं को ध्यान में रखना चाहिए :-

(1) मूल भाव के अनुरूप हो।
(2) भाषा स्पष्ट हो और सुबोध भी।
(3) पुनरुक्ति वर्जित है।
(4) विस्तारण का अर्थ निबन्ध नहीं समझें। केवल इतना फैलाव अपेक्षित है जिससे गूढ़ता मिट जाये। समझने में किसी शब्द या भाव के दुर्बोध होने से बाधा न उत्पन्न हो।

उदाहरण

(1) विपत्तियाँ मनुष्य की सर्वश्रेष्ठ गुरु हैं।

पल्लवन :-

मानव के व्यक्तित्व का सच्चा विकास विपत्तियों में ही होता है। विपत्तियाँ मानव को कर्मठ और कर्त्तव्यपरायण बनाती हैं। जिस व्यक्ति ने जीवन में कभी विपत्तियों की कटुता का अनुभव नहीं किया, वह जीवन के सच्चे स्वाद से वंचित रह गया। विश्व के इतिहास में महापुरुषों के जीवन-चरित इस बात के ज्वलंत प्रमाण हैं कि उन्होंने अपने जीवन मार्ग में दुर्दमनीय विपत्तियों का सामना करके अंततोगत्वा उन पर विजय प्राप्त की। विपत्तियों की धमन भट्टियों में तपने पर मानव का जीवन कुन्दन बन सकता है। मैथिलीशरण गुप्त की पंक्तियाँ उक्त बातों को पुष्ट करती हैं –

कष्ट कण्टकों में जितना ही जिसका जीवन-सुमन खिला।
गौरव-गंध उसे उतना ही यत्र-तत्र-सर्वत्र मिला।।

(2) क्रोध अंधा होता है।

पल्लवन :-

क्रोध एक मनोविकार है। क्रोध के आवेग में मनुष्य विवेक खो देता है। उसे उचित अनुचित का ज्ञान नहीं रह जाता। वह क्रोध के परिणामों पर भी विचार नहीं करता।

क्रोध के आवेग में व्यक्ति अपना ही अनिष्ट कर बैठता है। क्रोधित व्यक्ति की दृष्टि सदैव दु:खदाता पर ही रहती है। वह कभी अपना दोष नहीं देखता। इस प्रकार सामाजिक जीवन में क्रोध शांति भंग करनेवाला मनोविकार माना गया है। इसलिए क्रोध को अंधा कहा गया है। जिस प्रकार अंधा व्यक्ति अपने मार्ग से भटक जाता है, उसी प्रकार क्रुद्ध व्यक्ति विवेक के अभाव में अनुचित कार्य कर बैठता है।

(3) तरुण भविष्य को वर्तमान में लाना चाहते हैं और वृद्धा अतीत को खींचकर वर्तमान में देखना चाहते हैं।

पल्लवन :-

यह बात सत्य है कि दूर से यथार्थता की कठोरता का अनुभव नहीं होता। यही कारण है कि जो तरुण संसार के जीवन-संग्राम से दूर हैं, उन्हें संसार का चित्र बड़ा ही मनमोहक प्रतीत होता है। पर संसार में प्रविष्ट होते ही उनका कल्पित संसार न जाने कहाँ तिरोहित हो जाता है। तब उन्हें संसार की यथार्थता का ज्ञान होता है। इसके पूर्व तो ये भविष्य को बहुत ही सुखद समझते हैं। दूसरी ओर वे वृद्धजन हैं, जो अपनी बाल्यावस्था और तरुणावस्था से दूर हट आए हैं, उन्हें अपने अतीत काल की स्मृति बहुत सुखद लगती है। वे अतीत का ही स्वप्न देखते हैं, अतीत के ही गुण गाते हैं। तरुणों के लिए जैसे भविष्य उज्ज्वल होता है, वैसे ही वृद्धों के लिए अतीत। वर्तमान दोनों के लिए असंतोषप्रद होता है। तरुण यदि भविष्य को वर्तमान में लाना चाहते हैं तो वृद्ध अतीत को खींचकर वर्तमान में देखना चाहते हैं। दोनों यह अनुभव नहीं करते कि वर्तमान ही यथार्थ है। जो बीत गया, उसको बिसर दो और जो आने वाला है उसकी चिंता अभी से क्यों ? सच यह है कि अतीत और भविष्य के प्रति आकर्षण के कारण ही सदैव वर्तमान क्षुब्ध रहता है। इसलिए वर्तमान काल सदैव सुधारों का काल बना रहता है।

पल्लवन के अभ्यास के लिए

(1) आवश्यकता आविष्कार की जननी है।
(2) संगठन में शक्ति है।
(3) जहाँ चाह वहाँ राह।
(4) साहित्य समाज का दर्पण है।
(5) बिना विचारे जो करे, सो पाछे पछताय।
(6) मूर्खता सब कुछ कर लेगी, मगर बुद्धि का आदर कभी नहीं करेगी।
(7) दुविधा में दोनों गए, माया मिली न राम।
(8) वही मनुष्य है कि जो मनुष्य के लिए मरे।
(9) आसुरी वृत्ति के खिलाफ युद्ध करने से इंकार करना नामर्दी है।
(10) अवगुण नाव की पेंदी के छेद के समान हैं, जो छोटा हो या बड़ा, एक दिन उसे डुबो ही देगा।

❑❑❑

36

तत्सम-तद्भव-शब्द सूची

तत्सम	तद्भव	तत्सम	तद्भव	तत्सम	तद्भव
अंधकार	अँधेरा	आश्चर्य	अचरज	वारिद	बादल
अज्ञान	अजान	अट्टालिका	अटारी	भक्त	भगत
आमलक	आँवला	आलस्य	आलस	आभ्यंतर	भीतर
कंकण	कंगन	कुष्ठ	कोढ़	वाष्प	भाप
काक	कौआ	खट्वा	खाट	वंश	बाँस
क्षेत्र	खेत	छिद्र	छेद	रक्षिका	राखी
कुम्भकार	कुम्हार	कर्पूर	कपूर	लौह	लोहा
इक्षु	ईख	चणक	चना	लक्ष	लाख
चन्द्रिका	चाँदनी	चतुष्पाद	चौपाया	मकर	मगर
छत्र	छाता	चतुर्वेदी	चौबे	परीक्षा	परख
चञ्चु	चोंच	चर्मकार	चमार	पुष्कर	पोखर
कुक्कुर	कुत्ता	कर्ण	कान	पौत्र	पोता
कच्छप	कछुआ	उपवास	उपास	पाषाण	पाहन
कर्पट	कपड़ा	कुक्षि	कोख	पिपासा	प्यास
स्कंध	कंधा	उल्लास	हुलास	पाद	पाँव
कोकिल	कोइल/कोयल	कच्छप	कछुआ	पक्ष	पंख
उच्च	ऊँचा	उष्ट्र	ऊँट	नव्य	नया
चैत्र	चैत	चतुर्थ	चौथा	निम्ब	नीम
चित्रक	चीता	कीट	कीड़ा	दीप	दीया
कूप	कुँआ	कपाट	किवाड़	दृष्टि	दीठि
आम्र	आम	अनार्य	अनारी	धरित्री	धरती
अक्षर	आखर	नग्न	नंगा	जिह्वा	जीभ
नासिका	नाक	नृत्य	नाच	हीरक	हीरा
स्फूर्ति	फुर्ती	वक	बगुला	सर्व	सब
शृगाल	सियार	ग्रंथि	गाँठ	सूत्र	सूत
गोधूम	गेहूँ	घोटक	घोड़ा	शूकर	सूअर

तत्सम	तद्भव	तत्सम	तद्भव	तत्सम	तद्भव
घटिका	घड़ी	ताम्र	ताम्बा	तृण	तिनका
चक्रवाक	चकवा	ज्यमातृ	जमाई	श्रेणी	सीढ़ी
दंश	डंक	शय्या	सेज	ओष्ठ	होंठ
ज्येष्ठ	जेठ	हस्त	हाथ	मस्तक	माथा
सूर्य	सूरज	स्वप्न	सपना	भ्रमर	भौंरा
सर्प	साँप	स्वामी	साई	स्रोत	सोत
वृद्ध	बुड्ढा	मशक	मच्छर	हस्ति	हाथी
भ्रातृ	भाई	महिष	भैंस	संध्या	साँझ
बुभुक्षा	भूख	स्वर्णकार	सुनार	स्तन	थन
भद्र	भला	मत्स्य	मछली	भिक्षा	भीख
मिष्ठ	मीठा	श्मशान	मसान	मक्षिका	मक्खी
लोक	लोग	द्विपर	दुपट्टा	धान्य	धान
लक्ष्मी	लछमी	रात्रि	रात	शून्य	सूना
रुक्ष	रूखा	प्रस्वेद	पसीना	शिंशपा	शीशम
मुक्ता	मोती	श्रावण	सावन	शृंगार	सिंगार
पदाति	पैदल	श्वसुर	ससुर	श्वाँस	साँस
पुस्तिका	पोथी	शर्करा	शक्कर	दन्तधावन	दतौन
पर्यंक	पलंग	शिक्षा	सीख	ऋक्ष	रीछ
पिप्पल	पीपल	तादृश	तैसा	फाल्गुन	फागुन
पत्र	पत्ता	लवंग	लौंग	वृश्चिक	बिच्छू
पञ्च	पाँच	मृत्यु	मौत	प्रतिच्छाया	परछाई
पंक्ति	पाँत	पृष्ठ	पीठ	मृत्यु	मौत
निर्वाह	निबाह	मयूर	मोर	नकुल	नेवला
दन्त	दाँत	बधिर	बहरा	दण्ड	डण्डा
दूर्वा	दूब	मित्र	मीत	प्रस्तर	पत्थर
दुग्ध	दूध	विद्युत	बिजली	स्वर्ण	सोना
यव	जौ	योद्धा	जोधा	नापित	नाई
क्षुद्र	छोटा	निमंत्रण	न्योता	धूम्र	धुँआ
हट्ट	हाट	ध्वनि	धुन	मिष्ठ	मीठा
ओष्ठ	ओठ	पश्चाताप	पछतावा	वत्स	बच्चा
घृत	घी	भर्तृवधू	भाभी	युक्ति	जुगत
त्वरित	तुरत	लवण	नोन/नमक	द्विगुना	दूना

❑❑❑

37

हिन्दी के कुछ पारिभाषिक शब्द

1. **व्याकरण–** वह विद्या या शास्त्र है, जिससे किसी भाषा के शब्दों के शुद्ध रूपों और वाक्य-प्रयोग के नियम आदि के निरूपण होते हैं। पतंजलि के अनुसार– **'लक्ष्यं लक्षणे व्याकरणम्।'**–जो नियम भाषा को अनुशासनबद्ध करे, वही व्याकरण है।

2. **रचना–** इसका अर्थ है बनावट या निर्माण। वर्णों, शब्दों एवं वाक्यों की बनावट से सम्बन्धित बातें रचना के अन्तर्गत आती हैं।

3. **भाषा–** भाषा वह साधन है, जिसके द्वारा मनुष्य अपने मनोभावों या विचारों को बोलकर या लिखकर व्यक्त करता है। इस प्रकार हम देखते हैं कि मुँह से निकलने वाली वाणी ही किसी भाषा को अस्तित्व प्रदान करती है। तात्पर्य यह कि वाणी ही भाषा की मूल वस्तु है।

4. **लिपि–** उच्चरित भाषा को लिखित रूप प्रदान करने के लिए लिपि की आवश्यकता हुई। हिन्दी भाषा की लिपि 'देवनागरी' है, क्योंकि संस्कृत की लिपि भी यही है। भाषा को लिखित रूप प्रदान करने के लिए निश्चित चिह्न को 'लिपि' कहते हैं।

5. **ध्वनि या अक्षर–** ध्वनि और अक्षर एक ही हैं। हम जिसे बोलते हैं या जिसका उच्चारण करते हैं, वह ध्वनि है तथा जिस ध्वनि को लिखते हैं, वह अक्षर है। ध्वनि का प्रयोग बोलने और सुनने में होता है। ध्वनि चिह्न को ही 'लिपि' कहा जाता है। बोलने पर 'अ' ध्वनि है, तो लिखने पर 'अ' अक्षर है। अँग्रेजी में Station और हिन्दी में 'स्टेशन' की ध्वनियाँ एक-सी हैं लेकिन लिखने में दोनों की लिपियाँ भिन्न-भिन्न हैं।

6. **वर्ण और अक्षर–** वर्ण और अक्षर एक ही होते हैं, लेकिन कभी-कभी एक ही अक्षर में कई वर्ण (दो या दो से अधिक) एक साथ होते हैं। जैसे–'क्षात्र'। इनमें अक्षर तो दो ही गिने जायेंगे–'क्षा' और 'त्र' लेकिन वर्ण कई हो जाते हैं– क् + ष + आ + त् + र् + अ। हिन्दी में वर्ण के दो भेद हैं–(i) स्वर और (ii) व्यंजन।

(i) स्वर– स्वर वर्ण उसे कहते हैं, जो बिना किसी अन्य वर्ण की सहायता से उच्चरित होता है तथा जो किसी भी व्यंजन वर्ण के उच्चारण में सहायक होता है। हिन्दी में कुल 11 स्वर वर्ण हैं– अ, आ, इ, ई, उ, ऊ, ऋ, ए, ऐ, ओ, औ।

स्वर वर्ण के दो भेद हैं– (अ) ह्रस्व और (ब) दीर्घ। ये भेद उच्चारण के मान के अनुसार हैं। ह्रस्व वर्ण के उच्चारण में जितना समय लगता है, दीर्घ के उच्चारण में उससे दुगुना समय लगता है। उच्चारण में लगने वाले समय को 'मात्रा' कहा गया है। यदि ह्रस्व में 1 मात्रा है, तो दीर्घ में दो। ह्रस्व मात्रा को 'लघु' कहा गया है और दीर्घ को 'गुरु' कहा गया है। इनके चिह्न क्रमशः– । और ऽ हैं।

(ii) व्यंजन– व्यंजन वह वर्ण है, जिसका उच्चारण स्वर की सहायता से होता है बल्कि ऐसा कहना चाहिए कि किसी भी व्यंजन का उच्चारण बिना स्वर की सहायता से नहीं होता। लेकिन विलक्षणता यह है कि व्यंजन की सहायता करने वाला केवल एक ही वर्ण 'अ' है। हिन्दी में व्यंजन वर्ण के समूह को तीन खण्डों में बाँटा गया है–(अ) स्पर्श (ब) अन्तःस्थ (स) ऊष्म।

(अ) स्पर्श– स्पर्श व्यंजन वे हैं, जिनके उच्चारण कण्ठ, तालु, मूर्द्धा, दन्त, ओष्ठ आदि के स्पर्श से होते हैं। ऐसे व्यंजन प्रथमाक्षर के नाम से पाँच वर्गों में विभक्त हैं–

वर्ग	व्यंजन	स्पर्श स्थान
कवर्ग	क, ख, ग, घ, ङ	कण्ठ
चवर्ग	च, छ, ज, झ, ञ	तालु
टवर्ग	ट, ठ, ड, ढ, ण	मूर्द्धा
तवर्ग	त, थ, द, ध, न	दन्त
पवर्ग	प, फ, ब, भ, म	ओष्ठ

(ब) अन्तःस्थ– ऐसे व्यंजन अर्द्धस्वर भी कहलाते हैं। इनका उच्चारण आंशिक रूप से जीभ, तालू, दाँत तथा ओठ के सटने से होता है। इनकी संख्या चार है– य, र, ल, व।

(स) ऊष्म– इन व्यंजनों का उच्चारण ऊष्म (गर्म) वायु-घर्षण है। इनमें ह का कण्ठ से तथा श, ष, स का जीभ की सहायता से होता है।

उच्चारण के अवयव एवं स्थान की दृष्टि से उपर्युक्त भेद हैं। जबकि ऊष्म वायु प्रक्षेप की दृष्टि से व्यंजनों को दो वर्गों में बाँटा गया है– (i) अल्पप्राण, (ii) महाप्राण।

(i) अल्पप्राण– अल्पप्राण में बहुत शक्ति नहीं लगती है। कम शक्ति से ही इसका उच्चारण हो जाता है। प्रत्येक वर्ग के व्यंजनों का पहला, तीसरा और पाँचवाँ वर्ण अल्पप्राण होता है। इसके उच्चारण में कण्ठ-वायु से पूर्णरूपेण सहायता नहीं ली जाती है। ये व्यंजन हैं– क, ग, ङ;, च, ज, ञ;, ट, ड, ण; त, द न तथा प, ब, म।

(ii) महाप्राण– महाप्राण वर्णों के उच्चारण में अधिक बल खर्च होता है। महाप्राण व्यंजनों के उच्चारण में कण्ठ से पूर्ण सहायता ली जाती है। प्रत्येक व्यंजन वर्ग का दूसरा और चौथा वर्ण महाप्राण होता है–

7. संयुक्त स्वर– स्वर दो तरह के हैं– ह्रस्व और दीर्घ।

ह्रस्व–अ, इ, उ, ऋ।

दीर्घ–आ, ई, ऊ।

संयुक्त–ए, ऐ, ओ, औ।

ए = (अ + इ)

ऐ = (अ + ए)

ओ = (अ + उ)

औ = (अ + ओ)

8. संयुक्त व्यंजन– क्ष, त्र, ज्ञ। इन्हें मूलध्वनि नहीं मानना चाहिए। क्ष = क् + ष, त्र = त् + र, ज्ञ = ज् + ञ ।

9. द्विमात्रिक स्वर– जिन स्वरों के उच्चारण में दो ह्रस्व मात्राओं का समय और जोर लगता है, उसे द्विमात्रिक स्वर कहते हैं। जैसे– आ, ई, ऊ, ए, ऐ, ओ, औ।

10. त्रिमात्रिक या प्लुत स्वर– जिस स्वर के उच्चारण में तीन ह्रस्व के उच्चारण का समय लगता है, उसे त्रिमात्रिक या प्लुत स्वर कहते हैं। प्लुत स्वर का उच्चारण कठिन होता है तथा इसका प्रयोग ज्यादातर वैदिक भाषा में ही होता है। इसके चिह्न रूप में 3 (तीन) का अंक लगाया जाता है। यथा– ओ३म। इसका उच्चारण 'ओम' होता है।

11. मात्रा– मात्राएँ तीन हैं– ह्रस्व, दीर्घ और प्लुत।

मात्रा	लगने वाला समय	चिह्न
ह्रस्व	1	।
दीर्घ	2	ऽ
प्लुत	3	३

12. अनुस्वार और विसर्ग– अनुस्वार का चिह्न (ं) है और विसर्ग का (:) है। यों तो अनुस्वार और विसर्ग स्वर वर्ग में हैं, लेकिन इन्हें व्यंजन माना गया है। वास्तविकता यह है कि न ये स्वर हैं न व्यंजन, बल्कि स्वर और व्यंजन दोनों में इनका उपयोग होता है। इन दोनों के व्यवहार संस्कृत में अधिक होते हैं।

अनुस्वार स्वर के बाद में आता है। जैसे– कंचन, मंद, अंगद, कंद, संत आदि। कंचन, मंद, कंद, संत आदि में भी 'अ' के बाद आता है। चूँकि क, म, क, स में भी स्वर 'अ' मिले हुए हैं। विसर्ग का उच्चारण 'ह' की तरह होता है। अः = अह, प्रातः–प्रातह, अन्तः–अन्तह, स्वतः–स्वतह। लिखने में विसर्ग और बोलने में 'ह' हो जाता है। ध्यातव्य यह है कि अनुस्वार और विसर्ग के प्रयोग स्वर के पश्चात ही होते हैं, व्यंजनों की तरह पूर्व में नहीं।

13. अयोगवाह– अनुस्वार और विसर्ग को 'अयोगवाह' भी कहा गया है। ये दोनों न स्वर हैं, न व्यंजन।

अयोगवाह आश्रयस्थानभागी होते हैं। यथा– अनुस्वार, विसर्ग, चन्द्रबिन्दु। यें आयोगवाह हैं, जो बिना आश्रय के (किसी वर्ण को साथ लिये) अपने को प्रकाशित नहीं कर सकते हैं। इनका स्वतन्त्र उच्चारण नहीं होता है।

14. शब्द– दो या दो से अधिक अक्षरों के मेल से शब्द बनते हैं। एक शब्द के निर्माण में कम-से-कम दो वर्ण होते हैं। हिन्दी भाषा में जितने भी शब्द हैं, उनमें ऐसा शब्द एक भी नहीं है, जो दो या दो से अधिक स्वरों के मेल से न बना हो। अर्थात् शब्द के निर्माण में व्यंजन की महत्ता है। यह बात तय है कि एक भी व्यंजन 'स्वर रहित' नहीं है। इसलिए शब्द के निर्माण में 'स्वर' का सहयोग अनिवार्य है, लेकिन स्वरों में यह क्षमता नहीं कि बिना व्यंजन की सहायता से कोई शब्द बना सकें।

केवल स्वर से बना हुआ शब्द होता ही नहीं। उदाहरण–

घर = घ + र (घ् + अ + र् + अ)

नदी = न + दी (न् + अ + द् + अ + ई)

कलम = क + ल + म (क् + अ + ल + अ + म् + अ)

रोटी = रो + टी (र् + अ + ओ + ट् + अ + ई)

पहिया = प + हि + या (प् + अ + ह् + अ + इ + य् + अ + आ)

माता = मा + ता (म् + अ + आ + त् + अ + आ)

(क) सार्थक शब्द– वैसे शब्द जिनके कुछ अर्थ होते हैं 'सार्थक शब्द' कहलाते हैं– जैसे– घर, नदी, माता, बेटा, देश, समाज, गंगा, किताब, सभ्यता, बचपन, आम, सन्तोष आदि। हिन्दी में या अन्य भाषाओं में भी सार्थक शब्दों के शब्दकोषगत अर्थ तो होते ही हैं; वक्ता या श्रोता के मस्तिष्क में उन शब्दों के बिम्ब निर्मित होते हैं। वे बिम्ब प्राय: निश्चित होते हैं। 'आम' कहने से वक्ता या श्रोता के मस्तिष्क में एक रसदार फल का बिम्ब बनता है। 'घर' कहने से रहने के स्थान का बिम्ब बनता है तथा 'हाथी' कहने से एक विशालकाय जानवर का बिम्ब बनता है।

एक ध्यातव्य बात यह है कि सार्थक शब्द भी तभी सार्थक होता है, जब उससे परिचित हुआ जाता है। जो व्यक्ति जिस शब्द से परिचित नहीं होता, उसके लिए शब्द निरर्थक ही होता है। उदाहरण के लिए जब हम किसी अबोध शिशु को गाय कहते हैं, तो वह गाय को सार्थक तभी मानता है, जब गाय से परिचित होता है। यही कारण है कि अगर बच्चे को अल्पवय से ही 'गाय' कहकर साइकिल दिखायी जाये, तो वह गाय को साइकिल मान सकता है। यद्यपि शब्द के सार्थक या निरर्थक होने की यही सीमा नहीं है तथापि खासकर रूढ़ शब्दों के साथ यही बात है, जो ऊपर कही गयी है।

(ख) निरर्थक– जिस शब्द का कुछ भी अर्थ नहीं होता वैसा शब्द 'निरर्थक' कहलाता है। जैसे– रघ, मकल, हादग, घों-घों, टर्र-टर्र, फिस्-फिस् आदि। यद्यपि ऐसे शब्द निरर्थक होते हैं तथापि कुछ निरर्थक शब्द भी उपयोगिता की दृष्टि से सार्थक प्रतीत होते हैं। जैसे घर्र-घर्र (जाँता या मशीन चलने की आवाज का बोध होता है), टर्र-टर्र (मेढक बोलने की आवाज का बोध होता है), साँय-साँय (तेज हवा चलने का बोध होता है।)

15. द्वित्व– कुछ शब्द ऐसे होते हैं, जिनमें एक ही व्यंजन अपने समरूप व्यंजन से मिलकर सबल ध्वनि उत्पन्न करता है। ऐसे संयुक्त व्यंजनों को ही द्वित्व कहा जाता है। जैसे–

बच्चा (च् + च)	टट्टू (ट् + स)
कच्चा (च् + च)	लड्डू (ड् + ड)
खट्टा (ट् + ट)	इक्का (क् + क)
लट्टू (ट् + ट)	सच्चा (च् + च)

16. युग्मक ध्वनियाँ– जब एक ही ध्वनि का द्वित्व हो जाता है, तो वैसी ध्वनि 'युग्मक' कहलाती है। जैसे– प्रसन्नता, उच्चारण, सन्निकट, सम्मान, प्रफुल्लित, उल्लास, उद्दाम, उन्नति, उन्नयन, लल्लो-चप्पो, गप्प इत्यादि।

ऐसा देखा जाता है कि युग्मक ध्वनियाँ प्राय: शब्द के मध्य में ही आती हैं। लेकिन इसके कुछ अपवाद भी हैं; जैसे– गप्प, ठप्प, उत्फुल्ल आदि।

17. संपृक्त ध्वनियाँ– किसी एक ध्वनि में जब दो भिन्न व्यंजन संयुक्त हो जाते हैं, तो वैसी ध्वनि को संपृक्त ध्वनि कहते हैं। जैसे– कम्बल, सत्कार, विद्यार्थी, उत्साह, प्रत्यय इत्यादि।

युग्मक ध्वनि और संपृक्त ध्वनि में यही अन्तर है कि जहाँ युग्मक में एक साथ एक ध्वनि में एक ही प्रकार के दो व्यंजन मिलते हैं, वहीं संपृक्त ध्वनि में एक साथ दो भिन्न-भिन्न व्यंजन मिलते हैं।

18. बद्धाक्षर– बद्धाक्षर उच्चारण में प्रयुक्त होता है, लिखने में नहीं। बद्धाक्षर वैसे अक्षर समूह को कहते हैं, जिसमें अन्तिम ध्वनि 'व्यंजन' होता है। जैसे– काम (उच्चारण-काम्), आप (उच्चारण-आप्), एक (उच्चारण-एक्), नाम (उच्चारण-नाम्) आदि।

19. मुक्ताक्षर– मुक्ताक्षर वैसे अक्षर समूह को कहते हैं, जिसमें अन्तिम ध्वनि 'स्वर' होता है। जैसे– जो (अन्त में 'अ' का उच्चारण) खा (अन्त में 'आ' का उच्चारण), गा (अन्त में 'आ' का उच्चारण), ली (अन्त में 'ई' का उच्चारण) इत्यादि।

20. वाक्य– विचारों को अभिव्यक्ति प्रदान करने में सहायक सार्थक शब्दों के व्यवस्थित समूह को 'वाक्य' कहा जाता है।

21. वाक्य-विचार– व्याकरण का वह भाग 'वाक्य-विचार' के नाम से जाना जाता है, जिसमें वाक्य की परिभाषा, उसके अंग, भेद एवं रचना आदि पर विचार किया जाता है।

22. वाक्यांश– 'वाक्यांश' वाक्य का वह अंश है, जिसका सम्बन्ध मूल वाक्य की प्रधान क्रिया से नहीं होता। उदाहरण–भोजन करने के बाद वह सो गया। इस वाक्य में 'भोजन करने के बाद' वाक्यांश है।

23. उपवाक्य– उपवाक्य वाक्य का वह अंश कहलाता है, जिसमें क्रिया होती है लेकिन उसका पूर्ण अर्थ स्पष्ट नहीं होता है। उदाहरण–यदि वह पढ़ता, तो उत्तीर्ण होता। इस वाक्य में 'यदि वह पढ़ता' उपवाक्य है।

24. पद– जब शब्द व्यावहारिक और अनुशासित रूप में वाक्यों में व्यवहृत होते हैं, तो उन्हें 'पद' कहा जाता है।

25. पदबन्ध– 'पदबन्ध' पद और वाक्य के बीच की इकाई होता है। दूसरे शब्दों में कह सकते हैं– अनेक पदों का बँधा हुआ समूह। पदबन्ध भी वाक्यांश ही है, जिसका प्रयोग मुहावरे और कहावतों के रूप में ही ज्यादा होता है। पदबन्ध के प्रयोग से वाक्य प्रभावकारी, सार्थक और अधिक स्पष्ट होते हैं। पदबन्ध पूरा अर्थ तो प्रकट नहीं करता है, लेकिन सम्पूर्ण वाक्य को अर्थ स्पष्ट करने में सहायता पहुँचाता है।

26. परसर्ग– परसर्ग एक ऐसा सहायक शब्द है, जो स्वतन्त्र शब्दों के साथ प्रयुक्त होता है तथा वाक्य के अन्य शब्दों के बीच सम्बन्ध दर्शाता है। उदाहरण– 'यहाँ महामारी का खतरा मौजूद है।'

27. द्विरुक्ति– एक ही उक्ति (शब्द) को दो बार दुहराना ही दुरुक्ति है। द्विरुक्ति सार्थक शब्दों की आवृत्ति से होती है।

28. निपात– निपात सहायक शब्द होकर भी वाक्य का अंग नहीं होता। लेकिन वाक्य में इसके प्रयोग से वाक्य का समग्र अर्थ स्पष्ट हो जाता है। 'निपात' अव्यय की तरह मालूम पड़ता है लेकिन अव्यय नहीं होता।

29. धातु– 'धातु' क्रिया के मूल रूप को कहते हैं। 'धातु' क्रियापद के उस अंश को कहते हैं, जो प्राय: क्रिया के सभी रूपों में पाया जाता है।

उदाहरण– 'पढ़ना' एक क्रिया है, जिसमें 'पढ़' धातु है और 'ना' प्रत्यय लगा हुआ है।

30. हल् और हलन्त– 'व्यंजन वर्ण' बिना स्वर के मेल से नहीं बनता है। किसी व्यंजन वर्ण में 'अ' का अभाव नहीं पाया जाता है। जैसे क (क् + अ)। उच्चारण

में 'अ' अवश्य ही चला आता है। स्वर रहित व्यंजन को जब लिखा जाता है, तो उसके नीचे तिरछी रेखा दी जाती है, जिसे हल् (्) कहा जाता है। जिस व्यंजन के बाद हल् का प्रयोग होता है, उसे हलन्त कहते हैं।

31. क्रम– वाक्य के पदों या शब्दों के विधिवत् स्थापना को 'क्रम' कहा जाता है। जैसे 'रोटी राम ने खायी' वाक्य में क्रम ठीक नहीं है। जब यह कहते हैं– 'राम ने रोटी खायी' तो वाक्य का क्रम ठीक हो जाता है।

32. बलाघात– इसे 'स्वराघात' भी कहते हैं। किसी शब्द के उच्चारण के समय जब हम किसी अक्षर पर विशेष बल देते हैं, तो इस बल प्रदान करने की क्रिया को 'बलाघात' या 'स्वराघात' कहते हैं। जैसे 'इन्द्र', 'विष्णु', 'गन्ना' आदि। इन तीनों के उच्चारण के समय क्रमशः– 'इ', 'वि' और 'ग' अक्षरों पर अधिक बल देना पड़ता है।

33. संगम– संगम को दूसरे शब्दों में 'योजक' भी कहा जाता है। प्रायः शब्दों के उच्चारण क्रम में वक्ता एक ध्वनि को समाप्त कर दूसरी ध्वनि का उच्चारण करता है। इस तरह दो ध्वनियों के बीच कुछ विराम होता है। इसी विराम को 'संगम' कहते हैं। 'संगम' शब्दों के बीच में आता है। 'संगम' आवश्यक है, क्योंकि इसके नहीं होने से शब्द का अर्थ ही बदल जाता है। उदाहरण– 'तुम्हारे' के उच्चारण में 'तुम' के 'म' के पश्चात् 'ह' पर भी संक्रमण होता है। लेकिन यदि 'तुम हारे' के उच्चारण में वही बात तो हो 'तुम हारे' भी 'तुम्हारे' ही हो जाये। संगम दो प्रकार के होते हैं– धन संगम और रूपग्रामीण संगम।

34. अनुतान– अनुतान को सुर-लहर भी कहते हैं। अनुतान उस सुर को कहते हैं, जिसके कारण शब्द का अर्थ परिवर्तित हो जाता है। जैसे– कौन करेगा? का अर्थ होता है कि कोई भी कर सकता है। लेकिन, करेगा कौन? का अर्थ होता है कि कोई भी नहीं करेगा। अनुतान दो प्रकार के होते हैं– 1. शब्द अनुतान और 2. वाक्य अनुतान।

❑❑❑